A construção do mundo histórico nas ciências humanas

Wilhelm Dilthey

A construção do mundo histórico nas ciências humanas

Tradução
Marco Casanova

Título original: Der Aufbau der geschichtlichen Welt in den Geisteswissenschaften

Direitos de publicação reservados à:
Fundação Editora da UNESP (FEU)
Praça da Sé, 108
01001-900 – São Paulo – SP
Tel.: (0xx11) 3242-7171
Fax: (0xx11) 3242-7172
www.editoraunesp.com.br
www.livrariaunesp.com.br
atendimento.editora@unesp.br

A tradução deste trabalho foi apoiada por uma subvenção do Goethe-Institut, que é mantido pelo Ministério das Relações Exteriores.

CIP – Brasil. Catalogação na fonte
Sindicato Nacional dos Editores de Livros, RJ

D575c

Dilthey, Wilhelm, 1833-1911
A construção do mundo histórico nas ciências humanas/Wilhelm Dilthey; tradução Marco Casanova. - São Paulo: Editora UNESP, 2010.
346p. (Clássicos UNESP)

Tradução de: Der Aufbau der geschichtlichen Welt in den Geisteswissenschaften
ISBN 978-85-393-0038-9

1. História - Filosofia. 2. Ciências sociais - Filosofia. I. Título. II. Série.

10-2299.
CDD: 901
CDU: 930.1

Editora afiliada:

Asociación de Editoriales Universitarias de América Latina y el Caribe

Associação Brasileira de Editoras Universitárias

Sumário

Nota da tradução

A obra de Dilthey possui, em muitos aspectos, um caráter fragmentário. Boa parte de seus textos mais importantes nunca foi concluída e hoje são como caminhos que repentinamente se interrompem ou que nos acenam com a possibilidade de um prosseguimento jamais levado a termo.

Chama a atenção o fato de a obra capital de Dilthey, *Introdução às ciências humanas*, publicada em 1883, quando o filósofo tinha 50 anos, jamais ter sido terminada – embora Dilthey tenha falecido 28 anos depois, em 1911. *Introdução às ciências humanas* chegou até nós apenas em sua primeira parte, que deveria ser completada por outra mais ampla, que trataria especificamente da filosofia moderna. Essa lacuna se repete na obra aqui traduzida, *A construção do mundo histórico nas ciências humanas*, cuja incompletude demanda uma explicitação para o leitor.

Bem, perguntemos, então: de onde provém esse caráter fragmentário da obra de Dilthey? Trata-se de um elemento contingente e extrínseco ao seu pensamento? Ou ele diz muito mais respeito à sua essência propriamente dita? Para respondermos a essas perguntas de forma consistente, seria necessário bem mais do que uma apresentação sintética do presente livro. Por isso, nos restringiremos àquilo que é decisivo para um primeiro contato com o texto diltheyano.

O caráter fragmentário do pensamento de Dilthey não aponta para algum acaso fortuito, nem possui nada em comum com um elemento extrínseco a esse pensamento. Ao contrário, a fragmentariedade de sua obra provém diretamente da essência do seu projeto filosófico fundamental. Dilthey constrói o projeto de sua hermenêutica como uma crítica da razão histórica, uma exposição do horizonte efetivo de realização psicofísica do homem na história. Tal exposição baseia-se em uma apreensão do lugar do homem na própria constituição da vida histórica; e, por sua vez, nasce diretamente da percepção de uma conjuntura histórica específica, que obriga o pensamento a estabelecer para si mesmo como tarefa o re-enraizamento da totalidade no homem.

No que concerne ao primeiro ponto, o lugar do homem se mostra aqui como o lugar de articulação de uma rede complexa de relações que deve ser descrita primordialmente tendo por fim sua conexão propriamente dita. Segundo Dilthey, do homem parte todo um conjunto de referências, dividido entre referências materiais e psíquicas.

Tomemos uma ação qualquer do homem, por exemplo, a realização de uma pesquisa empírica determinada, a busca pela descoberta de um medicamento eficaz no combate a uma doença específica. Considerada em seu campo de realização mais restrito, essa ação tende a se desarticular de seu horizonte mais amplo de surgimento e a ser pensada sem qualquer ligação com o mundo no qual essa pesquisa veio à tona.

Em princípio, o cientista desenvolve uma pesquisa pontual, que não responde e nem deve responder aos interesses alheios ao seu âmbito de trabalho, sob pena da perda de sua isenção valorativa. A questão é que a própria possibilidade da pesquisa repousa em um contexto maior que tende apenas a ser obscurecido no interior da pragmática da pesquisa.

Desde a materialidade efetiva em jogo nas sensações do cientista, nas propriedades materiais dos componentes manipulados e nas leis que regulam os fenômenos físicos e químicos, passando pelo grau de desenvolvimento dos processos técnicos e das doutrinas científicas, até chegar à finalidade dessas pesquisas, que suprem as necessidades do homem e lhes proporcionam algum bem-estar e uma relação particular com o mundo, forma-se uma conexão ampla que expressa em todos os seus elementos a concretização objetiva do espírito em um tempo.

É no homem, por sua vez, que se encontra para Dilthey o ponto de conexão de um tempo, da visão de mundo de um tempo, porque é no homem, ser vivencial, que se acha presente desde o princípio a vida histórica do todo. A essa apreensão do papel do homem na conexão da totalidade corresponde em seguida uma tentativa diltheyana de fazer frente a um problema constitutivo de seu tempo.

Mas de que problema estamos falando aqui? Em primeiro lugar, do problema da fragmentação da ciência em uma multiplicidade de ciências particulares e da perda subsequente de unidade dos processos científicos em geral em relação ao seu mundo. Em seguida, do problema da pretensão de verdade da ciência e da perda do papel central da filosofia como única detentora de uma verdade absolutamente fundada. Dilthey percebe o caráter de abstração das ciências naturais em geral, na medida em que as ciências naturais trabalham com campos restritos de pesquisa e tendem constantemente a tratar os fenômenos nesses seus campos de pesquisa a partir de uma desarticulação em relação ao seu próprio horizonte.

Dilthey tem total clareza quanto ao perigo de uma autonomização das ciências, que poderia fazer a filosofia perder seu lugar tradicionalmente atribuído de base do conhecimento verdadeiro. As ciências naturais desvinculam os fenômenos da vida e, consequentemente, não podem pleitear sozinhas o estatuto de fundamentadoras do conhecimento verdadeiro.

É por isso que, para Dilthey, às ciências naturais precisa se contrapor outro tipo de ciência, as ciências humanas. Estas não explicam o conhecimento a partir de um recorte dos fatos ante o seu horizonte de aparição e da construção subsequente de modelos explicativos. As ciências humanas compreendem fenômenos em sintonia com sua base psicomaterial, partir da qual se estabelecem as vivências individuais de uma época.

Na verdade, o caráter fragmentário do pensamento de Dilthey possui uma ligação direta com essa determinação diltheyana da hermenêutica como fundamentação das ciências humanas. Seja a tarefa compreensiva das ciências humanas a reconstrução da base comum vivencial de uma época e, uma vez que essa base comum vivencial aponta para a visão de mundo de um tempo – com toda a complexidade estrutural dessa visão de mundo, com toda a miríade de possibilidades interpretativas, culturais, humanas, sociais etc. –, há algo de impossível na hermenêutica de Dilthey. Impossível não porque ela não pôde ser plenamente realizada em cada um de seus passos. Mas impossível porque ela nunca pôde ser concluída. Não há como concluir um processo reconstrutivo de uma época, a visão de mundo de um tempo. Ora, qual é, porém, a consequência desse estado de coisas para o texto que temos agora diante de nós, *A construção do mundo histórico nas ciências humanas*?

Como dissemos inicialmente, esta obra é um texto fragmentário. Dilthey jamais chegou a levar a termo o plano de prosseguimento do livro, nem a unificar de maneira consistente as diversas tentativas de tratar mais detidamente alguns contextos teóricos.

O texto aqui traduzido foi editado originalmente por Manfred Riedel e publicado pela Suhrkamp. A edição alemã é baseada no volume 7 dos escritos reunidos de Dilthey, que traz não apenas o material apresentado pelo próprio Dilthey na Academia Prussiana das Ciências, em 1910, relativo a *Construção do mundo histórico*, mas também uma série de pequenos adendos.

O leitor vai encontrar na presente edição além do texto original um "plano de prosseguimento", uma "demarcação das ciências humanas" e alguns "adendos à construção do mundo histórico". Esses trabalhos, que funcionam muitas vezes como uma retomada de momentos anteriormente tematizados, não devem induzir o leitor ao erro. O intuito não é acentuar ainda mais a sensação de incompletude do texto, mas introduzir o leitor de modo mais efetivo no pensamento hermenêutico de Dilthey.

Como Hans-Georg Gadamer não se cansou de afirmar em seu tempo de vida, a hermenêutica aponta para uma crítica da razão finita. Para ela, a impossibilidade de um término definitivo do processo hermenêutico não é um argumento válido para a demonstração de sua inconsistência. Ao contrário, ela se mostra antes como um traço fundamental que precisa ser levado desde o princípio em conta para a compreensão do próprio acontecimento hermenêutico.

Em Dilthey, a incessante retomada de suas posições anteriores indica justamente a inquietude que habita o cerne da hermenêutica. Fragmentariedade não é nesse caso um defeito que precisaria ser corrigido ou um indício de falha interna ao movimento hermenêutico, é a essência da vida que se realiza em conexão.

Entrar na dinâmica dessa vitalidade é o convite que nos faz o pensamento de Dilthey.

Prof. Dr. Marco Antonio Casanova

Nota dos editores brasileiros

Como já salientado pela apresentação acima, esta tradução teve por base a edição alemã, organizada por Manfred Riedel a partir dos *Gesammelte Schriften*, e muitas de suas características originais foram mantidas.

As passagens citadas por Dilthey estão entre aspas, embora na maior parte dos casos não exista qualquer indicação bibliográfica da fonte da citação. Assim como no original alemão, as palavras e frases incluídas pelos editores dos *Gesammelte Schriften* aparecem entre parênteses angulares <>.

O leitor encontrará, especialmente na segunda parte desta obra, algumas lacunas que tornam o texto difícil e até mesmo, à primeira vista, por vezes, ininteligível. Essas são lacunas ocorrentes no original e refletem (quando não motivadas pela consciente intenção estilística) a incorporação de esboços redacionais, planos de escrita que o autor pretendia desenvolver para a continuação do formato definitivo de *A construção do mundo histórico.*

Esse caráter preliminar de elaboração é discernível em diversas passagens. Dilthey usou com frequência o "etc." para ideias ainda não totalmente elaboradas e deixou suas próprias dúvidas anotadas. Por vezes, frases são cortadas antes de expressarem um raciocínio completo. O leitor poderá identificá-las pelo uso das reticências [...].

Nesse plano de desenvolvimento do texto, algumas seções não chegaram a ser escritas. Dilthey apenas as nomeou e estabeleceu uma ordem para sua conclusão posterior. Esses intertítulos sem nenhum texto são seguidos por reticências nesta edição em português.

Outros trechos que não estão na edição original mas são relevantes para a compreensão desta tradução foram acrescentados entre colchetes [ ]. As notas de rodapé inseridas pelo tradutor estão identificadas pela abreviatura padrão (N.T.).

Apresentação

A base inicial do trabalho que se segue foi formada pelos ensaios sobre a delimitação das ciências humanas, sobre a conexão estrutural do saber, sobre o vivenciar e o compreender, apresentados em público por mim durante muitos anos na Academia das Ciências. A última apresentação de um desses ensaios remonta ao dia 20 de janeiro de 1910. Entre eles, o ensaio sobre a conexão estrutural do saber tem por base o texto acerca da conexão estrutural psíquica, que foi lido por mim no dia 2 de março de 1905 e impresso no relatório da sessão do dia 16 de março. Esse ensaio não pôde ser senão resumido e completado aqui sucintamente. Entre os ensaios não impressos que foram inseridos no presente trabalho, o que trata da delimitação das ciências humanas foi simplesmente reproduzido e os ensaios sobre o vivenciar e o compreender foram ampliados. De resto, aquilo que está aqui apresentado articula-se com as minhas preleções sobre lógica e sobre o sistema da filosofia.

A construção do mundo histórico nas ciências humanas

I. Delimitação das ciências humanas

O que está aqui em questão é a delimitação provisória das ciências humanas ante as ciências naturais por meio de traços característicos seguros. Nas últimas décadas, ocorreram debates interessantes entre as duas ciências e, em particular, sobre a história: sem adentrar nos pontos de vista que foram mutuamente contrapostos nesses debates, apresento aqui uma tentativa divergente de conhecer a essência das ciências humanas e de delimitá-las diante das ciências naturais. Uma apreensão completa da diferença entre as duas só se realizará nas investigações ulteriores.

1.

Parto do estado do conjunto abrangente de fatos que constitui a base sólida de toda a reflexão sobre as ciências humanas. Ao lado das ciências naturais, e partindo das tarefas da própria vida, desenvolveu-se por si mesmo e de maneira espontânea um grupo de conhecimentos ligados uns aos outros por meio da comunhão de seu objeto. Tais ciências são a história, as ciências econômica e jurídica e a ciência do Estado, a ciência da religião, o estudo da literatura e da poesia, da arquitetura e da música, das visões de mundo e dos sistemas filosóficos e, por fim, a psicologia. Todas essas ciências descrevem, narram, julgam e formam conceitos e teorias em relação ao mesmo grande fato: a espécie humana.

A recorrente cisão do físico e psíquico encontra-se indissociada neste fato, que contém a conexão viva dos dois. Nós mesmos somos natureza, que atua em nós, inconscientemente, em impulsos obscuros; estados de consciência expressam-se constantemente em gestos, contrações faciais e palavras e isso adquiriu a sua objetividade em instituições, Estados, igrejas, institutos científicos: a história movimenta-se justamente por meio delas.

Isso não exclui naturalmente o fato de as ciências humanas servirem-se da diferenciação entre o físico e o psíquico quando os seus fins o requerem. Elas apenas precisam permanecer conscientes de que, nesse caso, elas trabalham com abstrações, não com entidades, e de que essas abstrações só têm validade no interior dos limites do ponto de vista sob o qual são projetadas. Meu ponto de vista a seguir fundamenta-se na diferenciação do psíquico e do físico, determinando o sentido no qual emprego estas noções. O dado mais imediato são as vivências. Todavia, como tentei demonstrar aqui anteriormente,[1] as vivências encontram-se em uma conexão que se mantém permanente em todo o transcurso da vida e em meio a todas as transformações; sobre a base dessa conexão surge aquilo que descrevi anteriormente como a conexão adquirida da vida psíquica; ela abarca as nossas representações, as determinações valorativas e os fins, subsistindo como uma ligação entre esses elos.[2] E a conexão adquirida existe em cada um desses elos em ligações próprias, em relações de representações,

---

1 Relatório da sessão do dia 16 de março de 1905, p.332ss. (*Gesammelte Schriften* VII, p.11ss.).

2 Sobre a conexão adquirida da vida psíquica, ver *Dichterische Einbildungskraft und Wahnsinn* (*Imaginação poética e loucura*). Discurso de 1886, p.13ss. A imaginação do poeta, *Philosophische Aufsätze* (Ensaios filosóficos), dedicado a Zeller, 1887, p.355ss., "Ideen über eine beschreibende und zergliedernde Psychologie" (Ideias sobre uma psicologia descritiva e analítica), relatório da sessão da Academia das Ciências, 1894, p.80ss. (*Gesammelte Schriften* VI, p.142ss., 167ss. e V, p.217ss.).

em medições de valores, na ordem dos fins. Nós possuímos essa conexão, ela atua constantemente em nós; as representações e os estados que se encontram na consciência são orientados por ela, nossas impressões são apercebidas por ela e ela regula nossos afetos. Assim, ela está sempre presente e efetiva, sem, contudo, estar consciente. Não saberia dizer nada que pudesse ser objetado a isso pelo fato de essa conexão de vivências ser isolada no homem dentro do curso de uma vida por meio de uma abstração e, como psíquica, transformá-la em sujeito lógico de juízos e elucidações teóricas. A formação desse conceito justifica-se pelo fato de que aquilo que é isolado nele como sujeito lógico torna possíveis juízos e teorias que são necessários nas ciências humanas. Igualmente legítimo é o conceito do físico. Na vivência emergem impressões, sensações e imagens, e os objetos físicos mostram-se como aquilo que é submetido a essas impressões e imagens com fins práticos e é por meio de sua composição que as impressões são construíveis. Os dois conceitos só podem ser aplicados se permanecermos conscientes de que eles não são senão abstraídos do fato homem – eles não designam realidades plenas, não passam de abstrações legitimamente formadas.

Os sujeitos dos enunciados nas ciências indicadas possuem uma abrangência diversa – indivíduos, famílias, associações mais complexas, nações, épocas, movimentos históricos ou séries de desenvolvimentos, organizações sociais, sistemas da cultura e outros estratos parciais do todo da humanidade – e, finalmente, esta própria humanidade. Podem-se estabelecer narrativas sobre esses sujeitos, eles podem ser descritos, teorias sobre eles podem ser desenvolvidas. No entanto, essas teorias sempre se referem ao mesmo fato: à humanidade ou à realidade humano-histórico-social. E, assim, surge inicialmente a possibilidade de determinar este grupo de ciências por meio de sua relação em comum, a relação com a humanidade, e delimitá-la ante as ciências naturais. Resulta, a partir dessa ligação comum, uma relação de fundamentação recíproca dos enunciados sobre os sujeitos lógicos contidos no estado de fato da "humanidade". As duas grandes classes das ciências indicadas, o estudo da história até a descrição do estado social de hoje e as ciências sistemáticas do espírito, dependem uma da outra em cada posição e formam, assim, uma sólida conexão.

2.

Se essa determinação conceitual das ciências humanas contém, por um lado, enunciados corretos sobre elas, ela não esgota, por outro, a sua essência. Nós precisamos procurar o tipo de relação existente nas ciências humanas com o estado de fato da humanidade. Somente então seu objeto poderá ser fixado de maneira exata. Pois é claro que as ciências humanas e as ciências naturais não podem ser separadas de maneira logicamente correta como duas classes por meio de duas esferas de fatos que elas formam. Afinal, a fisiologia também trata de um aspecto do homem e ela é uma ciência natural. Portanto, não pode residir nos estados de fato em si e por si o fundamento da divisão que leva à separação entre essas duas classes. As ciências humanas precisam relacionar-se de maneira mais diversa em relação ao lado físico do homem do que ao seu lado psíquico. E assim é de fato.

Nas ciências designadas, há efetivamente uma tendência fundada na mesma coisa. O estudo da linguagem encerra igualmente em si tanto a fisiologia dos órgãos de fala quanto a doutrina da significação das palavras e do sentido das proposições. O processo de uma guerra moderna contém tanto os efeitos químicos da pólvora quanto as propriedades morais dos soldados que se encontram em meio à fumaça provocada por ela. No entanto, reside na natureza do grupo científico, do qual tratamos aqui, uma tendência que se desenvolve cada vez mais intensamente conforme avança. Por meio dessa tendência, o lado físico dos processos é rebaixado ao mero papel de condições, de meios de compreensão. Trata-se aqui do direcionamento para a autorreflexão, do curso da compreensão que segue do exterior para o interior. Essa tendência aproveita qualquer manifestação exterior da vida para a apreensão do interior, do qual provém. A história nos produz relatos sobre o trabalho econômico, sobre povoamentos, guerras e fundações de Estados. Eles preenchem nossa alma com grandes imagens, eles nos ensinam sobre o mundo histórico que nos envolve. Porém, o que nos comove nesses relatos é principalmente aquilo que é inacessível aos sentidos, o apenas vivenciável, a partir do qual surgiram as ocorrências exteriores, como aquilo que lhes é imanente e ao que elas reagem; e essa tendência repousa sobre um modo de consideração que se dirige de fora para a vida: ela está fundamentada na própria vida. Pois nesse elemento vivenciável está contido todo o valor da vida: é em torno da vida que gira todo o ruído exterior da história. É aí que vêm à tona os fins, sobre os quais a natureza não sabe nada. Por meio do trabalho, a vontade conquista desenvolvimento, configuração. E é neste mundo espiritual que se movimenta em nós de maneira criadora, responsável e soberana, e somente nele, que a vida possui seu valor, seu fim e sua significação.

Poder-se-ia dizer que duas grandes tendências ganham validade em todos os trabalhos científicos.

O homem encontra-se determinado pela natureza. A natureza abarca os processos psíquicos parcos, que esporadicamente vêm à tona. Vistos assim, esses processos se mostram como interpolações no grande texto do mundo físico. Ao mesmo tempo, a ideia de mundo assim baseada sobre a extensão espacial é a sede original de todo conhecimento de uniformidades e, desde os primórdios, precisamos contar com essas uniformidades. Nós nos apoderamos deste mundo físico por meio do estudo de suas leis. Essas leis só podem ser encontradas à medida que o caráter de vivência de nossas impressões da natureza, a conexão na qual nos encontramos com ela porquanto nós mesmos somos natureza, o sentimento vivo no qual a desfrutamos, são cada vez mais substituídos pela apreensão abstrata dessas leis segundo as relações de espaço, tempo, massa e movimento. Todos esses fatores atuam juntos para que o homem coloque a si mesmo fora de jogo, a fim de construir, com base em suas impressões, este grande objeto "natureza" como uma ordem regida por leis. Para o homem, então, ela se torna o centro da realidade.

Partindo da natureza, porém, o mesmo homem se volta em seguida retroativamente para a vida, para si próprio. Esse retorno do homem para o interior da vivência por meio da qual a natureza está presente para ele, para o interior da vida na qual há, exclusivamente, significação, valor e finalidade, é a outra grande tendência que determina o trabalho científico. Emerge aqui um segundo centro. Tudo aquilo que vem ao encontro da humanidade, que ela cria e trata, os sistemas de fins nos quais ela se esgota, as organizações exteriores da sociedade nas quais os homens tomados como indivíduos se reúnem – tudo isso ganha aqui uma unidade. A partir daquilo que é dado sensivelmente na história dos homens, a compreensão retorna aqui àquilo que nunca cai no âmbito dos sentidos e que, contudo, atua e se expressa nesta dimensão exterior.

E assim como aquela primeira tendência tem por finalidade apreender a própria conexão psíquica na linguagem do pensamento científico-natural, sob os conceitos desse pensamento e por meio de seus métodos, alienando-se assim a si mesma: a segunda tendência exprime-se na reconexão do transcurso sensivelmente exterior junto aos acontecimentos humanos com algo que não entra no âmbito dos sentidos, com a reflexão sobre aquilo que se manifesta nesse transcurso exterior. A história mostra como as ciências que se referem ao homem são concebidas em uma aproximação constante em relação ao objetivo mais distante de uma reflexão do homem sobre si próprio.

Mas essa tendência lança-se para além do mundo humano a fim de atingir a natureza. Tal como aconteceu em Fichte, Schelling, Hegel, Schopenhauer, Fechner, Lotze e seus sucessores, ela aspira a tornar compreensível, por meio de conceitos que estão fundados no contexto psíquico, a natureza, que só pode ser construída, mas nunca compreendida; espreitando na natureza o seu sentido, um sentido que ela, contudo, nunca nos deixa conhecer.

Neste ponto, revela-se para nós o sentido do par conceitual exterior e interior e o direito de empregar esses conceitos. Eles designam a relação existente na compreensão entre o que se manifesta pelos sentidos ao exterior da vida e aquilo que essa manifestação produziu, aquilo que se manifesta nela, que há. É somente até onde a compreensão alcança que há esta relação entre o exterior e o interior, assim como é somente até onde o conhecimento da natureza alcança que existe a relação dos fenômenos com aquilo por meio do qual eles são construídos.

3.

E assim nós chegamos ao ponto em que podemos obter uma definição mais exata sobre a essência e a conexão entre o grupo de ciências do qual partimos.

Nós separamos de início a humanidade da natureza orgânica, que lhe é mais próxima, e fomos além, descendo até a natureza inorgânica. Foi uma cisão de partes no todo da Terra. Essas partes formam níveis, e, em relação ao nível da existência animal, a humanidade pôde ser delimitada como o nível no qual aparecem o conceito, o juízo de valor, a concretização de fins, a responsabilidade e a consciência do significado da vida. A propriedade mais universal comum ao nosso grupo de ciências, por nós determinada, é a ligação comum com o homem, com a humanidade. É nessa ligação que está fundada a conexão entre essas ciências. Visualizamos, então, a natureza particular desta ligação que existe entre o estado de fato homem, humanidade, e essas ciências. Esse estado de fato não pode ser considerado simplesmente o objeto em comum dessas ciências. Seu objeto emerge, antes, por meio de um comportamento determinado em relação à humanidade, um comportamento que, contudo, não é trazido de fora para ela, mas está fundado em sua essência. Tratar-se-ia aqui de Estados, igrejas, instituições, hábitos, livros, obras de arte; tais fenômenos sempre contêm, tal como o próprio homem, a ligação entre um lado exterior sensível e um lado subtraído aos sentidos e, por isso, interior.

Cabe agora prosseguir e definir esse interior. Um erro comum é introduzir aqui, para o nosso conhecimento desse lado interior, o transcurso psíquico da vida, a psicologia. Tentarei elucidar esse erro por meio das seguintes ponderações.

O aparato visível, em um tempo e em um lugar determinados, de livros de direito, de juízes, de autores de processos, de réus, é inicialmente a expressão de um sistema de fins dotado de determinações jurídicas, graças às quais ele se mostra eficaz. Esse conjunto de finalidades está direcionado para a vinculação externa das vontades a um regulamento inequívoco, que concretiza as condições forçosamente realizáveis para a completude das condições de vida e delimita as esferas de poder dos indivíduos em suas relações entre si, com as coisas e com a vontade comum. Por isso, a forma do direito precisa ser expressa em imperativos, por trás dos quais se encontra o poder de uma comunidade de impô-los. Assim, a compreensão histórica do direito, tal como ele subsiste no interior de uma comunidade em um determinado tempo, reside no retorno daquele aparato exterior para a sistemática espiritual dos imperativos jurídicos produzidos pela vontade comum e a serem impostos por ela, sistemática que ganha, por meio desse aparato, a sua existência exterior. Foi nesse sentido que Ihering tratou do espírito do direito romano. A compreensão desse espírito não é um conhecimento psicológico. Ela é a dedução desse construto espiritual a partir de uma estrutura e de um conjunto de leis que lhe são próprios. Desde a interpretação de uma passagem no *Corpus iuris* até o conhecimento do direito romano e a comparação dos direitos entre si, a ciência jurídica baseia-se nessa dedução. Portanto, o seu objeto não são os estados de fato exteriores e com os acontecimentos por meio dos quais e nos quais o direito se dá. Apenas à medida que esses estados de fato concretizam o direito, eles são o objeto da ciência do direito. A prisão do criminoso, os danos das testemunhas ou o aparato da execução pertencem, como tais, à patologia e à ciência técnica.

O mesmo se dá com a ciência estética. Tenho diante de mim a obra de um poeta. Ela é formada por letras, composta por tipógrafos e impressa por máquinas. Todavia, a história da literatura e a poética só têm algo em comum com a relação deste conjunto compreensível com aquilo que é expresso por meio dele. E o que é decisivo agora é: não se trata aqui dos processos internos do poeta, mas, antes, de uma conexão criada nesses processos, mas deles separável. A conexão de um drama consiste em uma relação própria entre matéria, atmosfera poética, tema, fábula e meios de apresentação. Cada um desses fatores cumpre uma função na estrutura da obra, funções que são ligadas entre si por meio de uma lei interna da poesia. Assim, o objeto do qual a história da literatura e a poética tratam é totalmente diverso dos processos psíquicos no poeta ou em seus leitores. Realiza-se aqui uma conexão espiritual que entra no mundo dos sentidos e que nós compreendemos por meio de uma dedução a partir desse mundo.

Esses exemplos elucidam aquilo que constitui o objeto das ciências sobre as quais estamos falando aqui, aquilo no qual, em consequência disso, a sua essência está fundada e como essas ciências se delimitam ante as ciências da natureza. As ciências naturais tampouco possuem o seu objeto nas impressões, no modo como essas impressões emergem nas vivências, mas nos objetos que o conhecimento cria, a fim de tornar essas impressões construíveis para si. Tanto em um caso como no outro, o objeto é criado a partir da lei dos estados de fato. Nisso coincidem os dois grupos de ciência. Sua diferença reside na tendência, na qual seu objeto é formado. Ela reside no procedimento que constitui esses grupos. No primeiro caso, um objeto espiritual surge no compreender; no segundo, o objeto físico no conhecer.

E, agora, também temos o direito de pronunciar o termo "ciências humanas". Seu sentido está, enfim, claro. Quando, a partir do século XVIII, surgiu a necessidade de encontrar um nome comum para esse grupo de ciências, elas foram denominadas *sciences morales* ou ciências humanas (ciências do espírito)[3] ou, por fim, ciências da cultura.

3 Traduzido literalmente, o termo *Geisteswissenschaften* não significa "ciências humanas", mas "ciências do espírito". Como Dilthey se vale logo em seguida da palavra *Geist* (espí-

Só essa alternância de nomes já mostra que nenhum deles é totalmente apropriado para aquilo que se pretende designar. Aqui deve ser indicado somente o sentido, com o qual uso o termo. Ele é o mesmo com o qual Montesquieu falou do espírito das leis, Hegel do espírito objetivo ou Ihering do espírito do direito romano. Uma comparação da expressão ciências humanas (ciências do espírito) com as outras até aqui empregues com vistas à sua utilidade só será possível em um momento posterior.

4.

No entanto, só neste momento podemos satisfazer também as últimas exigências que se nos apresentam pela determinação da essência das ciências humanas. Podemos delimitar agora, por meio de traços característicos bem claros, as ciências humanas em relação às ciências naturais. Esses traços residem no citado comportamento do espírito, um comportamento por meio do qual, diferentemente do conhecimento das ciências naturais, o objeto das ciências humanas é formado. Concebida em termos de percepção e conhecimento, a humanidade seria para nós um fato físico, só acessível como tal para o conhecimento das ciências naturais. Na condição de objeto das ciências humanas, porém, ela não surge senão na medida em que estados humanos são vivenciados, em que esses estados ganham expressão em manifestações vitais e essas expressões são compreendidas. Com efeito, essa conexão existente entre vida, expressão e compreensão não abarca apenas gestos, expressões faciais e termos por meio dos quais os homens se comunicam; ou as criações espirituais duradouras nas quais a profundeza do criador se abre para aquele que o apreen-

rito) na explicitação de sua compreensão do termo, achamos por bem inserir a tradução literal de *Geisteswissenschaften* entre parênteses. No todo, porém, evitamos a tradução por "ciências do espírito" a fim de aproveitar a expressão corrente em português para designar um tal conjunto de ciências. (N. T.)

de; ou ainda as constantes objetivações do espírito em construtos sociais por meio dos quais os elementos comuns do ser humano transparecem e são incessantemente visíveis e certos para nós. A unidade psicofísica da vida também é conhecida por si mesma por meio da mesma relação dupla entre vivenciar e compreender. Ela toma consciência de si no presente, ela se reconhece na lembrança como algo passado. No entanto, uma vez que aspira a fixar e apreender os seus estados, uma vez que dirige a atenção para si mesma, tornam-se evidentes os tênues limites de um método introspectivo de autoconhecimento: somente as suas ações, as suas manifestações vitais fixadas e os efeitos dessas manifestações sobre os outros ensinam o homem sobre si mesmo; assim, ele passa a conhecer a si mesmo apenas por meio do desvio do compreender. Aquilo que fomos um dia e o modo como nos desenvolvemos e nos tornamos aquilo que somos são experimentados a partir da maneira como agimos, de que planos de vida outrora concebemos, da forma como desempenhamos uma profissão, de velhas cartas desaparecidas e de juízos sobre nós que foram enunciados há muito tempo. Em suma, é pelo processo da compreensão que a vida é esclarecida a si mesma em suas profundezas e, todavia, só compreendemos a nós mesmos e aos outros na medida em que inscrevemos nossa vida vivenciada em todo tipo de expressão de uma vida própria e alheia. Desse modo, a conexão entre vivência, expressão e compreensão mostra-se por toda parte como o próprio procedimento, por meio do qual a humanidade existe para nós como objeto das ciências humanas. As ciências humanas estão fundadas, pois, nessa conexão entre vida, expressão e compreensão. Somente aqui alcançamos uma característica clara, por meio da qual a delimitação das ciências humanas pode ser definitivamente realizada. Uma ciência só pertence às ciências humanas se o seu objeto nos é acessível por meio do comportamento que está fundado na conexão entre vida, expressão e compreensão.

É dessa essência comum entre as ciências indicadas que derivam todas as propriedades destacadas como constituintes dessa essência nas discussões sobre as ciências humanas, sobre as ciências da cultura ou sobre a História. Assim, temos a relação particular na qual se encontra aqui o elemento único, singular, individual em relação a uniformidades gerais.[4] Em seguida, a ligação que ocorre aqui entre os enunciados sobre a realidade, os juízos de valor e os conceitos-fim.[5] E mais: "A apreensão do singular, do individual, forma nelas tanto um fim último quanto o desenvolvimento de uniformidades abstratas".[6] Contudo, ainda mais pode ser obtido aqui: todos os conceitos-diretriz com os quais este grupo de ciências opera são diversos dos conceitos correspondentes na área do saber sobre a natureza.

Assim, é a tendência de deduzir a partir da humanidade e do espírito objetivo por ela realizado para o elemento criador, avaliador, agente, o elemento que se expressa e se objetiva, e incluindo as consequências que se dão a partir dela, que nos permite, em primeiro lugar e acima de tudo, de denominar as ciências, nas quais essa tendência se manifesta, como ciências humanas (ciências do espírito).

---

4 *Einleitung in die Geisteswissenschaften (Introdução às ciências humanas)*, p.33.

5 Idem, p.33-4.

6 Ibidem, p.33. (*Schriften*, v.I, p.26s.)

II. A diversidade da construção nas ciências naturais e nas ciências humanas

Orientação histórica

1.

Nas ciências humanas, realiza-se, então, a construção do mundo histórico. Com essa expressão figurada designo a conexão ideal na qual, estendendo-se sobre a base da vivência e da compreensão em uma série de níveis de realizações, o saber objetivo do mundo histórico tem a sua existência.

Pois bem, mas qual é a conexão na qual uma teoria desse tipo está ligada com as ciências que lhe são mais imediatamente aparentadas? Em primeiro lugar, essa construção ideal do mundo do espírito e o saber histórico sobre o transcurso histórico, no qual o mundo do espírito paulatinamente despontou, condicionam-se mutuamente. Eles estão separados, mas possuem o seu objeto comum no mundo do espírito: é aí que está fundada a sua ligação interna. O transcurso no qual o saber sobre o mundo se desenvolveu oferece um fio condutor para a compreensão da construção ideal deste mundo e essa construção possibilita uma compreensão mais profunda da história das ciências humanas.

Desse modo, a base para essa teoria é a intelecção da estrutura do saber, das formas de pensamento e dos métodos científicos. Assim, da teoria lógica só destacamos o aqui necessário, pois essa teoria em si enredaria desde o princípio a nossa investigação em contendas infindas.

Por fim, subsiste uma ligação dessa doutrina da construção das ciências humanas com a crítica da faculdade do conhecimento. Na medida em que se busca esclarecer essa ligação, mostra-se pela primeira vez o significado pleno de nosso objeto. Tal como a lógica, a crítica do conhecimento é uma análise da conexão existente entre as ciências. Na teoria do conhecimento, a análise dessa conexão remonta às condições sob as quais a ciência é possível. Aqui, porém, surge diante de nós, uma relação que é determinante para o curso da teoria do conhecimento e para a sua situação atual. As ciências naturais foram o primeiro objeto no qual esta análise se realizou. Foi devido ao curso das ciências que o conhecimento da natureza se formou primeiro. Somente no século passado as ciências humanas entraram em um estágio que tornou possível o seu aproveitamento para a teoria do conhecimento. Daí advém o fato de o estudo da construção dessas duas classes de ciências anteceder por agora de maneira apropriada a fundamentação epistemológica coerente: no todo, tanto quanto em pontos singulares, esse estudo prepara a teoria do conhecimento coerente. Ele se encontra sob o ponto de vista do problema do conhecimento e trabalha para a sua dissolução.

2.

Quando os povos europeus mais recentes, alcançando a maturidade no Humanismo e na Reforma, saíram desde a segunda metade do século XVI do estágio da metafísica e da teologia para entrarem nas ciências autônomas da experiência, esse progresso realizou-se de uma maneira mais perfeita do que outrora, quando das povoações gregas a partir do século III a.C. Também lá a matemática, a mecânica, a astronomia e a geografia matemática se desprenderam da lógica e da metafísica; segundo a relação de dependência mútua, elas entraram em um conjunto coeso. No entanto, nessa construção das ciências da natureza, indução e experimento ainda não tinham conquistado sua posição e significação verdadeiras, tampouco tendo se desenvolvido em todo o seu caráter frutífero. Foi somente nas cidades industriais e comerciais não escravocratas das nações modernas, assim como nas cortes, academias e universidades de seus grandes Estados militares, carentes de recursos financeiros, que se desenvolveram mais fortemente uma abordagem mais decidida da natureza, um trabalho mecânico, invenção, descoberta e experimento; eles se associaram com a construção matemática e, assim, surgia uma análise de fato da natureza. Em seguida, na primeira metade do século XVII, formou-se, em meio à ação conjunta de Kepler, Galileu, Bacon e Descartes, a ciência matemática da natureza como um conhecimento da ordem da natureza segundo leis. Por meio de um número sempre crescente de pesquisadores, essa ciência desenvolveu todo o seu potencial ainda nesse século. Portanto, foi ela que se mostrou de maneira totalmente predominante como o objeto da análise realizada pela teoria do conhecimento do final do século XVII e do seguinte; uma análise que está presente em Locke, Berkeley, Hume, d'Alembert, Lambert e Kant.

A construção das ciências naturais é determinada pelo modo como o seu objeto, a natureza, é dado. Imagens vêm à tona em uma alternância constante; essas imagens são ligadas a objetos, esses objetos preenchem e ocupam a consciência empírica e formam o objeto da ciência natural descritiva. No entanto, já a consciência empírica observa que as qualidades sensíveis emergentes nas imagens são dependentes do ponto de vista da consideração, da distância, da iluminação. De maneira cada vez mais clara, a física e a fisiologia mostram a fenomenalidade dessas qualidades sensíveis. E assim surge, então, a tarefa de pensar os objetos de um modo em que a alternância dos fenômenos e a uniformidade, que nela se distingue cada vez mais claramente, tornem-se concebíveis. Os conceitos por meio dos quais isso se realiza são construções auxiliares que o pensamento cria com este fim. Assim, a natureza nos é estranha, transcendente para o sujeito que concebe, acrescentada, no pensamento, a esse sujeito, por meio de construções auxiliares, àquilo que é fenomenalmente dado.

Ao mesmo tempo, porém, residem neste modo como a natureza nos é dada os meios de submetê-la ao pensamento e de torná-la útil para as tarefas da vida. A articulação dos sentidos condiciona a comparabilidade das impressões em todo sistema dotado de multiplicidade sensível. É justamente aí que se baseia a possibilidade de uma análise da natureza. Em cada uma das esferas particulares de fenômenos sensíveis copertinentes, as regularidades consistem na sequência ou nas ligações entre os elementos simultâneos. Na medida em que são atribuídos a essas regularidades suportes inalteráveis, próprios ao acontecimento, elas são remetidas a uma ordem segundo leis no interior da multiplicidade pensada das coisas.

Todavia, a tarefa só pode ser resolvida ao se adicionar às regularidades nos fenômenos, constatadas pela indução e pelo experimento, uma outra constituição do dado. Tudo aquilo que é físico possui uma dimensão: ele pode ser contado; ele se estende no tempo; em sua maior parte, ele preenche simultaneamente um espaço e pode ser medido. No âmbito espacial vêm à tona, com isso, movimentos mensuráveis e, se os fenômenos da audição não encerram em si extensão espacial e movimento, uma tal extensão e um tal movimento podem ser de qualquer modo atribuídos a esses fenômenos – a ligação das fortes impressões sonoras com a percepção de abalos no ar leva a uma tal atribuição. Assim, as construções matemáticas e mecânicas transformam-se em meios de reconduzir segundo leis imutáveis todos os fenômenos sensoriais de maneira hipotética a movimentos de um suporte inalterável. Qualquer expressão como: suporte do acontecimento, algo, fato, substância, designa apenas os sujeitos lógicos transcendentes para o conhecimento, sujeitos em relação aos quais as ligações legais, matemáticas e mecânicas são predicadas. Eles não passam de conceitos limítrofes, algo que torna possíveis os enunciados das ciências naturais, um ponto de partida para tais enunciados.

A partir daí determina-se mais amplamente a estrutura e a construção das ciências naturais.

Na natureza, espaço e número são dados como condições das determinações qualitativas e dos movimentos. Com isso, o movimento torna-se a condição geral para a demarcação de partes do todo ou para a consideração das vibrações do ar ou do éter, que a química e a física atribuem às transformações. Essas relações têm por consequência as ligações entre as ciências no interior do conhecimento da natureza. Cada uma dessas ciências possui os seus pressupostos na ciência precedente; no entanto, cada uma delas chega a termo, uma vez que esses pressupostos são aplicados a um novo domínio de fatos e de ligações contidas nesses fatos. Até onde consigo ver, esta ordem natural das ciências foi constatada pela primeira vez por Hobbes. Segundo ele, o objeto da ciência da natureza – como se sabe, Hobbes vai mais além e também inclui as ciências humanas nesse contexto – são os corpos, e a propriedade mais fundamental desses corpos consiste nas ligações entre espaço e número que são constatadas pela matemática. Delas depende a mecânica e, na medida em que luz, cor, som, calor são explicados a partir dos movimentos das menores partes da matéria, surge a física. Esse é o esquema que se aperfeiçoou de maneira consonante com o curso ulterior do trabalho científico e que foi relacionado por Comte com a história das ciências. Quanto mais a matemática descortinou o domínio ilimitado das livres construções, tanto mais ela ultrapassou as barreiras de suas tarefas mais imediatas de fundamentação das ciências naturais; mas isso não alterou nada na relação contida nos próprios objetos, uma relação segundo a qual na regularidade das dimensões espaciais e numerais estão contidos os pressupostos da mecânica; só as possibilidades de derivação é que se ampliaram por meio dos progressos da matemática. A mesma relação existe entre a mecânica, e a física e a química. E mesmo onde o corpo vivo entra em cena como um novo conceito padrão para fatos, o seu estudo possui a sua base nas verdades químico-físicas. Por toda parte, temos, nas ciências naturais, a mesma construção por camadas. Cada uma dessas camadas forma um domínio fechado em si mesmo e, ao mesmo tempo, cada um deles é suportado e condicionado pela camada que se encontra abaixo. Descendo a partir da biologia, todas as ciências naturais contêm em si as relações regulares que as camadas das ciências sob ela apresentam, e isso até a base matemática mais universal; subindo, em cada ciência que se encontra acima, algo que não estava contido na camada científica precedente é acrescentado como uma factualidade ulterior e nova, quando é considerado a partir da que está abaixo.

Do grupo das ciências naturais, no qual as leis da natureza ganham o conhecimento, distingue-se o outro grupo daquelas ciências que descrevem o mundo como algo único conforme a sua estruturação, que constatam a sua evolução no transcurso do tempo e que empregam para a explicação de sua constituição sob o pressuposto de uma ordenação originária as leis da natureza conquistadas no primeiro grupo. Até o ponto em que se lançam para além de uma constatação, de uma definição matemática, de uma descrição da constituição fática e do transcurso histórico, elas baseiam-se no primeiro grupo. Desse modo, a investigação da natureza também depende aqui da construção do conhecimento da natureza segundo leis.

Na medida em que a teoria do conhecimento teve de início esta construção das ciências da natureza como o seu objeto mais insigne, surgiu a partir daí a conexão entre os seus problemas. O sujeito pensante e os objetos sensíveis que se encontram diante dele estão mutuamente cindidos; os objetos sensíveis possuem um caráter fenomenal, e, até o ponto em que a teoria do conhecimento permanece no âmbito do saber sobre a natureza, ela nunca pode superar essa fenomenalidade da realidade que se lhe encontra aqui contraposta. Na ordem segundo leis que é atribuída pelas ciências naturais aos fenômenos sensíveis, as qualidades sensíveis são representadas por meio de formas do movimento que se ligam a essas qualidades. E mesmo quando os fatos sensíveis, com cuja assunção e representação o conhecimento da natureza se iniciou, tornam-se objeto da fisiologia comparativa, nenhuma investigação histórico-genética pode, de qualquer modo, tornar apreensível como é que um desses produtos dos sentidos se converte no outro. Pode-se certamente postular uma conversão da sensação tátil em sensação sonora ou cromática, mas nunca se pode representá-la pura e simplesmente. Não há nenhuma compreensão deste mundo e só podemos transmitir valor, significação e sentido para ele a partir de uma analogia com nós mesmos; e mesmo essa transmissão só pode se dar a partir da esfera em que a vida psíquica começa a se fazer sentir no mundo orgânico. Da construção das ciências naturais depreende-se, então, que as definições e os axiomas que formam a sua base, o caráter de necessidade que lhes é próprio, e a lei causal, ganham para a teoria do conhecimento um significado especial.

E porquanto a construção das ciências naturais permitiu uma dupla interpretação, desenvolveram-se, a partir daí, preparadas pelas orientações teórico-cognitivas da Idade Média, duas orientações da teoria do conhecimento, gerando, cada uma por si, outras possibilidades.

Os axiomas sobre os quais essa construção foi fundamentada foram combinados em uma destas orientações com uma lógica que fundava a conexão correta de pensamento em fórmulas que tinham alcançado o mais elevado grau de abstração em relação à matéria do pensamento. Leis do pensamento e formas do pensamento, essas duas abstrações extremas, foram vistas como aquilo que fundamenta a conexão do saber. É nessa orientação que residia a formulação do princípio da razão suficiente elaborada por Leibniz. Na medida em que Kant reuniu todo o conteúdo subsistente da matemática e da lógica e buscou as condições para tanto na consciência, surgiu a sua doutrina do *a priori*. Dessa gênese de sua doutrina, mostra-se de maneira muito clara o fato de esse *a priori* designar em primeira linha uma relação de fundamentação. Lógicos importantes como Schleiermacher, Lotze e Sigwart[1] simplificaram e transformaram este modo de considera-

1 Christoph von Sigwart (1830-1904): filósofo alemão neokantiano e um dos defensores da corrente do psicologismo lógico. (N. T.)

ção: no interior deste ponto de vista vêm à tona nesses autores tentativas totalmente diversas de solução.

A outra orientação possui um ponto de partida comum nas uniformidades que a indução e o experimento apresentam, assim como na predição e na aplicabilidade fundamentadas sobre elas. No interior dessa orientação, possibilidades totalmente diversas, em particular no que concerne à concepção das bases matemáticas e mecânicas do conhecimento, foram sendo desenvolvidas por Avenarius,[2] Mach,[3] pelos pragmáticos e por Poincaré. Desse modo, essa direção da teoria do conhecimento também se fragmentou em um sem-número de suposições hipotéticas.

3.

Assim como as ciências naturais se constituíram em um rápido desenvolvimento na primeira metade do século XVII, um período relativamente pouco extenso que abrange Wolf, Humboldt, Niebuhr,[4] Eichhorn,[5] Savigny, Hegel e Schleiermacher também foi fundamental para as ciências humanas. Precisamos tentar apreender a conexão interna desse movimento. Sua grande realização metodológica residiu na fundação das ciências humanas sobre factualidades histórico-sociais. Essa fundação possibilitou uma nova organização das ciências humanas, na qual filologia, crítica, historiografia, a execução do método comparativo nas ciências humanas sistemáticas e a aplicação da ideia de desenvolvimento em todas as esferas do mundo espiritual

---

2 Richard Avenarius (1843-1896): filósofo alemão e um dos principais representantes do criticismo empírico. (N. T.)

3 Ernst Mach (1838-1916): filósofo, físico e teórico da ciência. (N. T.)

4 Barthold Georg Niebuhr (1776-1831): historiador dinamarquês que exerceu uma grande influência sobre Leopold von Randke e Theodor Mommsen, os dois grandes representantes da escola histórica. (N. T.)

5 Gustav Eichhorn (1862-1929): médico e paleontólogo de grande projeção no interior da escola histórica. (N. T.)

formaram pela primeira vez uma relação interna entre si. Com isso, o problema das ciências humanas entrou em um novo estágio e todos os passos para a resolução desse problema dados – e aqueles que precisam ainda ser dados – dependem do aprofundamento nesta nova conexão fática das ciências humanas, em cujo âmbito recaem todas as realizações posteriores nestas ciências.

O desenvolvimento que precisamos representar agora foi preparado pelo século XVIII. Nessa época surgiu a concepção histórico-universal de cada uma das partes da história. Surgiram das ciências naturais as ideias diretrizes do Esclarecimento, que trouxeram, pela primeira vez para o interior do transcurso histórico, uma conexão cientificamente fundamentada: a solidariedade das nações em meio às suas lutas por poder, o seu progresso comum fundado na validade universal de verdades científicas, uma validade segundo a qual essas verdades se ampliam constantemente e, por assim dizer, estratificam-se umas sobre as outras e, por fim, o domínio crescente do espírito humano sobre a Terra por meio desse conhecimento. As grandes monarquias da Europa foram consideradas os pilares sólidos desse progresso. Na medida em que se viu o desenvolvimento conjunto da indústria, do comércio, do bem-estar, da civilização, do gosto e da arte com as ciências, sintetizou-se esta suma conceitual de progressos sob o conceito de cultura. O movimento contínuo dessa cultura foi perseguido; suas épocas foram descritas e seccionadas; seus aspectos particulares foram submetidos a uma investigação separada e ligados entre si no todo de cada época. Voltaire, Hume e Gibbon[6] são os típicos defensores dessa nova perspectiva. E se agora, nos aspectos particulares da cultura, supõe-se uma realização de regras que são deriváveis de sua construção racional, então já se prepara de qualquer modo paulatinamente a partir daí uma concepção histórica dos campos culturais.

---

6 Edward Gibbon (1737-1794): historiador e político inglês. (N. T.)

Pois se o Esclarecimento pensava inicialmente cada parte da cultura como determinada por um fim e submetida a regras, das quais dependia a possibilidade de alcançar esse fim, então ele passou a ver nas épocas passadas a realização de suas regras. Arnold, Semler, Böhmer e a escola do direito canônico, tanto quanto Lessing, investigaram o cristianismo primitivo e a sua constituição como o tipo verdadeiro de religiosidade cristã e de suas ordens exteriores; Winckelmann e Lessing encontraram o seu ideal regular de arte e poesia como realizado na Grécia. Além disso, por detrás do estudo da pessoa moral comprometida pelo dever da perfeição, o homem veio à tona na psicologia e na poesia em sua realidade irracional e individual. E, se na época do Esclarecimento, a ideia de progresso estabeleceu uma finalidade racionalmente determinável; se essa ideia não deixou que os estágios mais antigos deste caminho ganhassem validade em seu próprio conteúdo e valor; se a finalidade do Estado foi estabelecida por Schlözer na criação de grandes Estados com uma administração centralizada e intensiva, no cuidado com o bem-estar e com a cultura; se o direito de Estados realizadores foi estabelecido por Kant na comunidade da paz; se, da mesma maneira, restrita pelos ideais do tempo, a teologia natural, Winckelmann e Lessing também prescreveram a outras grandes forças da cultura finalidades racionais finitas, então Herder revolucionou essa historiografia dirigida pelo conceito de finalidade adequado ao entendimento por meio do reconhecimento do valor autônomo que toda nação e toda época dessa nação concretizam. Com isso, o século XVIII encontrava-se no limiar da nova era das ciências humanas. A partir de Voltaire e Montesquieu, Hume e Gibbon, passando por Kant, Herder e Fichte, temos o caminho que segue até a grande época, na qual as ciências humanas conquistaram, então, o seu lugar ao lado das ciências naturais.

A Alemanha foi o cenário dessa constituição de um segundo conjunto de ciências. Essa terra central, essa terra da cultura interior, tinha retido em si efetivamente desde a Reforma as forças do passado europeu, a cultura grega, o direito romano, o cristianismo primitivo:

o quão intensamente essas forças não se reuniram no "mestre da Alemanha", Melanchton![7] Assim, pôde crescer em solo alemão a compreensão mais perfeita e mais natural dessas forças. O período em que isso aconteceu abrira na poesia, na música e na filosofia profundezas da vida, até as quais nenhuma nação tinha avançado até então. Tais épocas de florescimento da vida espiritual evocam nos pensadores históricos uma força maior e uma multiplicidade do vivenciar, uma força intensificada para compreender as formas mais diversas da existência. Precisamente o romantismo, com o qual a nova ciência do espírito estava tão estreitamente ligada, tendo à frente os Schlegels e Novalis, também formou, simultaneamente a uma nova liberdade de vida, a liberdade do aprofundamento em tudo aquilo que há de mais estranho. Nos irmãos Schlegel, o horizonte da fruição e do entendimento ampliou-se para além de toda a multiplicidade de criações em língua e literatura. Eles criaram uma nova concepção de obras literárias por meio da investigação de sua forma interior.

E sobre essa ideia de uma forma interior, de uma composição, baseou-se, então, a reconstrução do conjunto das obras platônicas por Schleiermacher, e, mais tarde, a compreensão por ele atingida pela primeira vez da forma interna das epístolas de São Paulo. Também residia nessa rigorosa observação da forma um novo recurso para a crítica histórica. E foi justamente a partir dessa crítica que Schleiermacher tratou, em sua hermenêutica, dos processos da produção escrita e da compreensão. Boeckh aperfeiçoou isso em sua enciclopédia – um processo que teve uma enorme significação para o desenvolvimento da doutrina dos métodos.

Por sua contenção e pelo caráter fechado de sua pessoa, Wilhelm von Humboldt encontra-se, semelhante ao Kant, em meio aos românticos como um estranho e, contudo, como alguém que possui simultaneamente um parentesco com eles pelo ímpeto para a fruição e para

7 Trata-se aqui de Philipp Schwarzerdt (Melanchton é tradução para o grego de seu nome em alemão – 1497/1560): importante teólogo da Reforma e contemporâneo de Lutero. (N. T.)

a compreensão da vida em todos os seus tipos, pela Filologia fundada nesse ímpeto e pelo gosto por fazer experimentos com os novos problemas das ciências humanas. Um gosto cuja tendência era tão sistemática nele quanto o projeto de uma enciclopédia em Friedrich Schlegel. Em um parentesco espiritual bem próximo com W. von Humboldt está Friedrich A. Wolf, que apresentou um novo ideal de filologia, segundo o qual esta, firmemente fundada na língua, abarca toda a cultura de uma nação, para, por fim, alcançar a compreensão de suas maiores criações espirituais. É nesse sentido que Niebuhr e Mommsen, Boeckh e Otfried Müller, Jakob Grimm e Müllenhoff foram filólogos, e uma bênção infinita para as ciências históricas partiu desse conceito rigoroso. Dele surgiu um conhecimento histórico metodologicamente fundamentado, abrangendo toda a vida de cada uma das nações, assim como a compreensão de sua posição na história em que se formou a ideia de nacionalidade.

Foi só a partir daí que o estudo das épocas mais antigas dos povos que nos são acessíveis obteve sua verdadeira significação. A força criadora desses povos, efetiva na religião, na moral e no direito; a recondução dessas forças ao espírito comum que, nessas épocas, realizou-se em criações conjuntas em pequenos corpos políticos e em meio a uniformidades maiores dos indivíduos – estas foram as grandes descobertas da escola histórica: elas condicionaram toda a sua concepção do desenvolvimento das nações.

E em relação a tais épocas marcadas pelo mito e pela saga, a crítica histórica se tornou o complemento necessário à compreensão. Também nesse caso, Friedrich. A. Wolf mostrou-se como o líder. Investigando os poemas homéricos, ele chegou à suposição de que a poesia épica dos gregos antes do aparecimento de nossa *Ilíada* e de nossa *Odisseia* teria surgido na comunicação oral e, portanto, de construtos menores. Esse foi o começo de uma crítica da poesia épica nacional, que não deixou pedra sobre pedra. Niebuhr prosseguiu o caminho de Wolf, saindo da crítica à tradição para a reconstrução das mais antigas histórias romanas. Ele aliou o acolhimento de antigas canções no sentido da crítica a Homero a um outro princípio para o esclarecimento da tradição: a dependência daqueles que relatam a história em relação aos partidos em jogo e a incapacidade de épocas posteriores compreenderem relações constitucionais mais antigas. Um princípio de esclarecimento do qual Christian Baur, o grande crítico da tradição cristã, fez o mais frutífero uso. Com isso, a crítica de Niebuhr estava ligada da maneira mais estreita possível com a nova estruturação da história romana.

Ele compreendeu as épocas romanas mais antigas a partir da visão fundamental de um espírito comum nacional que agia no hábito, no direito, na tradição poética da história, um espírito que produz a estrutura específica do povo determinado. E também aqui se fez valer a influência da vida sobre a ciência histórica. Aos recursos filológicos aliou-se o seu conhecimento, adquirido em posições significativas, da economia, do direito e da realidade constitucional, bem como o da comparação de desenvolvimentos análogos. A intuição savigniana da história do direito, que encontrou a sua mais forte expressão em sua doutrina do direito consuetudinário, partia das mesmas intuições.

> Todo direito surge da maneira que a linguagem comum e dominante designa como direito consuetudinário." "Ele é gerado primeiro pelo hábito e pela crença popular e, em seguida, pela jurisprudência; por toda parte, portanto, por meio de forças internas, que atuam silenciosamente, não por meio do arbítrio de um legislador.

E nisto coincidem as grandes concepções de Jakob Grimm sobre o desenvolvimento do espírito alemão na língua, no direito e na religião. A partir daí surgiu uma outra descoberta dessa época.

Segundo as ideias do Esclarecimento, o sistema natural das ciências humanas viu na religião, no direito, na eticidade e na arte um progresso desde a anomia bárbara até um conjunto de fins que está fundamentado na natureza humana. Pois, segundo esse sistema, residem na natureza humana relações legais, representáveis em conceitos fixos, que promovem por toda parte de maneira uniforme as mesmas linhas fundamentais da vida econômica, da ordem jurídica, da lei moral, da crença racional, das regras estéticas. Na medida em que a humanidade toma consciência dessas linhas, e aspira a submeter a elas sua vida na economia, no direito, na religião e na arte, ela alcança a maioridade e se torna cada vez mais capaz de dirigir o progresso da sociedade por meio de uma intelecção científica. Todavia, aquilo que teve sucesso nas ciências naturais, a exposição de um sistema conceitual universalmente válido, acabou por se mostrar como impossível nas ciências humanas. A natureza diversa do objeto fez-se valer nessas duas esferas do saber. Assim, esse sistema natural estilhaçou-se e tomou direções diversas, que têm por base, contudo, a mesma fundamentação científica – ou a mesma falta de uma fundamentação. Na luta com o sistema conceitual do século XVIII, a grande época das ciências humanas fez valer o caráter histórico das ciências da economia, do direito, da religião e da arte. Essas ciências desenvolveram-se a partir da força criadora das nações.

Assim, uma nova visão da história surgiu. Os discursos de Schleiermacher sobre a religião descobriram no reino da religiosidade a significação da consciência de comunidade e de sua expressão na comunicação transmitida pela consciência de comunidade. Essa descoberta formou o fundamento da sua concepção do cristianismo primitivo, da sua crítica aos evangelhos e da sua descoberta do sujeito da religiosidade, dos enunciados religiosos e do dogma na consciência comunitária, tal como essa descoberta constitui o ponto de vista de sua doutrina da fé. Sabemos agora[8] como o conceito hegeliano da consciência comum como o suporte da história, uma consciência cujo movimento contínuo possibilita o desenvolvimento da história, surgiu sob a influência dos discursos de Schleiermacher sobre a religião. Não foi sem a influência do movimento filosófico que a escola histórica al-

---

8 "Meine Jugendgeschichte Hegels" (Minha história da juventude de Hegel). Ensaio da Academia das Ciências, 1905. (*Schriften*, v.IV).

cançou um resultado similar, retornando às épocas mais antigas dos povos e encontrando ali o espírito comum criativamente atuante, que promove o aparecimento da propriedade nacional dos hábitos, do direito, do mito e da poesia épica e a partir do qual se define, então, todo o desenvolvimento das nações. Savigny formulou esta visão fundamental do seguinte modo:[9]

> Língua, hábitos, constituição, direito não possuem nenhuma existência separada, eles não são senão forças e atividades particulares de um povo, ligadas na natureza de maneira inseparável. "Aquilo que as articula e as transforma em uma totalidade é a convicção comum do povo." Esta juventude dos povos é pobre em conceitos, mas desfruta de uma clara consciência quanto aos seus estados e relações, ela os sente e vivencia de maneira total e completa.

Esse "estado claro e consonante com a natureza também se afirma primorosamente no direito civil". O corpo desse direito é composto pelas "ações simbólicas, nas quais supostamente surgem ou perecem as relações jurídicas". "Sua seriedade e sua dignidade correspondem à significância das próprias relações jurídicas". Elas são "a gramática propriamente dita do direito neste período". O desenvolvimento do direito realiza-se em um todo orgânico; "em culturas mais avançadas, todas as atividades do povo vão se distinguindo cada vez mais e aquilo que foi empreendido comunitariamente em outras situações cabe agora a classes particulares"; surge a classe à parte dos juristas; essa classe representa o povo em sua função jurídica; a formação conceitual transforma-se, então, no instrumento do desenvolvimento jurídico: ela concebe princípios, diretrizes fundamentais, isto é, definições nas quais os outros princípios são dados; o caráter científico da jurisprudência baseia-se na descoberta desses princípios fundamentais e a jurisprudência se torna cada vez mais a base do aperfeiçoamento do direito por meio da legislação. Um desenvolvimento

9 "Beruf für Gesetzgebung" (Vocação para a legislação), p.5ss.

orgânico análogo foi demonstrado por Jakob Grimm para a língua. Em um grande movimento contínuo, o estudo das nações e dos diversos aspectos de sua vida desenvolveu-se a partir daí.

A essa grande visão da escola histórica associou-se um progresso metodológico da mais alta importância. A partir da escola aristotélica, a formação dos métodos comparativos na botânica e na zoologia constituiu o ponto de partida para a sua aplicação nas ciências humanas. Por meio do método comparativo, a ciência política antiga tinha se elevado na Antiguidade ao *status* da disciplina mais desenvolvida entre as ciências humanas. Na medida em que a escola histórica rejeitou a derivação das verdades universais nas ciências Humanas por meio do pensamento abstrato construtivo, o método comparativo tornou-se o único procedimento para se alcançar verdades de maior universalidade. Ela aplicou este procedimento à língua, ao mito e à épica nacional, enquanto a comparação do direito romano com o germânico, cuja ciência florescera justamente naquela época, tornou-se o ponto de partida para a formação do mesmo método também no campo do direito. Existe também aqui uma relação interessante com o estado da biologia de então. Cuvier[10] partiu de um conceito de combinação das partes em uma espécie animal, que permitiu construir a partir dos restos dos animais extintos a sua estrutura. Niebuhr exercitou um procedimento similar e Franz Bopp[11] e Jakob Grimm aplicaram o método comparativo à língua, bem ao espírito dos grandes biólogos. A aspiração dos anos de juventude de Humboldt por penetrar na dimensão interior das nações foi finalmente realizada com os meios do estudo linguístico comparativo. Na França, então, o grande analista da vida pública, Tocqueville, juntou-se a esta vertente: como Aristóteles,

10 Georges Leopoldo Chrétian Frederico Dagoberto, Barão de Cuvier (1739-1882): cientista natural francês conhecido historicamente como um dos fundadores da paleontologia e como um dos instauradores da anatomia comparativa nos estudos dos animais. (N. T.)

11 Franz Bopp (1791-1867): filólogo alemão considerado o fundador da filologia indo-germânica histórico-comparativa. (N. T.)

ele perseguiu as funções, a conexão e o desenvolvimento dos corpos políticos. Uma perspectiva única, eu diria mesmo morfológica, atravessa todas essas generalizações e conduz a conceitos dotados de uma nova profundidade. Segundo esse ponto de vista, as verdades universais não formam a base das ciências humanas, mas se mostram antes como seu resultado derradeiro.

O limite da escola histórica residia no fato de ela não ter conquistado nenhuma ligação com a história universal. A história universal de Johann von Müller, que justamente neste ponto se articulou de maneira particular com as "ideias" imperfeitas de Herder, revelou toda a insuficiência dos recursos usados até então para a resolução desta tarefa. Ao mesmo tempo em que a escola histórica, Hegel interveio, então, efetivamente no mesmo lugar em que essa escola tinha o seu ponto central.

Hegel foi um dos maiores gênios históricos de todos os tempos. Na calma profundidade de seu ser, ele reuniu as grandes forças do mundo histórico. O tema, no qual as suas visões se desenvolveram, foi a história do espírito religioso. A escola histórica tinha exigido um procedimento filologicamente rigoroso e aplicado o método comparativo; Hegel assumiu um procedimento totalmente diverso. Sob a influência de suas vivências metafísico-religiosas e no contato constante com as fontes, retornando sempre que possível, porém, dessas fontes para a interioridade religiosa mais profunda, ele descobriu um desenvolvimento da religiosidade, no qual o estágio inferior da consciência religiosa como um todo produz, por meio das forças nela ativas, um estágio superior que contém doravante o estágio mais antigo. O século XVIII tinha buscado o progresso da humanidade, um progresso produzido pela ampliação do conhecimento da natureza e pelo domínio sobre ela que estava fundado nessa ampliação; Hegel apreendeu o desenvolvimento da interioridade religiosa. O século XVIII reconheceu nesse progresso das ciências a solidariedade do gênero humano; Hegel descobriu no âmbito da religiosidade uma consciência comum como sujeito do desenvolvimento. Os conceitos, nos quais o século XVIII tinha apreendido a história da humanidade, referiam-se à felicidade, à perfeição e ao estabelecimento intelectual de fins consonantes com o entendimento, um estabelecimento dirigido para a realização desses fins. Hegel estava de acordo com ele na intenção de expressar, por meio de um sistema universalmente válido de conceitos, a existência humana segundo os seus diversos aspectos; a escola histórica, porém, não chegou a combater de maneira mais aniquiladora do que ele a concepção intelectual da realidade histórico-humana. O sistema conceitual que ele buscou não deveria formular e regular abstratamente os aspectos da vida: Hegel aspirava a uma nova conexão entre os conceitos, na qual o desenvolvimento se tornasse compreensível em toda a sua abrangência. Ele ampliou o seu procedimento para além do desenvolvimento religioso e o levou para o interior da metafísica; e, a partir dela, para todos os domínios da vida. Assim, o reino da história tornou-se o seu objeto. A todo o momento, ele procurou aí atividade e progresso; progresso esse que possui em cada um de seus pontos sua essência nas relações entre os conceitos. Desse modo, a ciência da história converteu-se em filosofia. Essa transformação foi possível porque a especulação alemã da época veio ao encontro do problema do mundo espiritual. A análise kantiana tinha descoberto nas profundezas da consciência formas de inteligência, tais como a intuição sensível, as categorias, os esquemas dos conceitos puros do entendimento, os conceitos reflexivos, as ideias teóricas da razão, a lei moral, a faculdade de julgar; e Kant tinha definido sua estrutura. Cada uma dessas formas da inteligência era, no fundo, uma atividade. Contudo, isso só veio à tona totalmente quando Fichte deixou surgir o mundo da consciência em posição, contraposição e síntese – descobrindo aí por toda parte energia, progresso. Na medida em que a história se realiza na consciência, precisa ser reencontrada nela, segundo Hegel, a mesma combinação de atividades que torna possível o desenvolvimento na posição, na contraposição e em uma unidade mais elevada no sujeito supraindividual. Com isso, criou-se a base para a tarefa hegeliana de representar em conceitos as figuras da consciência e apreender o desenvolvimento do espírito ao longo dessas figuras como um sistema de relações conceituais. Uma lógica mais elevada do que a lógica do entendimento deveria tornar esse desenvolvimento compreensível: essa lógica foi a obra mais difícil de sua vida. A série gradual das categorias foi por ele deduzida a partir de Kant, do grande descobridor das diversas ordens relacionais; eu diria das formas estruturais do saber. Segundo Hegel, a realização dessa conexão de ideias na realidade teve, então, o seu ápice na história do mundo. Assim, ele intelectualizou o mundo histórico. Em contraposição à escola histórica, ele encontrou a fundamentação universalmente válida da ciência sistemática do espírito no sistema da razão que o espírito concretiza; mais até: tudo aquilo que o racionalismo do século XVIII excluíra da conexão racional como existência individual, como figura particular da vida, acaso e arbítrio, ele incluiu, com os meios da lógica mais elevada, à sistemática da razão.

Da ação conjunta de todos esses elementos emergiu a compreensão de Ranke[12] do mundo histórico.

Ranke foi um grande artista. De maneira silenciosa, contínua e pacífica, surge em seu íntimo a concepção da "história desconhecida do mundo". A disposição vital contemplativa de Goethe e o seu ponto de vista artístico ante o mundo voltam-se em Ranke para a história como seu objeto. Desse modo, ele só procura reapresentar aquilo que foi. Em absoluta fidelidade e com a técnica apurada da crítica que devia a Niebuhr, ele dá voz àquilo que os arquivos e a literatura contêm. Essa natureza artística não tem nenhuma necessidade de remontar à conexão dos fatores da história, uma conexão que se encontra por detrás daquilo que aconteceu, tal como os grandes pesquisadores da escola histórica tinham feito: ele temia perder em tais profundezas não apenas a sua segurança, mas também a sua alegria com a multiplicidade

12 Franz Leopoldo Ranke (1795-1886): historiógrafo alemão do Estado prussiano e um dos pensadores mais centrais da escola histórica. (N. T.)

dos fenômenos que se movimentavam sob a luz do sol, tal como tinha acontecido com Niebuhr. Ele se detém diante da análise e do pensamento conceitual sobre as conexões que atuam conjuntamente na história. Esse é o limite de sua historiografia. Agradava-lhe ainda menos a ordem conceitual esvaecida das categorias históricas na concepção hegeliana do mundo histórico. Assim ele se expressa:

> O que possui mais verdade, o que nos leva para um ponto mais próximo do conhecimento do ser essencial, a perseguição do pensamento especulativo ou a apreensão dos estados da humanidade, a partir dos quais vem à tona de maneira viva o modo de ser que nos é inato? Escolho a última opção porque ela é menos passível de erro.

Esse é o primeiro traço novo em Ranke. Ele primeiro expôs de maneira completa o fato de a base de todo saber histórico, assim como o objetivo supremo desse saber, ser a apresentação do contexto singular da história – um objetivo, ao menos: pois o limite de Ranke residia em ter visto o seu objetivo exclusivamente nesse elemento uno –, sem julgar, contudo, os outros objetivos. Aqui se cindiram as direções.

Em seu estado de espírito poético diante do mundo histórico, ele sentiu e deu voz da maneira mais intensa possível ao destino, à tragédia da vida, a todo o brilho do mundo e à elevada consciência, que é característica daquele que atua efetivamente. Nesse entrelaçamento da consciência da vida própria à poesia com a história, ele se mostra próximo de Heródoto, daquele que lhe serviu de modelo, de Tucídides, de J. Müller[13] e de Carlyle. Nessa natureza tão próxima de Goethe, a visualização da vida realizada, por assim dizer, a partir de um lugar elevado que tornava possível abarcá-la totalmente com o olhar estava necessariamente ligada à concepção do elemento histórico por meio de um ponto de vista que considerava panoramicamente o todo des-

13 Johannes Müller Regiomontano (1436-1476): Regiomontano foi o astrônomo alemão mais importante do século XV e um dos principais responsáveis pela redescoberta de uma série de manuscritos originais gregos. (N. T.)

se elemento. Seu horizonte era a história universal; ele apreendeu cada objeto sob esse ponto de vista. Coincidia, nesse ponto, com todo o desenvolvimento da historiografia desde Voltaire a Hegel e Niebuhr; todavia, um outro traço dele residia no modo como conquistou, a partir da atuação conjunta e antagônica das nações, novas intelecções sobre as aspirações políticas ao poder, sobre o desenvolvimento interno do estado e a cultura espiritual. Esse ponto de vista histórico-universal remonta a um momento bem distante em sua juventude; ele falou, certa vez, sobre o seu "antigo intuito de encontrar a saga da história do mundo, aquele curso dos eventos e desenvolvimentos de nossa espécie que precisam ser considerados como o seu conteúdo propriamente dito, como o seu ponto central e como a sua essência". A história universal foi o objeto favorito de suas preleções; o nexo entre seus trabalhos particulares sempre permaneceu presente para ele e foi também o objeto de sua última obra, empreendida quando já passava dos oitenta anos de idade.

O artista em Ranke exigia que ele representasse a amplitude sensível do acontecimento. Isso só era possível na medida em que fizesse valer em um objeto particular sua perspectiva histórico-universal. Sobre a escolha desse objeto incidiu não apenas o interesse, com o qual os relatos da delegação veneziana o cativaram, mas também sua sensibilidade para aquilo que se encontra patentemente aberto sob a luz do sol e em um traço interno de simpatia pela época que fora preenchida pela aspiração de poder dos grandes Estados e de príncipes importantes. "Quase sem a minha interferência, foi paulatinamente se compondo para mim uma história dos momentos mais importantes da época mais recente: a tarefa de minha vida será pôr essa história em evidência e escrevê-la." Desse modo, o objeto de sua arte narrativa tornou-se a formação dos Estados modernos, a sua luta pelo poder, as consequências dessa luta sobre as suas disposições internas, em uma sequência de histórias nacionais.

Nessas obras expõe-se uma vontade e uma força dotadas de uma objetividade histórica sem par. A simpatia universal pelos valores históricos, a alegria diante da multiplicidade desses fenômenos, a receptividade universal em relação a tudo o que fosse vivo, tal como Herder a concretizara e tal como ela tinha se tornado efetiva em J. Müller até a impotência do espírito receptivo ante as forças históricas – esta capacidade mais própria ao espírito alemão foi totalmente concretizada por Ranke. Ele não trabalhou sem a influência de Hegel, mas, antes de tudo, em contraposição a ele. Afinal, ele forjou, sempre que possível, recursos de natureza puramente histórica, a fim de colocar a riqueza infinita do espírito em uma conexão histórica objetiva, sem lançar mão, porém, de uma construção filosófica da história. É nesse ponto que se revela para nós o traço fundamental mais próprio de sua historiografia. Ela procura apreender a realidade tal como ela é. Em Ranke realizou-se aquele único sentido de realidade que é capaz de criar uma construção do mundo histórico nas ciências humanas. Em contraposição às exigências frequentemente colocadas aos historiadores de atuar diretamente sobre a vida por meio de uma tomada de posição nessas lutas, ninguém defendeu de maneira tão bem-sucedida quanto ele o caráter da história como uma ciência objetiva livre. Só podemos exercer um verdadeiro efeito sobre o presente se nos abstrairmos inicialmente dele e nos elevarmos a uma livre ciência objetiva. Essa meta levou Ranke a desenvolver todos os meios da crítica. O espírito de Niebuhr seguiu vivo, presente nele, tal como o mostra perfeitamente o anexo crítico à sua primeira obra capital.

Ao lado de Ranke, dois outros grandes historiadores da época inauguram novas visões sobre a construção do mundo histórico.

Carlyle mostra, por outro flanco, a mesma vontade inquebrantável de penetrar na realidade. Ele procura o homem histórico – o herói. Se Ranke é todo olhar, se ele vive no mundo do objeto, a historiografia carlyliana repousa sobre o embate com o problema da vida interior. Assim, esses dois autores se completam como as duas vertentes da poesia, das quais uma parte do elemento objetivo e a outra, do desenvolvimento da própria essência. A luta que Carlyle tinha suportado em si é transposta por ele para o interior da história. Daí ser seu romance filosófico autobiográfico a chave para sua historiografia. Sua genialidade unilateral e bem singular era de um tipo intuitivo. Segundo ele, tudo aquilo que é grande surge a partir da atuação das forças unificadoras e organizadoras da fé e do trabalho. Essas forças criam as formas exteriores da sociedade na vida econômica, no direito e na constituição. Carlyle denomina eras positivas as épocas em que as forças unificadoras se mostram como autônomas, francas, eficazmente articuladoras – uma designação, nas quais os fisiocratas o tinham precedido. Depois que as eras positivas, com base na fé, produzem um acervo fixo de instituições, o pensamento progressivo dissolve esse conteúdo e irrompem, então, as eras negativas. O parentesco dessa visão fundamental com a escola histórica alemã e com a filosofia da história de Schelling é inequívoco. Todavia, o espírito intuitivo de Carlyle só desdobra seu máximo poder na aplicação dessa ideia à concepção dos grandes homens históricos – os configuradores da vida e da sociedade a partir da fé. De maneira mais profunda do que qualquer um antes dele, Carlyle leu as almas desses configuradores: ele atualiza a interioridade de sua vontade em cada uma de suas facetas, em cada um de seus gestos, na entonação de sua linguagem. O poeta ou pensador, o político ou o gênio religioso não são compreensíveis a partir de vocações isoladas, mas apenas a partir da força simples para unificar e subjugar os homens por meio de uma fé. Em tudo isso se expressa claramente a influência de Fichte sobre ele.

O terceiro entre os gênios históricos originais da época foi Tocqueville, o analítico entre os pesquisadores históricos da época e, entre todos os analíticos do mundo político, o maior desde Aristóteles e Maquiavel. Se Ranke e sua escola exploraram os arquivos com extremo rigor, a fim de apreender o feixe de ações diplomáticas na Idade Moderna que se estendiam por toda a Europa, os arquivos passaram a servir a Tocqueville para uma nova finalidade. Ele procura nesses arquivos o elemento circunstancial, o elemento significativo para a compreensão da estrutura política interna das nações: sua dissecação está dirigida para a ação conjunta das funções em um corpo político moderno e, com o cuidado e a meticulosidade do anatomista dissecador, ele foi o primeiro a aproveitar cada parte da vida política que foi deixada para trás na literatura, nos arquivos e na própria vida para o estudo dessas relações estruturais internas e duradouras. Ele forneceu a primeira análise real da democracia americana. O reconhecimento de que subsiste nessa democracia "o movimento", "a tendência contínua, irresistível" para produzir uma organização democrática em todos os Estados, elevou-se nele a partir do desenvolvimento da sociedade nos diversos países. Esse seu reconhecimento ratificou-se desde então por meio dos eventos em todas as partes do mundo. Como um luminar em assuntos relativos à história e à política, ele não vê nessa direção da sociedade nem um progresso, nem algo nocivo sob qualquer aspecto. A arte política precisa contar justamente com essa direção e, em todos os países, a ordem política que lhe é adequada precisa se ajustar a essa direção da sociedade. Em outro livro, Tocqueville penetrou em primeiro lugar na conexão real entre a ordem política da França no século XVIII e da Revolução. Uma ciência política de tal tipo também permitiu aplicações sobre a prática política. Particularmente frutífero revelou-se seu aperfeiçoamento da sentença aristotélica segundo a qual a constituição saudável de todo e qualquer Estado consistiria na correta relação entre as realizações e os direitos e de que a inversão dessa relação, que transforma direitos em privilégios, causaria necessariamente a dissolução. Outra aplicação significativa de suas análises à prática residiu no reconhecimento dos perigos de uma centralização exagerada e na intelecção da benção da atividade própria e da autoadministração. Assim, ele derivou da própria história generalizações frutíferas e, com isso, surgiu uma nova e mais completa relação com a realidade atual a partir de uma nova análise de realidades passadas.

Gostaria de dizer que se realizou em todo esse transcurso o despontar da consciência histórica, a qual abarca todos os fenômenos do mundo espiritual como produtos do desenvolvimento histórico. Sob sua influência, as ciências humanas sistemáticas foram fundadas sobre a história do desenvolvimento e sobre o método comparativo. Na medida em que Hegel levou a ideia de desenvolvimento ao centro das ciências humanas que se encontram sob o esquema do progresso no tempo, ele articulou, por meio dessa ideia, o olhar retrospectivo sobre o passado com o progresso em direção ao futuro, ao ideal. Com isso, a história ganhou uma nova dignidade. Até o presente, a consciência histórica assim constituída em importantes historiadores estendeu-se a sempre novos domínios e em sempre novos problemas, tendo reconfigurado as ciências da sociedade. Esse desenvolvimento significativo, no qual a tendência de elaborar de maneira mais pura e rigorosa o saber objetivo do mundo espiritual tanto nas sociedades quanto na história impõe-se em meio à contenda com o domínio das aspirações políticas e sociais, não necessita aqui de nenhuma apresentação, na medida em que os seus problemas são os problemas das investigações subsequentes.

A teoria precisa apresentar em conceitos e fundamentar epistemologicamente a conexão que assim surgiu entre as ciências humanas. Se partimos de Ranke e ligarmos a ele a escola histórica, então surge um segundo problema. Em suas grandes obras históricas, Ranke transpõe o sentido, a significação, o valor das épocas e nações para essas mesmas épocas e nações. Elas estão, por assim dizer, centradas em si mesmas. Nessas obras, a realidade histórica nunca é medida a partir de um valor incondicionado, de uma ideia fundamental ou de uma finalidade. Se se coloca em seguida a questão sobre a relação interna que torna possível essa centralização da história em si mesma na série gradual que parte do indivíduo para os pontos em comum e as comunidades, então os estudos da escola histórica se impõem aqui. Esse pensamento histórico mesmo procura se fundamentar epistemologicamente e se elucidar por meio de conceitos, mas não quer se converter em algo transcendental ou metafísico por meio de uma relação qualquer com algo incondicionado e absoluto.

4.

Assim, desde o final do século XVIII até a segunda metade do século XIX, as ciências humanas foram alcançando paulatinamente, a partir da Alemanha, e por meio da constatação da verdadeira conexão entre suas tarefas, o estágio que possibilitou uma aproximação em relação ao seu problema lógico e epistemológico. A história do mundo como seu objeto uno e a consciência histórica como uma relação una com essa história tinham ficado claros. Todos os outros progressos das ciências humanas, por mais significativos que tenham sido, não fizeram senão ampliar o nexo conquistado gradualmente a partir da época do Esclarecimento, que colocou toda a pesquisa histórica particular sob o ponto de vista histórico-universal, que se funda na história assim compreendida das ciências humanas e que reúne em um todo a filologia, a crítica, a historiografia, os métodos comparativos e a história do desenvolvimento. Com isso, a história tornou-se filosófica. Ela alcançou, por intermédio de Voltaire, Montesquieu, Kant, Herder, Schiller e Hegel, uma nova dignidade e significação e, por intermédio da escola histórica, a reflexão sobre ela obteve a sua base na grande conexão exposta. De maneira lenta e paulatina, de outrora até hoje, a teoria da história aproveitou-se da intelecção dessa conexão pela escola histórica e nós ainda nos encontramos em meio à solução dessa tarefa. Quaisquer que tenham sido, porém, as posições assumidas nesse transcurso, todas elas são orientadas pelo grande fato da nova construção das ciências humanas.

Escritos sobre o estudo da história sempre acompanharam o desenvolvimento da historiografia nos tempos modernos e o seu número foi crescendo constantemente no período do Esclarecimento. Em particular, começou já no final do século XVII a luta do ceticismo contra todas as classes do saber que se dirigiu contra a tradição histórica e emergiram dali fortes impulsos para a perspectiva metodológica. Paralelamente aos trabalhos que assim surgiram para a fundamentação do saber histórico fizeram-se valer no ambiente universitário as enciclopédias da ciência da história. Mas que distância não há mesmo entre a tentativa de Wachsmuth de uma teoria da história, uma tentativa que veio à tona em 1820 no nível da nova historiografia, e o escrito de Humboldt da mesma época,[14] tomado pelo espírito da nova historiografia! Há aí um limite bem definido.

Por natureza, a nova teoria da história teve seus dois pontos de partida no idealismo filosófico alemão e na revolução da ciência histórica. Começaremos seguindo o primeiro caminho.

Foi um problema de Kant saber como uma conexão una, "um curso regular", poderia ser descoberto no transcurso histórico. Kant não pergunta com um intuito epistemológico sobre as condições da conexão existente na ciência presente; sua questão dirige-se para o modo como, a partir da lei moral à qual está submetida todo agir, podem ser derivados, *a priori*, princípios para a constituição da matéria histórica. O transcurso histórico é, para ele, um elo da grande conexão da natureza; essa conexão, porém, não pode ser submetida progressivamente, desde o aparecimento do elemento orgânico a um conhecimento de sua ordem segundo leis causais, mas só é acessível à perspectiva teleológica. Assim, Kant nega a possibilidade de descobrir leis causais na sociedade e na história. Em contrapartida, ele procura articular as finalidades do progresso, tal como o Esclarecimento as tinha apresentado na perfeição, na bem-aventurança, no desenvolvimento de nossas capacidades, de nossa razão, da cultura em geral, com o *a priori* da lei moral, fixando, assim, *a priori*, o sentido e a significação da conexão teleológica. Com isso, Kant executa simplesmente uma conversão do dever de perfeição assumido na escola de Wolff em seu *a priori* da lei moral, compreendido como o princípio teleológico para o progresso histórico. E mesmo a oposição entre as ciências empíricas e filosóficas em Wolff retorna em Kant na opo-

14 O escrito de Alexander von Humboldt a que Dilthey se refere é o livro publicado originariamente em francês: *Relation historique du voyage aux régions équinoxiales du Nouveau Continent.* (N. T.)

sição entre a concepção empírica, antropológica do gênero humano e a concepção apriorística exigida pela razão prática. A perspectiva teleológica da história como o progresso no desenvolvimento daquelas disposições naturais que têm por meta o uso da razão com vistas ao domínio dessa razão em uma sociedade que administre universalmente o direito, ou seja, com vistas a uma "constituição civil perfeitamente justa" como "a tarefa suprema da natureza para o gênero humano", é o fio condutor *a priori*, por meio do qual o jogo extremamente confuso das coisas humanas se torna explicável. De maneira mais forte do que na "ideia de uma história universal 'restrita' pelo intuito cosmopolita" e, em sua delimitação, pela ocasião, vem à tona em outros pontos o modo como a sociedade jurídica pacífica, que deve superar as relações de poder, encontra a sua justificação perante a razão no fato de ser um estado proveniente do reconhecimento do dever e não um "mero bem físico", e de se realizar por meio de sua existência um "grande passo em direção à moralidade". Assim, o significado de Kant neste âmbito reside inicialmente no fato de ele ter aplicado à história o ponto de vista transcendental filosófico, tal como ele e Fichte o fundamentaram, e de ter assim inaugurado uma concepção duradoura da história, cuja essência reside na apresentação de um critério absoluto, baseado na essência da própria razão, na apresentação de algo incondicional como valor ou norma: essa apresentação tem a sua força no fato de indicar ao agir a direção determinada, que se justifica por meio de sua própria tendência moral para um ideal fixo, e avaliar todas as partes da história segundo a sua intenção de cumprir esse ideal.

Deste ponto de vista principal ainda se obtêm outras determinações significativas. O domínio da razão só se realiza no gênero. No entanto, esta meta não é alcançada por meio da ação conjunta pacífica dos particulares. "O homem quer concórdia. Todavia, a natureza sabe melhor o que é bom para o seu gênero: ela quer discórdia." Ela alcança o seu intuito justamente por meio do movimento das paixões, do egoísmo, do conflito entre as forças.

A influência das ideias de Kant coincidiu com a disposição e a trajetória de vida de Friedrich Chr. Schlosser.[15] Em sua historiografia, impôs-se esse ponto de vista kantiano. Ele colocou todo o trabalho histórico individual sob o ponto de vista histórico-universal; ele submeteu a personalidade histórica a um conceito rígido de moral e aniquilou, assim, o sentido para o brilho da vida histórica e o encanto individual da grande personalidade. Desse modo, a sua historiografia não consegue dissolver o dualismo que existe entre o juízo moral e o reconhecimento da tendência amoral dos Estados para o poder, bem como da dimensão política inescrupulosa. Como Schlosser busca, com Kant, o ponto central da história na cultura, a perspectiva histórico-cultural torna-se a tendência fundamental de seu tratamento da história, e a história da vida espiritual é a parte mais brilhante de seus trabalhos: pode-se bem dizer que, em seus traços fundamentais, a apresentação de Gervinus[16] de nossa literatura nacional no século XVIII baseia-se sobre esses trabalhos. Schlosser põe em evidência e faz reconhecer o valor da interioridade profunda e silenciosa diante de toda a pompa do mundo. Para culminar: a sua história perseguiu a meta de educar o seu povo para uma visão de mundo prática.[17]

O ponto de vista filosófico-transcendental parte do dado para as suas condições *a priori*. Fichte também o mantém, então, ante a filosofia da história de Hegel: o elemento fático, histórico nunca pode ser "metafisicado", o abismo entre ele e as ideias não pode ser preenchido por meio da composição conceitual, o incondicionado não pode ser dissolvido no fluxo da história enquanto uma conexão ideal desse fluxo é estabelecida por meio de conceitos. As ideias encontram-se

15 Friedrich Christoph Schlosser (1776-1881): historiador alemão e pensador liberal, que se opunha primordialmente à história crítica e à história artística. (N. T.)

16 Georg Gottfried Gervinus (1805-1871): historiador alemão e político nacional-liberal. (N. T.)

17 No que concerne a esse ponto, indico, ainda, o meu ensaio sobre Schlosser publicado nos *Preußischen Jahrbüchern*, v.9 (*Ges. Schriften*, v.IX, p.104-164).

como as estrelas sobre este mundo, como as estrelas que indicam o caminho ao homem.

A partir desse ponto de vista, Fichte fez um progresso significativo para além de Kant na concepção da história. O seu desenvolvimento transcorreu desde o Esclarecimento kantiano até o despontar anteriormente esboçado da consciência histórica. No período entre a catástrofe de Jena e o começo das Guerras de Libertação, ele vivenciou a transposição de todos os interesses do espírito alemão para o mundo histórico e para o Estado. Nesse mesmo tempo, deram-se, na ciência, a virada do romantismo para a história, a construção da história por Schelling, a *Fenomenologia do espírito* de Hegel e o começo de sua própria lógica. Essas foram as circunstâncias sob as quais Fichte apreendeu o problema sobre como a história pode se tornar compreensível a partir da ordem ideal. Em contrapartida, assim como Kant, ele também não colocou para si a questão epistemológica sobre como seria possível o saber contido nas ciências humanas efetivamente existentes acerca da conexão histórica. Ele submeteu, desde o princípio, a soma dos acontecimentos históricos ao ponto de vista apriorístico de valoração do seu princípio moral, um ponto de vista que constitui o pensamento fundamental em todas as suas investigações histórico-filosóficas, até o seu último passo na "dedução do objeto da história do homem". A partir desse ponto de vista, a história aparece como um nexo fundado pelo ato libertador do Eu absoluto, que se transcorre no desenvolvimento temporal da espécie humana, uma conexão na qual se realiza, de acordo com o plano divino para o mundo, "o cultivo da humanidade". "Para o filósofo, o universo da razão desenvolve-se puramente a partir do pensamento enquanto tal." E "a filosofia chega ao fim", onde "aquilo que é concebível chega ao fim". Por isso, o filósofo da história "procura, através de todo o fluxo temporal, apenas isso, e ele apela por aquilo no qual a humanidade promove a si mesma e vai ao encontro de sua finalidade, deixando de lado todo o resto e desprezando todo o resto". Portanto, realiza-se aqui uma escolha do material histórico a partir do ponto de vista de um valor incondicionado e produz-se, então, uma conexão. O "historiador empírico", o "escritor de anais", em contrapartida, parte da existência fática do presente. Ele aspira a apreender da maneira mais exata possível o estado desse presente e a descobrir em fatos mais antigos os pressupostos de sua aparição. Sua tarefa é reunir cuidadosamente os fatos históricos, indicar a sua sequência e a conexão entre os seus efeitos no tempo. "A história é mera empiria; ela não tem nada a fornecer senão fatos e todas as suas provas só podem ser apresentadas faticamente". Essas constatações do historiador servem à dedução filosófica não como provas, mas apenas como elucidações. No âmbito desses dois modos de procedimento, não pode residir senão aquilo que Fichte designou certa vez como a "lógica da verdade histórica" e que, portanto, não pode significar uma análise metodológica consciente da ciência histórica. Todavia, precisamos reconhecer que Fichte alcançou pensamentos significativos no caminho de sua dedução teleológica. Ele separou a física, que tem por objeto aquilo que persiste e periodicamente retorna à existência, e a história, cujo objeto é o transcurso no tempo. No entanto, a partir de sua *Doutrina da ciência*, esse transcurso transformou-se para ele em desenvolvimento: e mesmo o conceito hegeliano de desenvolvimento era, afinal, concebido a partir de Fichte.[18] Já a doutrina teórica e prática da ciência queria apresentar a dialética interior do progresso real tal como ele emerge a partir da capacidade criadora do eu; ela queria acompanhar o curso das ocorrências no eu e projetar uma história pragmática do espírito humano. Aqui, o conceito de desenvolvimento foi localizado nas determinações de que no eu tudo é atividade, de que cada atividade começa de dentro e de que a sua realização é a condição da atividade seguinte. Na dedução de 1813, Fichte luta com a mesma intuição da força livre no eu em oposição à natureza, que é inerte e morta. A história mostra uma conexão teleologicamente necessária, da qual elos individuais são

18 "Meine Jugendgeschichte Hegels" (Minha história da juventude de Hegel, p.54), *Schriften*, v.IV.

produzidos pela liberdade e cujo alvo reside na lei moral. Todo e qualquer elo dessa série é algo factual, único, individual. O valor que Kant tinha transposto para a pessoa, na medida em que a lei moral se realiza nela, recaiu tanto para Fichte quanto para Schleiermacher na individualidade; enquanto a concepção racionalista só viu o valor da pessoa na realização da lei moral universal e o individual se tornou para ela uma adição empírica casual, Fichte ligou mais profundamente o significado do individual com o problema da história: com a orientação para a finalidade da espécie, ele unificou o valor do individual por meio do pensamento profundo de que os indivíduos criadores apreendem essa finalidade por um aspecto novo até então velado, o de que eles lhe entregam uma nova figura em si e de que, assim, a sua existência individual é elevada a um elemento valioso no conjunto formado pelo todo histórico. A natureza heroica de Fichte, a tarefa do tempo e seu problema histórico ligaram-se para uma nova avaliação do valor da ação e do homem agente. No entanto, ele compreendeu ao mesmo tempo o heroísmo do visionário religioso, do artista, do pensador. Nesse ponto, ele preparou Carlyle. O elemento único e factual na história obtém um novo significado, na medida em que é concebido como a realização da capacidade criadora e da liberdade. E se ele compreende a irracionalidade do histórico a partir desse ponto de vista, então ele precisa atribuir um valor ao próprio irracional segundo a sua essência como ação da liberdade e segundo a sua relação com a cultura e com a ordem ética.

Ao lado dessas teorias sobre a história que souberam fazer valer o ponto de vista filosófico-transcendental, desenvolveram-se ao mesmo tempo teorias em outras direções que também se firmaram da mesma forma com uma validade duradoura. A partir do ponto de vista da pesquisa natural surgiram trabalhos na França e na Inglaterra. Entre esses trabalhos, os franceses tomaram por base, preponderantemente, a evolução do universo, a história da Terra, o surgimento de plantas e animais sobre a Terra, e, mais além, o parentesco do tipo animal mais elevado com o tipo do homem. Por fim, eles se dedicaram à conexão normativa da história humana com os traços do progresso intelectual e social fundado nela. Em contrapartida, os ingleses tomaram por base a nova psicologia associativa e a sua aplicação à sociedade. O prosseguimento de seu desenvolvimento em Comte e Mill será mais tarde apresentado. Outra direção foi formada ao mesmo tempo pelos monistas alemães, por Schelling, Schleiermacher e Hegel, que procuraram tornar o transcurso histórico acessível a uma construção conceitual.

Então, a partir dos anos de 1820 na Alemanha, seguiu-se um período no qual a escola histórica desenvolveu o nexo de seu procedimento metodológico, o idealismo constituiu-se em suas diversas formas e a ligação entre essas duas esferas de ideias penetrou todas as publicações das ciências humanas. A partir do grande movimento da própria pesquisa histórica surgiram, então, escritos sobre a teoria da história. Assim como os estudos históricos influenciaram multiplamente as correntes filosóficas, fez-se valer inversamente uma influência considerável da filosofia transcendental de Hegel e Schleiermacher sobre os pensadores históricos. Esses pensadores retornaram à força criadora efetiva no homem; eles apreenderam essa força no espírito comum e nas sociedades organizadas; para além da ação conjunta entre as nações, eles buscaram uma conexão histórica fundada no elemento invisível. A partir daí surgiu, nas considerações gerais de Humboldt, Gervinus e Droysen[19] entre outros, o conceito das ideias na história.

O célebre ensaio de Humbolt sobre a tarefa do historiógrafo parte da seguinte sentença filosófico-transcendental: aquilo que é efetivo na história do mundo também se movimenta no interior do homem. O ponto de partida de Humboldt acha-se no homem singular. A época procurou uma nova cultura na configuração da personalidade; na medida em que encontrou tal personalidade realizada no mundo

19 Johann Gustav Droysen (1808-1884): político e significativo historiador alemão. (N. T.)

grego, surgiu o ideal da humanidade grega. No entanto, por meio da filosofia transcendental, esse ideal alcançou uma nova profundidade em seus representantes mais importantes, como Humboldt, Schiller, Hölderlin e Friedrich Schlegel em sua primeira fase. Na escola leibniziana, tinha-se definido o valor próprio da pessoa como perfeição; na escola kantiana, esse valor apareceu como a dignidade oriunda do fim em si mesmo que é próprio à pessoa; e, na escola fichtiana, como energia da configuração: em cada uma dessas três formas, esse ideal continha no pano de fundo da existência individual o caráter regular universalmente válido da essência humana, de sua configuração e de seu fim. Sobre esse ponto repousou, tanto em Humboldt quanto ao mesmo tempo em Schleiermacher, a intuição da unidade transcendental da natureza humana em todos os indivíduos, sobre a qual repousam as comunidades organizadas e o espírito comum, que se individualiza em raças, nações, pessoas particulares e que é efetiva nessas formas como a força formadora suprema. E na medida em que a força criadora dessa humanidade que se realiza no individual foi articulada com o invisível, surgiu a crença na realização do ideal inculcado na humanidade pela história. "A finalidade da história não pode ser outra senão a realização da ideia a ser representada através dos homens, segundo todos os aspectos e em todas as figuras nas quais a forma finita consegue se articular com a ideia." A partir daí obteve-se o conceito de Humboldt das ideias na história. Elas são forças criadoras que se fundam na validade universal transcendental da natureza humana. Tal como a luz passa pela atmosfera terrestre, as ideias atravessam as necessidades, as paixões e o aparente acaso. Nós as percebemos nas eternas ideias originárias da beleza, da verdade e do direito; elas dão ao mesmo tempo força e meta ao transcurso histórico; elas se manifestam como direções, que comovem irresistivelmente as massas, como uma geração de força que não pode ser derivada em seu começo e em seu caráter sublime das circunstâncias paralelas. Quando o historiógrafo tiver explorado a forma e as transformações do solo terrestre, as alterações do clima, a capacidade intelectual e o tipo de sensibilidade das nações, ainda mais peculiares em indivíduos, as influências da arte e da ciência, as mais invasivas e amplamente difundidas entre as instituições civis, resta apenas um princípio não imediatamente visível, mas ainda mais poderoso, um princípio que empresta a essas forças impulso e direção – as ideias. É que elas têm no governo divino do mundo o seu derradeiro fundamento. Aquele que age precisa se articular com a tendência que a ideia contém para alcançar efeitos históricos positivos. Apreendê-la também é a meta suprema do historiógrafo. Tal como a *mimesis* livre levada a termo pelo artista é dirigida pelas ideias, o historiógrafo também tem de apreender tais ideias para além da atuação das forças finitas no acontecimento. Ele é um artista que mostra essa conexão invisível nos dados. Em meio ao grande movimento das ciências humanas, Humboldt publicou o seu ensaio no começo dos anos de 1820. O ensaio exerceu uma influência extraordinária ao dar voz aos momentos que atuam conjuntamente nesse movimento.

No ano de 1837 foram publicados os *Fundamentos da historiologia* de Gervinus; eles acrescentaram um conhecimento abrangente da historiografia, de suas formas e direções. Seu cerne, porém, ainda continua marcado pela mesma atmosfera histórica e pela mesma visão fundamental das ideias históricas que "penetram de maneira invisível os dados e os fenômenos exteriores": a providência manifesta-se neles e a tarefa propriamente dita do historiador é seguir os rastros de sua essência e atuação. As intuições de Ranke sobre a história, que se formaram paulatinamente lado a lado com os seus trabalhos, também ainda se mostram como aparentadas com as de Humboldt. No entanto, elas apreendem o movimento histórico de maneira muito mais viva e verdadeira. Para ele, as ideias são tendências impulsionadas pela conjuntura histórica, "elas são energias morais", são sempre unilaterais, se corporificam nas grandes personalidades e atuam por meio delas: justamente na grandeza de seu poder mobilizam-se as reações e, assim, elas caem sob o destino de toda força finita. Elas não podem ser expressas em conceitos; "no entanto, é possível intuí-las, percebê-las": nós temos uma simpatia[20] em relação à sua existência. Na medida em que Ranke coloca, então, o transcurso da história sob o ponto de vista do governo divino do mundo, as ideias se tornam para ele os "pensamentos de Deus no mundo". Nelas "reside o segredo da história do mundo". Em uma oposição consciente a Ranke e, contudo, interiormente aparentado com ele por meio do idealismo comum à época, apareceu, então, a historiologia de Droysen de 1868. Droysen foi impregnado de maneira ainda mais profunda do que Humboldt pela especulação da época, pelo conceito de ideias atuantes na história, por uma teologia exterior presente no nexo histórico, teologia essa que produz o cosmos das ideias morais. Ele submete a história à ordem moral das coisas, o que contradiz a visão imparcial do curso real do mundo; ele foi a expressão da crença no nexo ideal incondicionado das coisas em Deus.

Visões significativas estão contidas nesses trabalhos; Droysen aplicou pela primeira vez a teoria hermenêutica de Schleiermacher e de Boeckh à metodologia. Todavia, uma construção teórica das ciências humanas não foi alcançada por esses pensadores. Humboldt vive sob a consciência da nova profundidade de nossa ciência humana alemã, que remonta à validade universal do espírito. Assim, ele apreendeu o fato de o historiador, apesar de sua vinculação ao objeto, criar a partir de sua interioridade; ele reconhece o seu parentesco com o artista. E tudo aquilo que foi trabalhado na pesquisa histórica está de algum modo contido e reunido no quadro estreito de seu ensaio. Contudo, ele também fracassou, não conseguindo levar a cabo a estruturação de sua visão profunda do todo. A razão última para tanto reside no fato de ele não ter colocado o problema da história em conexão com a tarefa epistemológica que nos é colocada pela história; esta questão o teria levado à investigação mais abrangente da construção

20 Para acompanharmos plenamente o sentido próprio ao termo original alemão *Mitgefühl*, é preciso compreender a palavra "simpatia" em seu conteúdo etimológico original como "consentimento". *Mitgefühl* significa literalmente "sentir com" e esse significado ressoa na passagem acima. (N. T.)

do mundo histórico nas ciências humanas e, consequentemente, ao conhecimento da possibilidade do saber objetivo dessa ciência. Afinal, seu ensaio tem por objeto determinar que aparência pode ter a história sob os pressupostos da visão de mundo idealista e como deve ser escrita a história. Sua doutrina das ideias é a explicação desse ponto de vista. Justamente o elemento atrasado da interferência da crença religiosa e de uma metafísica idealista na ciência histórica tornou-se para Humboldt e para os pensadores históricos que o seguiram o ponto central da concepção da história. Em vez de retornar aos pressupostos epistemológicos da escola histórica e do idealismo de Kant até Hegel, reconhecendo, assim, a incompatibilidade desses pressupostos, eles ligaram de maneira acrítica esses pontos de vista. Eles não perceberam a conexão entre as ciências humanas reconstituídas, o problema de uma crítica da razão histórica e a construção de um mundo histórico no âmbito das ciências humanas.

A próxima tarefa foi fazer valer em relação à história uma problemática puramente epistemológica e lógica, alijando dela ao mesmo tempo as tentativas de uma construção filosófica do transcurso histórico, tal como essas tentativas tinham sido empreendidas por Fichte com as suas cinco épocas e por Hegel com os seus estágios do desenvolvimento. Aquela problemática precisava ser isolada da problemática do filósofo da história, a fim de levar a termo de maneira consequente os diversos posicionamentos que o teórico do conhecimento e o lógico podiam assumir nessa área. Das últimas décadas do século XIX até hoje foram desenvolvidos os diversos pontos de vista para a solução da tarefa designada. Posições anteriormente assumidas agora se transformaram; novas vieram à tona: se considerarmos a sua multiplicidade, então uma oposição suprema se evidencia nelas. Ou bem se procurou a solução da tarefa a partir de nosso idealismo, tal como ele tinha se formado de Kant a Hegel, ou bem se buscou o nexo histórico na realidade do próprio mundo espiritual.

A partir do primeiro posicionamento, duas orientações se ocuparam com destaque da solução da tarefa, uma solução que estava condicionada pelo curso da especulação alemã. A primeira delas baseou-se em Kant e Fichte. Seu ponto de partida é a consciência universal ou supraindividual, na qual o método transcendental descobre algo incondicionado, tal como normas ou valores. A determinação desse incondicionado e de sua relação com a compreensão da história é bastante variada no âmbito dessa grande e influente escola. Os dois pressupostos derradeiros aos quais a análise transcendental kantiana tinha acedido, seu *a priori* teórico e seu *a priori* prático, foram reunidos, na medida em que se continuou perseguindo o caminho de Fichte, em um uno-incondicionado. Esse uno-incondicionado podia ser apreendido como norma, como ideia ou como valor. O problema podia ser, ou a construção do mundo espiritual a partir do *a priori*, ou, para esfera mais limitada do transcurso histórico individual, um princípio de escolha e de conexão.

Diante dessa orientação do idealismo alemão, a realização genial de Hegel para a história é até hoje bastante discreta. A sua posição metafísica foi bombardeada por críticas oriundas da teoria do conhecimento. Nas ciências humanas sistemáticas, em contrapartida, realiza-se até hoje uma ligação de suas grandes ideias com a pesquisa positiva. Na historiografia, seu efeito também perdurou justamente na ordenação de níveis do espírito. E se aproxima o tempo no qual a sua tentativa de formar um conjunto coeso de conceitos que possa dar conta do fluxo contínuo da história será honrada e aproveitada.

Em contraposição a essa teoria, surgiu, então, uma concepção que recusa todo princípio transcendental e metafísico para a compreensão do mundo espiritual. Essa concepção nega o valor do método transcendental e metafísico. Ela nega todo saber acerca de um valor incondicionado, de uma norma pura e simplesmente válida, de um plano divino ou de uma conexão racional fundada no absoluto. Na medida em que reconhece sem restrição a relatividade de tudo aquilo que é dado humana e historicamente, ela tem por tarefa conquistar, a partir da matéria daquilo que é dado, um saber objetivo sobre a realidade espiritual e sobre o nexo de suas partes. Somente a combinação dos diversos tipos de dado e dos diversos modos de procedimento encontra-se à sua disposição para a resolução dessa tarefa.

No grupo que empreendeu de maneira consequente a fundamentação teórica desse ponto de vista desenvolveram-se, tanto quanto no outro grupo, orientações muito diversas. Uma oposição particularmente determinante para a diversidade na construção do mundo histórico foi a que já tinha cindido as escolas de Comte e Mill. Por um lado, a conexão do mundo histórico só é dada na existência psíquica individual; por outro, somente no transcurso histórico e nos estados sociais. Na medida em que a pesquisa combina de uma maneira diversa, sempre segundo a concepção de sua amplitude, esses dois tipos de dações, surge a partir dessa posição uma multiplicidade de modos de procedimento na construção das ciências humanas. Essa multiplicidade estende-se desde aqueles modos de procedimento que aspiram a se manter sem a psicologia até aqueles que reconhecem à psicologia a posição nas ciências humanas, que é assumida pela mecânica nas ciências naturais. Outras diferenças tornam-se evidentes na fundamentação epistemológica e lógica da construção, na configuração da psicologia ou da ciência das unidades da vida, na determinação das regularidades que surgem das relações sociais entre essas unidades. E dessas diferenças dependem por fim, as múltiplas soluções das questões derradeiras quanto às leis históricas e sociais, ao progresso e à ordem no transcurso histórico.

5.

Procurarei definir agora a tarefa que foi colocada a si mesma por esta investigação, no interior desse movimento científico, sobre a construção do mundo histórico nas ciências humanas. Essa investigação articula-se com o primeiro volume de minha *Einleitung in die Geisteswissenschaften* (*Introdução às ciências humanas*), de 1883. Esse trabalho partira da tarefa de uma crítica da razão histórica. Ele posicionou-se em relação à ocorrência das ciências humanas, tal como elas se apresentavam particularmente no nexo criado pela escola histórica entre essas ciências, e buscou a sua fundamentação epistemológica. Nessa fundamentação, ele se contrapôs ao intelectualismo na teoria do conhecimento na época dominante.

> A ocupação tanto histórica quanto psicológica com o homem como um todo levou-me a basear esse homem, na multiplicidade de suas forças, a basear esse ser que representa volitiva e sensivelmente, no esclarecimento do conhecimento e de seus conceitos (tais como mundo exterior, tempo, substância e causa).[21]

Assim, os pontos de partida do trabalho foram a vida e a compreensão (p.10, 136s.), a relação contida na vida entre realidade, valor e finalidade. Além disso, o texto procurou apresentar a posição autônoma das ciências humanas diante das ciências naturais e mostrar os traços fundamentais da conexão lógica e teórico-cognitiva nesse todo completo, fazendo valer a significação da apreensão do singular na história. Agora, estou procurando fundamentar o ponto de vista de meu livro por meio da investigação, levada a termo a partir do problema epistemológico da construção do mundo histórico nas ciências humanas. A conexão entre o problema do conhecimento e essa construção reside no fato de a análise dessa construção conduzir a uma combinação de realizações que assim se tornam acessíveis por meio de uma dissecação à investigação epistemológica.

Traçarei inicialmente, de maneira sucinta, a linha que conduzirá daquilo que foi discutido até aqui para o conhecimento dessa construção, a fim de tornar visível, já nesse ponto, a oposição existente na construção das ciências naturais e humanas. A ocorrência das ciências humanas, tal como elas se desenvolveram na época de sua constituição, foi descrita; mostrou-se, além disso, como essas ciências são fundamentadas na vivência e na compreensão. Assim, a sua construção, tal como

---

21 *Einleitung in die Geisteswissenschaften* (*Introdução às ciências humanas*), Prefácio XVII. (*Schriften*, v.I, p.XVIII).

ela está contida no fato de sua constituição autônoma por meio da escola histórica, precisa ser concebida e, com isso, abre-se a visão da diferença total entre essa construção e a apresentada pelas ciências naturais. Desse modo, o caráter autônomo da construção das ciências humanas transforma-se em tema central de todo este trabalho.

Essa construção parte da vivência, de realidade para realidade; ela se mostra como uma perfuração cada vez mais profunda na realidade histórica efetiva, uma escavação que retira cada vez mais dela, uma propagação cada vez maior sobre ela. Não há aí quaisquer suposições hipotéticas que atribuam algo ao dado. Pois a compreensão penetra nas manifestações estranhas da vida por meio de uma transposição oriunda da profusão de vivências próprias. A natureza, como já vimos, só é uma parte integrante da história naquilo que ela atua e no modo como podemos afetá-la. Se, por um lado, o reino propriamente dito da história também é um reino exterior, por outro, os sons que formam a peça musical, a tela sobre a qual se pinta, o tribunal no qual se profere uma sentença, a prisão na qual a pena é cumprida, não possuem senão o seu material na natureza; em contrapartida, toda operação própria às ciências humanas, que é empreendida com tais estados de fato exteriores, só lida com o sentido e a significação que elas obtiveram por meio da atuação do espírito; ela serve à compreensão que apreende nesses estados de fato essa significação, esse sentido. Mas vamos então além do que foi apresentado até aqui. Essa compreensão designa não apenas um comportamento metodológico peculiar; o que assumimos em relação a tais objetos entre as ciências humanas e as ciências naturais não se trata apenas de uma diferença na posição do sujeito em relação ao objeto, de um modo de comportamento, de um método. O procedimento da compreensão está fundamentado objetivamente no fato de o exterior, que constitui o seu objeto, se diferenciar inteiramente do objeto das ciências naturais. O espírito objetivou-se nelas, finalidades formaram-se nelas, valores estão realizados nelas e justamente esse elemento espiritual que está formado em meio a elas é apreendido pela compreensão. Uma relação vital existe entre mim e elas. Sua conveniência está fundada em meu estabelecimento de finalidades, sua beleza e seus bens em minha valoração, sua inteligibilidade em meu intelecto. Realidades não despontam, além disso, apenas em minha vivência e em minha compreensão: elas formam o nexo do mundo representacional, um nexo no qual aquilo que é dado exteriormente é ligado com o transcurso de minha vida: eu vivo nesse mundo representacional e a sua validade objetiva é garantida para mim por meio da troca constante com o próprio vivenciar e com o compreender de outros; por fim, os conceitos, os juízos universais, as teorias gerais não são hipóteses sobre algo com o qual podemos ligar impressões exteriores, mas sim rebentos da vivência e da compreensão. E, como nessa compreensão a totalidade de nossa vida está sempre presente, a profusão da vida também ressoa nas proposições mais abstratas dessa ciência.

Com isso, então, podemos sintetizar a relação entre as duas classes de ciências e as diferenças fundamentais existentes em sua construção, tal como essas diferenças foram reconhecidas até aqui. A natureza é a base das ciências humanas. A natureza não é apenas o palco da história. Os processos físicos, as necessidades que residem nesses processos e os efeitos que partem deles formam a base para todas as relações, para o fazer e o sofrer, para a ação e a reação no mundo histórico. Além disso, o mundo físico também forma o material para todo o reino no qual o espírito expressa suas finalidades, seus valores – sua essência. Sobre essa base eleva-se a realidade, na qual as ciências humanas perfuram cada vez mais profundamente a partir de dois lados – a partir da vivência dos estados próprios e a partir da compreensão do elemento espiritual objetivado no mundo exterior. Com isso tem-se a diferença entre os dois tipos de ciências. Na natureza exterior, a conexão serve de apoio aos fenômenos em uma ligação de conceitos abstratos. No mundo espiritual, em contrapartida, a conexão é vivenciada e compreendida. A conexão da natureza é abstrata, a conexão psíquica e histórica é viva, ela é saturada de vida. As ciências naturais completam os fenômenos por meio de algo acrescentado pelo pensamento. E, se as propriedades do corpo orgânico e o princípio de individuação no mundo orgânico até então resistiam a tal concepção, o seu postulado permanece sempre vivo neles, faltando-lhes para a sua realização apenas os elos causais intermediários; permanece sendo o seu ideal o fato de esses elos precisarem ser encontrados e a concepção que quer introduzir nesse nível intermediário entre a natureza inorgânica e o espírito um novo princípio de esclarecimento sempre estará em uma contenda inaplacável com esse ideal. As ciências humanas, inversamente, estabelecem classificações, na medida em que retraduzem antes de mais nada e principalmente a realidade exterior humana, social e histórica, que se expande de maneira imensurável, na vitalidade espiritual da qual essa realidade provém. Nas ciências naturais buscam-se razões explicativas hipotéticas para a individuação. Nas ciências humanas, ao contrário, as causas da individuação são experimentadas na vitalidade.

Daqui se obtém a postura em relação à teoria do conhecimento, que será assumida pelas investigações subsequentes sobre a construção do mundo histórico. O problema central da teoria do conhecimento ligada apenas às ciências naturais reside na fundamentação de verdades abstratas, do caráter de necessidade nessas verdades e da lei causal, assim como na relação da segurança das conclusões indutivas com as bases abstratas dessas conclusões. Por um lado, a teoria do conhecimento fundada nas ciências naturais se fragmentou em orientações as mais diversas, de modo que a muitos poderia parecer que ela compartilharia o destino da metafísica; por outro lado, a visão de conjunto empreendida até aqui acerca da construção das ciências humanas mostrou nesse âmbito uma diversidade bastante grande da posição do conhecimento em relação a seu objeto. Portanto, o prosseguimento da teoria geral do conhecimento parece depender de que ela venha a se confrontar com as ciências humanas. Isso exige, porém, que a construção do mundo histórico nas ciências humanas seja estudado a partir do problema epistemológico; só então a teoria geral do conhecimento poderá ser submetida a uma revisão a partir dos resultados deste estudo.

III. *Princípios gerais sobre a conexão entre as ciências humanas*

A fundamentação das ciências humanas precisa resolver três tarefas distintas. Ela precisa definir o caráter universal da conexão, na qual surge neste domínio um conhecimento universalmente válido com base naquilo que está dado. Trata-se aqui da estrutura lógica universal das ciências humanas.[1] É preciso, em seguida, esclarecer a construção do mundo espiritual por meio de cada um dos domínios, tal como essa construção se realiza por meio da interpenetração de suas realizações. Essa é a segunda tarefa e, em meio à sua resolução, surgirá então gradativamente, como resultado, a doutrina do método das ciências humanas por abstração a partir de seu modo de procedimento. Por fim, é preciso perguntar qual é o valor cognitivo dessas realizações das ciências humanas e em que medida se torna possível, por meio de sua atuação conjunta, um saber objetivo em termos de ciências humanas.

Entre essas duas últimas tarefas existe uma conexão interna mais próxima. O isolamento das realizações torna possível a comprovação de seu valor cognitivo e essa comprovação mostra em que medida a

1 Cf. meu ensaio: "Studien zur Grundlegung der Geisteswissenschaften" (Estudos sobre a fundamentação das ciências humanas). Relatórios de reunião da Berlinischer Akademie der Wissenschaften, 1905, p.332ss. (*Ges. Schriften* VII, p.11ss.).

realidade própria às ciências humanas e a conexão real existente nessa realidade podem ser elevadas ao saber por meio de tais realizações: conquista-se, então, uma base autônoma para a teoria do conhecimento em nosso domínio e abre-se, ao mesmo tempo, a perspectiva para uma conexão universal da teoria do conhecimento, uma conexão cujo ponto de partida estaria colocado nas ciências humanas.

Portanto, o caráter universal da conexão própria às ciências humanas é o nosso problema mais imediato. O ponto de partida é a doutrina estrutural da apreensão objetiva em geral. Essa doutrina mostra em todo apreender uma linha progressiva que sai do dado e se estende até as relações fundamentais da realidade que despontam por detrás desse dado para o pensamento conceitual. As mesmas formas de pensamento e as mesmas classes de realizações do pensamento a elas subordinadas possibilitam, nas ciências naturais e nas ciências humanas, a conexão científica. Desta base surgem, então, os métodos específicos das ciências humanas na aplicação dessas formas de pensamento e dessas realizações de pensamento a partir de suas tarefas particulares e sob as suas condições particulares. E, na medida em que as tarefas das ciências conclamam os métodos para a sua solução, os modos de procedimento particulares formam uma conexão interna condicionada pela finalidade do saber.

Primeira seção: a apreensão objetiva

A apreensão objetiva forma um sistema de relações, no qual estão contidos percepções e vivências, representações lembradas, juízos, conceitos, conclusões e suas composições. É comum a todos estas capacidades no sistema da apreensão objetiva o fato de só estarem presentes nelas relações entre elementos fáticos. Com isso, no silogismo, só estão presentes os conteúdos e suas relações, e nenhuma consciência de operações de pensamento o acompanha. O procedimento que atribui atos particulares ao que assim é dado como condições da consciência, atos esses pensados de maneira correspondente às relações materiais, e que, em seguida, deriva o estado de fato da apreensão objetiva a partir de sua ação conjunta, contém uma hipótese nunca verificável.

As vivências particulares no interior dessa apreensão objetiva são elos de um todo que é determinado pela conexão psíquica, na qual o conhecimento objetivo da realidade é a condição para a constatação correta dos valores e do agir conveniente. Assim, perceber, representar, julgar e concluir são capacidades que atuam conjuntamente em uma teleologia própria à conexão da apreensão, uma conexão que assume, então, a sua posição na teleologia da conexão vital.

1.

A primeira *capacidade* da apreensão objetiva do dado eleva aquilo que está contido nesse dado a uma consciência distinta, sem que aconteça uma transformação na forma como ele se dá. Chamo essa capacidade de primária, na medida em que a análise, que parte retroativamente a partir do pensamento discursivo, não descobre nenhuma capacidade mais simples. Ela reside para além do pensamento discursivo que está ligado à linguagem e transcorre em juízos; pois os objetos, sobre os quais se julga, já pressupõem capacidades do pensamento.

Começo com a capacidade da *comparação*. Acho algo igual, desigual, concebo níveis de diferença. Diante de mim encontram-se duas folhinhas com uma coloração cinza diversa. Nós notamos a diferença e o grau da diferença na coloração; e isso não em uma reflexão sobre o dado, mas como um estado de fato, tal como a própria cor é um estado de fato. Do mesmo modo, distingo, vivenciando-os, graus de prazer, quando, por exemplo, passo da produção do tom fundamental e de sua oitava para uma harmonia completa. Essa própria capacidade do pensamento, com a qual a lógica lida de maneira exclusiva, é simples. Além disso, no que se refere a seu valor de verdade, seu resultado não é diverso da percepção de uma cor ou de um som; algo que está aí se torna notável. Igualdade e diferença não são nenhuma propriedade das coisas, tal como a extensão ou a cor. Elas surgem, na medida em que a unidade psíquica traz à consciência relações que estão contidas no dado. Na medida em que igualar e diferenciar só encontram aquilo que é dado, assim como extensão e cor são dadas, eles são um análogo da própria percepção. No entanto, porquanto criam conceitos lógicos relacionais como igualdade, diferença, grau, parentesco, que estão em verdade contidos na percepção, mas não dados nela, eles pertencem ao pensamento. Sobre a base desta capacidade do pensamento para a comparação vem à tona uma segunda capacidade. Pois quando *separo* dois estados de fato, reside aí, visto em termos lógicos – e não se trata aqui de maneira alguma dos processos psicológicos –, uma capacidade do pensamento distinta da diferenciação. No dado são distintos dois estados de fato, sua independência é apreendida. Assim, em uma floresta, uma voz humana, o ciciar do vento, o canto de um pássaro não são apenas apreendidos como diversos uns dos outros, mas como uma multiplicidade. Quando um som com a mesma constituição, ou seja, com a mesma altura, timbre sonoro, intensidade e duração, retorna uma segunda vez em outro ponto do curso temporal, então vem à tona nessa capacidade do pensamento a consciência de que o som seguinte é diferente do primeiro. Outra relação é apreendida em um segundo caso de separação. Em uma folha verde, posso separar cor e figura e, então, aquilo que se copertence na unidade do objeto e que realmente não pode ser isolado é julgado como idealmente separável. Mesmo onde as precondições dessa capacidade do separar estão bastante compostas, a capacidade é, ela mesma, simples. E tanto quanto a comparação ela é determinada pelo estado de coisas que ela concebe.

E aqui surge, a visão do processo de abstração que é importante para a construção da lógica. A separação dos membros de um corpo prende-se à realidade concreta do corpo; em cada uma de suas partes mantém-se essa realidade concreta. No entanto, quando a extensão e a cor são separadas uma da outra e o pensamento se volta para a cor, surge dessa separação a capacidade de pensamento da abstração: um lado é destacado por si daquilo que é decomposto idealmente.

A ligação entre as muitas coisas separadas só pode se realizar com base na *relação* entre esses elementos múltiplos, relação entre aquilo que é separado. Nós apreendemos a localização espacial de estados de fato separados ou os intervalos nos quais os acontecimentos se sucedem temporalmente. Mesmo este ato de referir e ligar não traz à consciência senão relações que estão tendo lugar. Isso acontece, porém, por meio de capacidades do pensamento que têm por base relações como aquelas no espaço e no tempo, no fazer e no sofrer. Essa reunião é a condição para a formação da intuição do tempo. Se a batida de um relógio se segue repetidamente, não temos aí senão a sucessão dessas impressões. Todavia, é só na reunião que a apreensão dessa sucessão é possível. A síntese produz a relação lógica de um todo com as suas partes. Sobre a base das relações entre aquilo que está separado, da gradação das diferenças entre as ligações contidas no sistema sonoro emerge na reunião dos sons algo assim condicionado que, porém, só é efetivamente produzido na síntese – o acorde ou a melodia. Aqui fica particularmente claro como a síntese ocorre naquilo que está contido na vivência da percepção e da memória e que, contudo, surge algo nessa vivência que não estaria aí sem a síntese. Nós já estamos aqui no limite que conduz para além da constatação daquilo que está contido nessas relações e já nos movemos em direção à região da livre fantasia.

Esses exemplos – e não se trata aqui de muitos – demonstram que as capacidades elementares do pensamento *esclarecem* o dado. Antecedendo o pensamento discursivo, essas capacidades contêm os seus princípios, uma vez que, no igualar, se preparam a formação dos juízos universais e dos conceitos universais, enquanto na separação se preparam as abstrações e o procedimento analítico; e nas ligações, por fim, todo tipo de operação sintética. Assim, uma conexão interna de fundamentação parte das capacidades elementares do pensamento para o pensamento discursivo, da apreensão do estado de coisas nos objetos para os juízos sobre eles.

A dação daquilo que é percebido ou vivenciado sensivelmente passa para outro nível de consciência na representação lembrada. Nessa representação realiza-se outra capacidade do apreender objetivo e a essa capacidade corresponde uma relação particular do novo construto com a sua base. Essa relação da representação lembrada com o que é sensivelmente concebido e com o vivenciado é a relação da *reprodução imagética*. Pois a livre mobilidade das representações é limitada no âmbito da apreensão objetiva por meio da intenção de equiparação à realidade e todos os tipos de formação representacional permanecem determinados pelo direcionamento para a realidade. Nesse direcionamento surgem representações totais e representações universais e essas representações preparam um novo nível da consciência.

Esse novo nível vem à tona no *pensamento discursivo*. A relação da reprodução imagética dá lugar, então, para outra ligação no interior da apreensão objetiva.

O pensamento discursivo está ligado à expressão, antes de tudo à linguagem. Nele existe a relação da *expressão* com *aquilo que é expresso*, uma ligação por meio da qual surgem, dos movimentos dos órgãos da fala e das representações de seus produtos, formas linguísticas. A relação com aquilo que é expresso nessas formas lhes dá a sua função. Elas possuem um significado como componentes da frase, enquanto a própria frase possui um sentido. A direção da apreensão vai da palavra e da frase para o objeto que elas expressam. Com isso, emerge a ligação entre a frase gramatical ou a expressão por meio de outros sinais e o juízo que produz todas as partes do pensamento discursivo.

Qual é, então, a relação entre aquilo que é dado ou representado, tal como ele fora condicionado pelas capacidades que são atravessadas pelas vivências da apreensão, e o *juízo*? No juízo é exposto um estado de coisas de um objeto. Nisso já reside o fato de não se falar aqui de uma reprodução imagética daquilo que é dado ou representado. Para a determinação positiva da relação, parto do nexo do pensamento. Todo juízo está contido analiticamente nesse nexo e é compreendido como o seu elo. No nexo de pensamento próprio à apreensão objetiva, cada parte dessa apreensão se reconecta com o estar-contido na realidade por meio da conexão na qual a apreensão objetiva se encontra. Pois esta é a regra suprema, sob a qual todo juízo se encontra: segundo seu conteúdo, todo juízo precisa estar contido naquilo que é dado segundo as leis formais do pensamento e segundo as formas do pensamento. Mesmo juízos que enunciam propriedades ou ações de Zeus ou Hamlet estão, no nexo de pensamento, ligados a algo dado.

Assim, surge uma nova relação entre o juízo e as formas até aqui apresentadas da apreensão objetiva. Essa relação apresenta dois lados. A bilateralidade nessa relação é determinada pelo fato de o juízo estar fundado, por um lado, no dado e, por outro, explicitar aquilo que no dado só está implícito, aquilo que só está contido no dado como passível de ser desvelado. Na primeira ligação surge a relação *representante/representado.*[2] O juízo é o representante dos estados de coisa contidos no dado por meio de componentes de pensamento que correspondem às exigências do saber em função de sua constância, clareza, distinção e de sua articulação fixa com os sinais linguísticos. Observando-se pelo outro lado, os juízos realizam a intenção da apreensão objetiva de se aproximar das relações fundamentais da realidade a partir daquilo que é condicionado, particular e variável.

Na apreensão objetiva, a relação representante/representado estende-se a todo o nexo discursivo do pensamento, na medida em que esse nexo se realiza por meio do ajuizamento. O dado em sua plasti-

2 Dilthey utiliza-se aqui de um termo que é normalmente traduzido por representação: o termo alemão *Vertretung* (representar no sentido de assumir a posição de alguém). No entanto, como essa tradução corrente produziria aqui uma confusão com o termo *Vorstellung*, que também significa representação, mas no sentido de um ato de pensamento, optamos pela tradução da relação de *Vertretung* pela expressão "relação representante/ representado". (N. T.)

cidade concreta e o mundo representacional que o reproduz de maneira imagética encontram-se representados em cada forma do pensamento discursivo por meio de um sistema de relações entre componentes fixos do pensamento. E a isso corresponde, na direção contrária, o fato de, no retorno ao objeto, esse objeto comprovar, *verificar* em toda a profusão de sua existência plástica, o juízo ou o conceito. Precisamente no caso das Ciências Humanas é particularmente importante que todo o frescor e poder da vivência retorne, de maneira direta ou na direção da compreensão, ao vivenciar. A relação representante/representado inclui o fato de aquilo que é dado e aquilo que é pensado discursivamente serem *passíveis de serem confundidos* em certos limites.

Se decompusermos o nexo discursivo do pensamento, então nos depararemos nesse nexo com tipos de relação que regularmente retornam, independentemente da alternância dos conteúdos de pensamento, e que subsistem a cada ponto do nexo do pensamento e em uma relação interna mútua. Tais *formas* de pensamento são juízo, conceito e conclusão: elas vêm à tona em cada parte da conexão discursiva do pensamento e constituem a sua estrutura. No entanto, mesmo as classes das capacidades do pensamento discursivo que são subordinadas a essas formas elementares, comparação, conclusão analógica, indução, classificação, definição e, por fim, o contexto de fundamentação, são independentes da delimitação de cada uma das regiões do pensamento, em particular da delimitação recíproca entre ciências naturais e ciências humanas. Elas distinguem-se segundo as tarefas de todo o nexo de pensamento, tarefas que são colocadas pela realidade segundo as suas relações genéricas fundamentais; no entanto, figuras particulares do método são condicionadas por meio das propriedades de cada uma das regiões.

Ao caráter regular dessas formas corresponde a validade de sua capacidade de pensamento e nós nos asseguramos dessa capacidade por meio da consciência da evidência. Além disso, as propriedades mais gerais, às quais está ligada a validade nessas formas diversas, independentemente da alternância de objetos, de maneira constante no ir e vir das vivências do pensamento e de seus sujeitos, encontram sua expressão nas *leis* do pensamento. Não precisamos ultrapassar a relação representante/representado ou a relação representacional, quando passamos dos juízos sobre a realidade para os juízos necessários. Um axioma da geometria é necessário porque expressa, por meio da análise, as relações fundamentais constatáveis por toda parte na intuição do espaço e, do mesmo modo, o caráter de necessidade é explicado de maneira suficiente nas leis do pensamento pelo fato de essas leis estarem contidas por toda parte no nexo do pensamento.

Um *método* científico surge na medida em que formas de pensamento e capacidades gerais do pensamento são ligadas para formar uma totalidade composta pela finalidade estabelecida na solução de uma determinada tarefa científica. Se há problemas similares a essa tarefa, então o método aplicado a uma região limitada se comprova como frutífero em uma região mais abrangente. Com frequência, um método ainda não está associado no espírito de seu inventor com a consciência de seu caráter lógico e de sua amplitude: nesse caso, essa consciência só se acrescenta posteriormente. Tal como o conceito do método se desenvolveu, através dos séculos, em particular na terminologia dos cientistas naturais, o procedimento que trata de um pormenor e que, por conseguinte, é muito elaborado, também pode ser designado como método. Onde se tomam muitos caminhos para a resolução do mesmo problema, esses caminhos são mantidos distintos como métodos diversos. Onde os modos de procedimento de um espírito inovador mostram propriedades comuns, a história das ciências fala de um método de Cuvier na paleontologia ou de um método de Niebuhr na crítica histórica. Com a doutrina do método, entramos no âmbito em que o caráter particular das ciências humanas começa a se fazer valer.

Todas as vivências do apreender objetivo estão dirigidas na conexão teleológica desse apreender, para a compreensão daquilo que é da realidade. O saber constitui um reino de níveis de capacidades: o dado é esclarecido nas capacidades elementares do pensamento, ele é reproduzido imageticamente nas representações, ele encontra o seu representante no pensamento discursivo e é assim representado de diversos modos. Pois o esclarecimento do dado por meio das capacidades elementares do pensamento, a reprodução imagética na representação lembrada e a relação representante/representado no pensamento discursivo podem ser subordinados ao conceito abrangente de *representação*.[3] Tempo e lembrança desencadeiam o apreender a partir da dependência do dado e realizam uma escolha daquilo que é significativo para a apreensão; o particular é submetido por meio de sua ligação com o todo e por meio de sua subordinação ao universal às finalidades da apreensão da realidade; a variabilidade do dado intuitivo é elevada em uma ligação com conceitos a uma representação universalmente válida; o concreto é colocado por meio da abstração e do procedimento analítico em séries homogêneas que permitem enunciados sobre regularidades ou é apreendido em sua articulação por meio de divisões. Assim, o apreender esgota cada vez mais aquilo que nos é acessível no dado.

2.

As vivências estão logicamente conectadas em duas direções que pertencem ao apreender objetivo. Em uma, as vivências referem-se umas às outras, na medida em que, como níveis da apreensão do mesmo objeto, elas procuram esgotar esse objeto por meio daquilo que está contido no vivenciar ou no intuir; na outra direção, a apreensão liga um estado de fato ao outro por meio das relações apreendidas entre eles. No primeiro caso, surge o aprofundamento no objeto

3 Dilthey utiliza aqui a palavra de origem latina *repräsentieren*, que pode significar tanto assumir a posição de representante quanto "representar" no sentido cognitivo do termo. (N. T.)

particular; no segundo, a extensão universal. O aprofundamento e a extensão são mutuamente dependentes.

Intuição, lembrança, representação total, denominação, juízo, subordinação do particular ao universal, ligação das partes com um todo – tudo isso são modos do apreender: sem que o objeto precise mudar, quando passamos da intuição para a lembrança ou para o juízo, altera-se o modo da consciência no qual o objeto está presente para nós. O direcionamento que lhes é comum para o mesmo objeto liga-os, formando uma conexão teleológica. Nessa conexão, somente aquelas vivências que apresentam um desempenho na direção da apreensão desse elemento objetivo determinado possuem uma posição. O progresso no interior dessa conexão é condicionado em cada um de seus elos por esse caráter teleológico da conexão que temos aqui diante de nós. Enquanto a vivência ainda não se esgotou ou a objetividade dada de maneira fragmentária e unilateral nas intuições particulares ainda não alcançou uma apreensão plena e uma expressão completa, continua subsistindo uma insuficiência que exige que continuemos progredindo. Percepções que dizem respeito ao mesmo objeto são ligadas umas às outras em uma conexão teleológica, na medida em que progridem no mesmo objeto. Assim, uma percepção sensível particular sempre exige outras mais que completam a apreensão do objeto. Nesse processo de complementação, a lembrança é necessária como uma forma ulterior da apreensão. No interior da conexão própria ao apreender objetivo, a lembrança encontra-se em uma relação fixa com a base da intuição, na medida em que tem por função reproduzir e lembrar essa base, mantendo-a, desse modo, aproveitável para a apreensão objetiva. Aqui se mostra muito claramente a diferença entre a apreensão da vivência relativa à lembrança, uma apreensão que estuda o processo que se encontra à sua base segundo as suas uniformidades, e nossa consideração da lembrança de acordo com a sua função na conexão da apreensão, uma consideração segundo a qual a lembrança reproduz o vivenciado ou apreendido. Sob uma impressão ou sob a influência de um estado de ânimo, a lembrança pode acolher em si múltiplos conteúdos diversos de sua base: é justamente aqui que as fantasias estéticas têm sua origem. No entanto, a lembrança que se encontra na conexão teleológica indicada com a captação do objeto possui a orientação para a identidade com o conteúdo da intuição ou da vivência da apreensão do objeto. O fato de a lembrança ter preenchido a sua função na apreensão objetiva comprova-se pela possibilidade de constatar a sua similaridade com a base da percepção da apreensão do objeto. Nesse direcionamento das vivências da apreensão para um objeto particular já está dado o progresso rumo a algo sempre novo. As transformações no objeto apontam para a conexão efetiva, na qual ele se encontra, e, na medida em que o estado de coisas só pode ser esclarecido pelos recursos dos nomes, conceitos e juízos, é indispensável um progresso da intuição particular para o universal. Se, portanto, é exigido nessa primeira orientação o progresso para o todo, para o efetivamente atuante e para o universal, então corresponde a essa tarefa o progresso das relações que estão presentes no objeto particular para aquelas que têm lugar em conexões objetivas maiores. Assim, o primeiro direcionamento das relações conduz a um segundo.

Na primeira orientação estavam relacionadas entre si aquelas vivências da apreensão que aspiram a apreender o mesmo objeto cada vez mais apropriadamente por meio de formas diversas da representação. Na segunda, estão ligadas as vivências que se estendem a objetos sempre novos e que captam as relações neles existentes, seja sob a mesma forma da apreensão, seja pela ligação de formas diversas da apreensão. Assim, surgem relações abrangentes. Essas relações são encontradas de maneira particularmente clara nos sistemas homogêneos, que representam relações de espaço, som ou número.[4] Toda ciência refere-se a uma objetividade delimitável, na qual reside a sua uni-

4 "Ideen über eine beschreibende und zergliedernde Psychologie" (Ideias sobre uma psicologia descritiva e analítica). Ata de reunião da Berl. Akad. D. Wiss. 1894, p.1352 (*Schriften*, v.V, p.182).

dade, e a conexão do campo da ciência entrega às proposições do conhecimento nesse campo a sua copertinência. A consumação de todas as relações contidas no vivenciado ou intuído seria o conceito de mundo. Nele está expressa a exigência de enunciar tudo aquilo que é vivenciável e intuível por meio da conexão das relações do elemento fático que estão contidas neles. Esse conceito de mundo é a explicação da coesão que está inicialmente dada no horizonte espacial.

Esclarecimento, reprodução imagética e relação representante/representado são níveis da ligação com o dado, nos quais a apreensão objetiva se aproxima do conceito de mundo. Eles são níveis porque, em cada uma dessas posições da apreensão objetiva, a posição precedente constitui a base para a próxima conjuntura da apreensão objetiva.[5]

5 A partir daqui abre-se a visualização da tarefa lógica de reduzir as formas do pensamento discursivo aos modos de expressão das relações no dado, tal como esses modos de expressão são expostos pelas capacidades elementares do pensamento. Por meio dos fatos no âmbito da apreensão objetiva, somos conduzidos à intelecção da imanência da ordem na matéria-prima de nossa experiência sensível, enquanto o isolamento da matéria-prima das impressões diante das formas da síntese comprova-se como um mero recurso auxiliar da abstração. O princípio de identidade diz que todo posicionamento é válido, independentemente de suas posições alternantes na conexão de pensamento e da mudança nos sujeitos do enunciado. O princípio da contradição tem por base o princípio de identidade. Nele, a negação junta-se ao princípio de identidade. Essa negação não é outra coisa senão a recusa de uma suposição que se encontra em nós ou fora de nós e sempre se liga a um enunciado já pressuposto, por mais que esse enunciado possa estar contido em um ato de pensamento consciente ou em outra forma. Pois bem, o princípio de identidade atribui validade constante ao posicionamento. Por isso, a suspensão desse posicionamento está excluída. Nós não estamos em condições de afirmar e negar o mesmo, na medida em que a relação da contradição nos vem à consciência. Se declaro, então, o juízo negador como falso, eu me recuso a suspender o posicionamento e ratifico, portanto, o enunciado afirmativo: o princípio do terceiro excluído expõe esse estado de coisas. Desse modo, as leis do pensamento não designam nenhuma condição *a priori* para o nosso pensar. E as relações que estão contidas no igualar, separar, abstrair e ligar encontram-se uma vez mais nas operações discursivas do pensamento tal como nas categorias formais, das quais falaremos mais tarde. A suposição de que o juízo pressupõe a junção da relação categorial entre a coisa e suas propriedades é desnecessária, uma vez que o juízo pode ser compreendido a partir da ligação entre o objeto e aquilo que é predicado dele.

Segunda seção: a estrutura das ciências humanas

Na medida em que essa conexão própria à apreensão objetiva se coloca entre as condições que estão contidas nas ciências humanas, surge a estrutura particular dessas ciências. Sob a base das formas de pensamento e das capacidades gerais do pensamento fazem-se valer aqui tarefas particulares que encontram a sua solução na interpenetração de métodos próprios.

Na formação desses modos de procedimento, as ciências humanas foram influenciadas por toda parte pelas ciências naturais, pois como essas ciências desenvolveram mais cedo os seus métodos, operou-se em ampla escala uma adaptação desses métodos às tarefas das ciências humanas. Isso vem à tona de maneira particularmente clara em dois pontos. Na biologia, foram descobertos os métodos comparativos, aplicados em seguida às ciências humanas sistemáticas em uma escala cada vez maior, e os métodos experimentais que a astronomia e a fisiologia tinham desenvolvido foram transmitidos à Psicologia, à estética e à pedagogia. Ao agir para a solução de tarefas particulares, o psicólogo, o pedagogo, o linguista ou o esteta continuam hoje frequentemente se perguntando se os meios e métodos descobertos nas ciências naturais para a resolução de problemas análogos podem ser úteis para o seu próprio campo de pesquisa.

No entanto, apesar de tais pontos de contato, o nexo entre os modos de procedimento nas ciências humanas já é, em função de seu ponto de partida, diverso do nexo entre os modos de procedimento das ciências naturais.

Primeiro capítulo: a vida e as ciências humanas

Não tratarei aqui senão dos princípios universais que são decisivos para a intelecção do nexo entre as ciências humanas, pois a apresentação dos métodos pertence à exposição da construção desta ciência. Antecipo agora duas explicações terminológicas. Por "unidades psíquicas da vida" compreenderei os componentes do mundo histórico-social. Por "estrutura psíquica" designo a conexão, na qual capacidades diversas estão ligadas umas às outras nas unidades psíquicas da vida.

1. A vida

As ciências humanas baseiam-se sobre a relação entre vivência, expressão e compreensão. Assim, o seu desenvolvimento depende tanto do aprofundamento das vivências quanto do direcionamento crescente para o esgotamento de seu conteúdo. Ao mesmo tempo, esse desenvolvimento é condicionado pela extensão da compreensão para toda a objetivação do espírito e para o resgate cada vez mais completo e metódico do elemento espiritual a partir das diversas manifestações da vida.

A suma conceitual daquilo que emerge para nós no vivenciar e no compreender é a vida como uma conexão que abrange o gênero humano. Ao nos defrontarmos agora com esse grande fato – que, para nós, não é apenas o ponto de partida das ciências humanas, mas também o da filosofia –, é preciso retornar a um momento anterior à elaboração científica desse fato e apreender o fato mesmo em seu estado bruto.

Assim, quando a vida vem ao nosso encontro como um estado de fato próprio ao mundo humano, nos deparamos com determinações próprias a esse estado de fato em cada uma das unidades vitais. Nós nos deparamos com concernências vitais, tomadas de posição, comportamentos, com criações relativas às coisas e aos homens e com o sofrimento produzido por eles. No subsolo estável a partir do qual se elevam as capacidades diferenciadas, não há nada que não contenha uma *concernência vital* do eu. Assim como tudo aqui possui um posicionamento em relação a esse eu, a circunstancialidade do eu também se altera constantemente segundo a relação das coisas e dos homens com ele. Não há homem algum, nem coisa alguma que possa funcionar apenas como objeto para mim e não contenha em si uma pressão ou um fomento, a meta de uma aspiração ou o cerceamento da vontade, uma importância, uma exigência de consideração e uma proximidade interior ou uma resistência, uma distância e uma estranheza. A concernência vital, seja ela restrita a um momento dado, seja ela duradoura, transforma esses homens e esses objetos para mim em portadores de felicidade, em ampliação de minha existência, em elevação de minha força ou, então, eles restringem nesse interesse o campo de jogo de minha existência, exercendo uma pressão sobre mim e diminuindo a minha força. E a alternância dos estados em mim mesmo, uma alternância proveniente da concernência vital, corresponde aos predicados que, portanto, as coisas só obtêm concernência vital comigo. Sobre esse subsolo da vida vem à tona, então, em inumeráveis nuanças que se transformam uma nas outras, uma apreensão objetiva, uma valoração e um estabelecimento de metas como tipos de comportamento. Esses tipos de comportamento estão ligados para formar no curso da vida conexões interiores que abarcam e determinam toda a atividade e todo o desenvolvimento.

Elucidemos isso a partir do modo como o poeta lírico dá expressão às suas vivências. Ele parte de uma situação e deixa em seguida os homens e as coisas vislumbrarem, em uma concernência vital, um eu ideal, no qual se eleva a sua própria existência e, no interior dessa existência, o transcurso de suas vivências: essa concernência vital determina aquilo que o autêntico poeta lírico vê e expressa dos homens, das coisas e de si mesmo. Do mesmo modo, o poeta épico também nada pode dizer senão aquilo que vem à tona em uma ligação vital representada. E quando o historiador descreve situações e personalidades históricas, ele desperta tanto mais intensamente a impressão da vida real, quanto mais ele nos deixa vislumbrar esses interesses vitais. Ele precisa destacar as propriedades dos homens e das coisas que vêm à tona e atuam nessas concernências vitais. Quero dizer: ele precisa dar às personalidades, às coisas e aos eventos a forma e a coloração, no interior da qual essas personalidades, coisas e eventos formaram, na própria vida, a partir do ponto de vista da concernência vital, percepções e imagens lembradas.

2. A experiência de vida

A apreensão objetiva transcorre no tempo. Assim, reproduções da memória já estão contidas nela. Na medida em que o vivenciado se amplia constantemente com o avanço do tempo e se retrai para um ponto cada vez mais distante, surge a lembrança do próprio transcurso da vida. Do mesmo modo, as lembranças de seus estados e as imagens existenciais das diversas situações formam-se a partir da compreensão. E, mais especificamente, em todas essas lembranças, a circunstancialidade está sempre ligada com o seu meio ambiente por estados de coisa exteriores, acontecimentos e pessoas. A partir da generalização daquilo que assim se reúne, forma-se a experiência de vida do indivíduo. Ela surge nos modos de procedimento que são equivalentes àqueles da indução. O número de casos, a partir dos quais essa indução estabelece conclusões, cresce constantemente no transcurso da vida; as generalizações que se formam continuam sendo incessantemente retificadas. A segurança que advém à experiência de vida pessoal é diversa da validade universal científica, pois essas generalizações não se realizam metodicamente e não podem ser expressas em fórmulas fixas.

O ponto de vista individual, que se prende à experiência pessoal de vida, retifica e se amplia na experiência geral de vida. Por essa experiência de vida compreendo os princípios que se formam em algum círculo de pessoas ligadas umas às outras e que são comuns a elas. Trata-se de enunciados sobre o transcurso da vida, juízos de valor, regras de condução da vida, definições de metas e bens. Sua característica mais marcante é o fato de elas serem criações da vida comum e de se referirem tanto à vida dos homens singulares, quanto à vida das comunidades. No primeiro aspecto, como hábito e proveniência e aplicando-se como opinião pública à pessoa em sua individualidade, por força do peso excessivo da quantidade e da duração da comunidade para além da vida individual, esses princípios exercem um poder sobre a pessoa individual, bem como sobre a experiência de vida e a força vital individuais dela; um poder que é normalmente superior à vontade de vida do indivíduo. Em relação à experiência pessoal de vida, a segurança dessa experiência geral de vida é relativamente maior, já que os pontos de vista individuais nela se equiparam mutuamente e quando cresce o número dos casos que se encontram na base das induções. No entanto, nessa experiência geral se faz valer ainda muito mais intensamente do que na experiência de vida individual a incontrolabilidade do surgimento de seu saber sobre a vida.

3. Diferenças entre os modos de comportamento na vida e as classes de enunciado na experiência de vida

Na experiência de vida vêm à tona diferentes classes de enunciado, que remontam a diferenças do comportamento na vida. Pois a vida não é apenas a fonte do saber, considerada segundo o seu conteúdo de experiência; os modos típicos de comportamento dos homens também condicionam as diferentes classes de enunciados. Por enquanto, deve-se observar aqui somente o fato desta ligação entre a diversidade no comportamento de vida e os enunciados da experiência de vida.

Em cada uma das concernências vitais individuais e efetivas que entram em cena entre o eu, por um lado, e as coisas e os homens, por outro, surgem os estados particulares da vida: situações diferenciadas do si próprio, sentimentos de pressão ou elevação da existência, anseio por um objeto, temor ou esperança. E como as coisas ou os homens que apresentam uma exigência ao si próprio assumem um espaço em sua existência, como eles são portadores de potencializações ou obstruções, objetos do anseio, do estabelecimento de metas e de desvios, surgem, por outro lado, a partir dessas concernências vitais, as determinações sobre eles, determinações que se aproximam da apreensão da realidade de homens e coisas. Todas essas determinações do si próprio e dos objetos ou pessoas, tal como elas provêm das concernências vitais, são elevadas à reflexão e expressas na linguagem. Nela, manifestam-se diferenças como enunciados sobre a realidade, desejos, proclamações, imperativos. Se abarcarmos com o olhar as expressões para os modos de comportamento, para as tomadas de posição do si próprio em relação aos homens e coisas, mostra-se que essas expressões recaem sob certas classes superiores. Elas constatam uma realidade, elas valoram, elas designam um estabelecimento de metas, elas formulam uma regra, elas exprimem a significação de um fato no interior de uma conexão maior, com a qual essa significação está entrelaçada. Além disso, mostram-se aí ligações entre esses tipos de enunciado contidos na experiência de vida. As concepções da realidade formam uma camada, sobre a qual repousam as valorações, e a camada das valorações é, por sua vez, a base para os estabelecimentos de metas.

Os modos de comportamento contidos nas concernências vitais e os seus produtos tornam-se objetivos nos enunciados que constatam esses modos de comportamento como estados de fato. Do mesmo modo, as predicações relativas a homens e coisas que provêm das concernências vitais são autonomizadas. Por meio de um procedimento equivalente à indução, esses estados de fato são elevados, na experiência de vida, a um saber universal. Assim, surgem as múltiplas proposições que despontaram na literatura e na sabedoria popular generalizante sob a forma de ditados, regras de vida, reflexões sobre paixões, caracteres e valores da vida. Na sabedoria popular e na literatura retornam, então, as diferenças que podem ser observadas nas expressões relativas à nossa tomada de posição ou ao nosso modo de comportamento.

Outras distinções ainda se fazem valer nos enunciados da experiência de vida. Já no interior da própria vida desenvolvem-se um conhecimento da realidade, uma valoração, um estabelecimento de regras e de metas em diversos *níveis*, entre os quais cada um tem o outro por seu pressuposto. Na apreensão objetiva, eles foram demonstrados; mas eles subsistem também nos outros modos de comportamento. Dessa forma, a apreciação dos valores efetivos das coisas ou dos homens pressupõe que as possibilidades contidas nos objetos de instaurar proveito ou dano tenham sido constatadas; e uma decisão só se torna possível por meio da ponderação sobre a relação entre as representações de metas com a realidade e os meios dados na realidade para a realização dessas representações.

4. Unidades ideais como portadoras da vida e da experiência de vida

Uma riqueza vital infinita desdobra-se na existência singular das pessoas por força de suas ligações com o seu meio, com os outros homens e com as coisas. Todavia, cada indivíduo é ao mesmo tempo um ponto de cruzamento de conexões que atravessam os indivíduos, que subsistem neles, mas que se estendem para além de suas vidas e que possuem, por meio do conteúdo, do valor e da finalidade que neles se realiza, uma existência autônoma e um desenvolvimento próprio. Assim, eles são sujeitos de um tipo ideal. Apresenta-se com esses indivíduos um saber qualquer sobre a realidade; desenvolvem-se neles pontos de vista da apreciação; fins são realizados neles; no contexto do mundo espiritual, eles possuem e garantem um significado.

Esse é o caso em alguns sistemas culturais, nos quais não existe uma organização que sintetize os seus membros, tal como é corrente na arte e na filosofia. Mas também surgem associações organizadas. A vida econômica cria para si cooperativas; na ciência, surgem centros para a realização de suas tarefas; entre todos os sistemas culturais, são as religiões que desenvolvem as organizações mais sólidas. Na família, em diversas formas intermediárias entre ela e o Estado e no próprio Estado, encontra-se a mais elevada formação de um estabelecimento uniforme de fins no interior de uma comunidade.

Toda unidade organizada de um Estado desenvolve um conhecimento de si mesma, assim como das regras às quais sua existência está ligada e de sua posição em relação à totalidade. Ela desfruta dos valores que se desenvolveram em seu seio; ela realiza os fins que residem em sua essência e servem à conservação e ao fomento de sua existência. Ela é por si mesma um bem da humanidade e concretiza bens. No contexto da humanidade, ela possui um significado próprio.

Alcançamos aqui o ponto, no qual se abrem, então, diante de nós, a sociedade e a história. No entanto, seria equivocado se quiséssemos restringir a história à ação conjunta de homens com fins comuns. O homem individual particular em sua existência baseada em si mesma é um ser histórico. Ele é determinado por sua posição na linha do tempo, por seu lugar no espaço, por sua posição na ação conjunta dos sistemas culturais e das comunidades. Por isso, o historiador precisa compreender toda a vida dos indivíduos, tal como ela se exprime em determinado tempo e em determinado lugar. É justamente toda a conexão, que parte dos indivíduos na medida em que estes estão voltados para o desenvolvimento de sua própria existência para os sistemas culturais e as comunidades, e, por fim, para a humanidade, que constitui a natureza da sociedade e da história. Os sujeitos lógicos, sobre os quais surgem enunciados na história, são indivíduos singulares tanto quanto comunidades e conexões.

5. As ciências humanas como provenientes da vida dos indivíduos e das comunidades

Vida, experiência de vida e ciências humanas encontram-se, assim, em uma conexão interna estável e em uma relação de reciprocidade. Não é o procedimento conceitual que forma a base das ciências humanas, mas a percepção de um estado psíquico em sua totalidade e o reencontro desse estado psíquico na revivência. Vida apreende vida, e a força com a qual as duas capacidades elementares das ciências humanas são realizadas é a condição prévia para a completude em cada parte dessa ciência.

Assim notamos também neste ponto uma diversidade radical entre as ciências naturais e as ciências humanas. Nas primeiras, o isolamento de nosso trânsito com o mundo exterior emerge a partir do pensamento científico-natural, cujas capacidades produtivas são esotéricas. Nas ciências humanas, conserva-se uma conexão entre ciência e vida, segundo a qual o trabalho formador de pensamentos da vida permanece a base para a criação científica. Sob certas circunstâncias, o aprofundamento em si mesmo alcança na vida uma perfeição tal, que mesmo um Carlyle fica aquém dela, enquanto a compreensão de outros é transformada sob essas circunstâncias em uma virtuosidade que não foi alcançada nem mesmo por Ranke. Em Carlyle, grandes naturezas religiosas, tais como Agostinho e Pascal, funcionam como os modelos eternos para a experiência que cria a partir da própria vivência, e, em Ranke, a corte e a política educam, na compreensão de outras pessoas, para uma arte que lança o seu olhar para além de toda aparência; em um homem de ação como Bismarck, para o qual, segundo a sua natureza, em cada carta que escreve, em cada diálogo que conduz, as suas finalidades estão sempre presentes, a arte de ler intenções por trás das expressões não é alcançada por nenhum intérprete de atos políticos e por nenhum crítico de relatos históricos. Entre a apreensão de um drama por um ouvinte dotado de uma forte sensibilidade poética e a análise histórico-literária mais primorosa, não há em muitos casos nenhuma distância. E mesmo a formação conceitual é constantemente determinada, nas ciências históricas e sociais, pela própria vida. Refiro-me aqui à conexão que conduz constantemente da formação conceitual, passando por destino, caracteres, paixões, valores e fins da existência e seguindo até a história como ciência. Na época em que a atuação política na França estava fundamentada mais no conhecimento do homem e das personalidades dirigentes do que no estudo do direito, da economia e do Estado, e a posição na vida da corte consistia em esse tipo de arte, a forma literária das memórias e dos escritos sobre caracteres e personalidades atingiu um apogeu que ela não reencontrou depois; e ela foi exercida por pessoas que haviam sido pouco influenciadas pelo estudo científico da psicologia e da história. Uma conexão interna liga aqui a observação da sociedade aristocrática, os escritores, os poetas que aprendem com eles, com os filósofos sistemáticos e os historiadores científicos que se formam no contato com a poesia e a literatura. Nos primórdios da ciência política com os gregos, surgem a partir da própria vida do Estado o desenvolvimento dos conceitos das constituições e dos feitos políticos nelas presentes. Novas criações no interior dessa vida do Estado conduzem, por sua vez, a novas teorias. Toda essa relação apresenta-se da maneira mais clara nos estágios mais antigos da ciência jurídica, tanto nos romanos quanto nos alemães.

6. A conexão das ciências humanas com a vida e a tarefa de sua validade universal

Assim, o ponto de partida da vida e da conexão permanente com ela formam o primeiro traço fundamental na estrutura das ciências humanas; já que as ciências humanas repousam sobre a vivência, a compreensão e a experiência de vida. Essa relação imediata, na qual se encontram a vida e as ciências humanas, conduz, nesta ciência, a um conflito entre as tendências da vida e a sua meta científica. Assim como historiadores, estudiosos da economia nacional, professores de direito público, pesquisadores da religião tomam parte na vida, eles também querem influenciá-la. Eles submetem ao seu juízo personalidades históricas, movimentos de massa e correntes, e esse juízo é condicionado por sua individualidade, pela nação à qual pertencem e pelo tempo no qual vivem. Mesmo onde eles acreditam proceder de maneira livre de pressupostos, eles são determinados por esse seu horizonte. Toda análise empreendida pelos conceitos de uma geração passada mostra efetivamente nesses conceitos componentes que surgiram dos pressupostos da época. Ao mesmo tempo, porém, está contida em toda ciência enquanto tal a exigência de validade universal. Se há ciências humanas compreendidas no sentido rigoroso do termo ciência, então elas precisam estabelecer essa meta para si de maneira cada vez mais consciente e crítica.

No *conflito* entre essas duas *tendências* baseia-se uma grande parte das oposições científicas que se fizeram valer nos últimos tempos no interior da lógica das ciências humanas. Da maneira mais intensa, esse conflito manifesta-se na ciência histórica, que também se transformou no ponto central dessa discussão.

A solução do conflito só se realiza na construção das ciências humanas: no entanto, os demais axiomas universais sobre a conexão das ciências humanas já contêm o princípio dessa solução. Nosso resultado até aqui persiste. A vida e a experiência de vida são as fontes que sempre fluem de maneira nova a partir da compreensão do mundo histórico-social; a partir da vida, a compreensão penetra em profundezas sempre diversas; é somente na reação à vida e à sociedade que as ciências humanas adquirem o seu significado mais elevado e esse significado é concebido em um crescimento constante. O caminho para esse efeito, porém, precisa passar pela objetividade do conhecimento científico. A consciência disso já estava presente na grande época criativa das ciências humanas. Depois de algumas perturbações que se apresentaram no curso de nosso desenvolvimento nacional, assim como na aplicação de um ideal de cultura unilateral desde Jacob Burckhardt, estamos hoje imbuídos da aspiração de elaborar essa objetividade das ciências humanas de maneira cada vez mais desprovida de pressupostos, mais crítica e mais rigorosa. Eu encontro o *princípio* para a *solução* do *conflito* nessas ciências na compreensão do mundo histórico como uma conexão de efeitos que está centrada em si mesma, na medida em que cada conexão de efeitos particular contida nesse mundo possui em si mesma o seu ponto central por meio do estabelecimento de valores e da realização de fins. Todas, porém, estão estruturalmente ligadas com uma totalidade na qual, a partir da significância das partes individuais, emerge o sentido da conexão do mundo histórico-social: e isso de tal modo que todo juízo de valor e todo estabelecimento de fins que se lance para o futuro precisam estar fundados exclusivamente nessa conexão estrutural. Nós nos aproximaremos desse princípio ideal nos outros axiomas universais sobre a conexão das ciências humanas.

Segundo capítulo: Os modos de procedimento, nos quais o mundo espiritual está dado

A conexão das ciências humanas é determinada por sua base na vivência e na compreensão, e nas duas fazem-se valer imediatamente diferenças radicais em relação às ciências naturais; essas diferenças dão à construção das ciências humanas o seu caráter próprio.

1. A linha das representações a partir da vivência

Toda imagem óptica é distinta de outra imagem ligada ao mesmo objeto por meio do ponto de vista e das condições da apreensão. Por meio dos diversos tipos da apreensão objetiva, essas imagens são articuladas em um sistema de relações internas. A representação total que surge desse modo a partir da série de imagens segundo as relações fundamentais contidas no estado de coisas é algo acrescentado por meio da representação, por meio do pensamento. Em contrapartida, as vivências estão ligadas umas às outras em uma unidade de vida no transcurso do tempo; cada uma delas tem, assim, a sua posição em um transcurso, cujos elos estão ligados uns aos outros na lembrança. Ainda não estou falando aqui sobre o problema da realidade dessas vivências, tampouco sobre as dificuldades que a apreensão de uma vivência contém: basta dizer que o modo como a vivência está presente para mim é totalmente diverso do modo segundo o qual as imagens surgem diante de mim. A consciência de uma vivência e sua constituição, sua "existência-para-mim" e aquilo que está presente nela para mim são uma única coisa: a vivência não se encontra como um objeto ante aquele que apreende, mas a sua existência para mim não é diferente daquilo *que* nela está presente para mim. Não há aqui diferentes pontos no espaço, a partir dos quais aquilo que está presente na vivência seria visto. E pontos de vista diversos, sob os quais a vivência seria apreendida, só podem surgir ulteriormente, por meio da reflexão, e não tocam a própria vivência em seu caráter de vivência. A vivência subtrai-se à relatividade daquilo que é sensivelmente dado, uma relatividade segundo a qual as imagens só se ligam com o elemento objetivo na relação com aquele que apreende, com a sua posição no espaço e com aquilo que se localiza entre ele e os objetos. Assim, a partir da vivência sai uma linha direta que vai das representações até a ordem dos conceitos, na qual a vivência é apreendida pelo pensamento. Ela é primeiro esclarecida por meio das potências elementares do pensamento. As lembranças, nas quais ela continua sendo apreendida, possuem aqui uma significação própria. E o que acontece, então, quando a vivência se transforma em objeto de minha reflexão? Eu passo a noite em claro, fico preocupado com a possibilidade de levar a termo em minha idade trabalhos começados e reflito sobre o que deve ser feito. Nessa vivência há uma conexão estrutural de consciência: uma apreensão objetiva forma a sua base, sobre essa base repousa uma tomada de posição como preocupação com e inquietação quanto ao estado de fato objetivamente apreendido, como um anseio por ultrapassá-lo. E tudo isso está para mim presente nessa sua conexão estrutural. Eu levo esse estado a uma consciência distintiva. Eu enfatizo aquilo que está estruturalmente ligado e o isolo. Tudo aquilo que enfatizo desse modo está contido na própria vivência e é apenas assim que isso fica esclarecido. Agora, porém, com base nos momentos contidos na vivência, a minha apreensão da própria vivência se converte em vivências que, ainda que cindidas por longos espaços de tempo, foram estruturalmente articuladas no transcurso da vida com tais momentos. Sei sobre os meus trabalhos por meio de uma inspeção anterior. Os processos, nos quais esses trabalhos surgiram, encontram-se em ligação com essa inspeção em um ponto bem distante no passado. Outro momento dirige-me para o futuro; aquilo que se encontra ali presente ainda exigirá de mim um trabalho incalculável, estou preocupado com isso e me preparo interiormente para a sua realização. Todo esse "com", esse "de" e esse "para", todas essas ligações do vivenciado com algo lembrado, assim como com o futuro me faz avançar – para frente e para trás. O ser movido nessa série baseia-se na requisição de elos sempre novos que são exigidos pelo vivenciar. Também pode atuar concomitantemente neste caso um interesse que se apresenta a partir do poder sentimental do vivenciar. Trata-se de um ser movido, não de uma volição, muito menos de um querer saber abstrato, ao que se vem recorrendo desde a dialética de Schleiermacher. Na série que surge desse modo, aquilo que passou tanto quanto aquilo que está por vir, o possível, são transcendentes em relação ao momento preenchido pela vivência. Os dois, porém, aquilo que passou e aquilo que está por vir, estão ligados à vivência em uma série que se articula por meio de tais ligações com um todo. Na medida em que sua lembrança inclui reconhecimento, cada coisa que passou está estruturalmente ligada como figuração a uma lembrança de outrora. Aquilo que é possível no futuro também está igualmente articulado com essa série pelo raio de possibilidades por ela definido. Assim, emerge nesse processo a visualização da conexão psíquica no tempo, uma conexão que constitui o *transcurso da vida*. Nesse transcurso da vida, cada vivência está ligada com um todo. Essa conexão vital não é uma soma ou um paradigma de momentos consecutivos, mas uma unidade constituída por relações que articulam todas as partes. A partir daquilo que está presente, nós percorremos para trás uma série de lembranças até o ponto em que nosso pequeno, não firmado e não configurado si próprio, se perde no crepúsculo. E, a partir desse presente, nós nos impelimos para frente, para possibilidades que estão presas a ele e assumem dimensões vagas e amplas.

Assim, surge um importante resultado para o conjunto das ciências humanas. Os componentes, as regularidades, as relações que constituem a visualização do transcurso da vida estão contidos todos na própria vida; ao saber sobre o transcurso vital advém o mesmo caráter de realidade que ao saber sobre a vivência.

2. A relação de dependência mútua na compreensão

Se experimentamos, assim, nas vivências, a realidade da vida na multiplicidade de suas referências, então, visto assim, parece ser sempre de fato somente um singular, a nossa própria vida, sobre a qual sabemos por meio do vivenciar. Ele permanece um saber sobre algo único e nenhum recurso lógico pode superar a limitação contida no modo de experimentar próprio ao vivenciar. Somente a compreensão suspende a limitação característica da vivência individual, assim como confere às vivências pessoais o caráter de experiência de vida. Assim como se estende a muitos homens, a criações espirituais e a sociedades, ela amplia o horizonte da vida individual e abre nas ciências humanas o caminho que conduz ao universal por meio do comum.

A compreensão mútua assegura-nos da *comunhão* que existe entre os indivíduos. Os indivíduos estão ligados uns aos outros por uma comunhão, na qual copertinência ou conexão, igualdade ou parentesco estão associados uns aos outros. A mesma relação entre conexão e igualdade atravessa todas as esferas do mundo humano. Essa comunhão manifesta-se na mesmidade da razão, na simpatia, na vida dos sentimentos, na vinculação recíproca à obrigação e ao direito que está acompanhada pela consciência do dever.

A comunhão entre as unidades de vida mostra-se, então, como o ponto de partida para todas as relações entre o particular e o universal nas ciências humanas. Atravessa toda a apreensão objetiva do mundo espiritual essa experiência fundamental de comunhão, uma experiência na qual a consciência do si próprio uno e a consciência da igualdade genérica com os outros, a mesmice da natureza humana e a individualidade estão ligadas umas às outras. É essa experiência que forma o pressuposto para a compreensão. A partir da interpretação elementar que só exige a tomada de conhecimento do significado das palavras e da regularidade, com a qual elas são conectadas em frases para formar um sentido, e, por conseguinte, a partir do elemento comum da língua e do pensamento, expande-se constantemente a esfera daquilo que é comum, uma esfera que torna possível o processo de entendimento, na medida em que ligações mais elevadas de manifestações da vida constituem o objeto desse processo.

Portanto, a partir da análise da compreensão obtém-se uma segunda relação fundamental, que é determinante para a estrutura da conexão própria às ciências humanas. Nós vimos como as verdades dessa ciência baseiam-se na vivência e na compreensão: a *compreensão* pres*supõe* agora, porém, o aproveitamento de *verdades* próprias às ciências humanas. Posso elucidar esse fato com um exemplo. A tarefa seria compreender Bismarck. Uma profusão extraordinária de cartas, processos, narrativas e relatos sobre ele constituem o nosso material. Tudo isso está em ligação com o transcurso de sua vida. O historiador precisa, em seguida, ampliar esse material, a fim de compreender aquilo que influenciou o grande estadista, tanto quanto os efeitos que ele produziu. Enquanto durar o processo da compreensão, a delimitação do material ainda não estará concluída. Mas são necessárias sentenças genéricas para que se possa reconhecer pessoas, acontecimentos e Estados como pertencentes ao contexto desses efeitos. Essas sentenças também se encontram, então, à base da compreensão que o historiador tem de Bismarck. Elas estendem-se desde as propriedades comuns do homem até classes individuais particulares. O historiador posicionará Bismarck em termos psicológico-individuais entre os homens de ação e perseguirá nele a combinação própria de traços que são comuns a tais homens de ação. Sob outro ponto de vista, ele reencontrará propriedades do nobre dono de terras prussiano no caráter soberano de seu ser, no hábito de dominar e de dirigir, no caráter inquebrantável de sua vontade. Assim como a sua longa vida assume uma posição determinada no transcurso da história prussiana, é ainda por meio de outro grupo de sentenças genéricas que os traços comuns dos homens dessa época são determinados. A pressão descomunal que, conforme a situação do Estado, pesava sobre o orgulho político provocou, como era natural, os mais diversos tipos de reação. A compreensão desse fato exige sentenças genéricas acerca da pressão que uma situação exerce sobre um todo político e seus membros, tanto quanto acerca da reação desse todo e desses membros sobre tal pressão. Os graus da certeza metodológica próprios à compreensão dependem do desenvolvimento das verdades universais, por meio das quais essa relação obtém a sua fundamentação. Fica claro, então, que esse grande homem de ação, que está completamente enraizado na Prússia e em seu Império, sentirá de um modo particular a pressão que se abate de fora sobre a Prússia. Por isso, ele precisa avaliar as questões internas da constituição desse Estado, principalmente sob o ponto de vista do poder do Estado. E como ele é o ponto de cruzamento de elementos em comum, tais como Estado, religião e ordem jurídica, e como ele determinava e mobilizava de maneira eminente como personalidade histórica um desses elementos comuns, mostrando-se ao mesmo tempo como uma força atuante nele, isso exige do historiador um saber geral sobre esses elementos comuns. Em suma, a sua compreensão só atingirá finalmente a sua perfeição por meio da relação com a essência de todas as ciências humanas. Toda relação que precisa ser destacada na apresentação dessa personalidade histórica só alcança a segurança e a clareza maximamente atingível por meio de sua determinação a partir dos conceitos científicos sobre cada um dos domínios. E a relação recíproca desses domínios está fundada, por fim, em uma visão conjunta do mundo histórico.

Assim, nosso exemplo elucida para nós a dupla relação que está estabelecida na compreensão. A compreensão pressupõe um vivenciar, mas a vivência só se transforma em uma experiência de vida quando o compreender nos conduz para fora da estreiteza e da subjetividade do vivenciar, levando-nos para a região do todo e do universal. Além disso, a compreensão da personalidade individual exige para a sua consumação o saber sistemático, do mesmo modo que, por outro lado, o saber sistemático é dependente da apreensão viva de cada unidade vital. O conhecimento da natureza inorgânica realiza-se em uma construção das ciências, na qual a camada inferior é a cada vez dependente daquela camada, que a fundamenta: a partir do processo do compreender, tudo é determinado nas ciências humanas pela relação de *dependência mútua.*

A isso corresponde o transcurso histórico das ciências humanas. A historiografia é condicionada em cada um de seus pontos pelo saber sobre as conexões sistemáticas entretecidas no transcurso histórico e a perscrutação mais profunda dessas conexões determina o progresso do compreender histórico. Tucídides apoiava-se sobre o saber político que tinha surgido nos Estados livres gregos e sobre as doutrinas do direito público que se desenvolveram no tempo dos sofistas. Políbio[6] tinha em si toda a sabedoria política da aristocracia romana, que se encontrava nessa época no apogeu de seu desenvolvimento social e espiritual, reunida com o estudo das obras políticas gregas de Platão até os estoicos. A articulação da sabedoria de Estado florentina e veneziana, tal como essa sabedoria tinha se desenvolvido em uma sociedade superior altamente avançada que debateu vivamente a política, junto com a renovação e o aperfeiçoamento de teorias da Antiguidade, tornou possível a historiografia de Maquiavel e Guicciardini.[7] A historiografia eclesiástica de Eusébio,[8] dos discípulos da Reforma e de seus opositores, assim como a de Neander[9] e de Ritschl,[10] foi condicionada por conceitos sistemáticos sobre o processo religioso e sobre

6 Políbio (208 a.C. a 126 a C): historiador grego preso pelos romanos, trabalhou durante muito tempo como tutor em Roma. (N. T.)

7 Francesco Guicciardini (1483-1540): pensador italiano de grande influência no âmbito da filosofia política e da filosofia da história do Renascimento. (N. T.)

8 Eusébio de Cesárea (ca. 275-339): natural da Palestina, foi bispo de Cesárea e autor de *Histórias eclesiásticas*. (N. T.)

9 Joaquim Neander (1650-1680): pastor reformador alemão e compositor de canções e poemas eclesiásticos. (N. T.)

10 Friedrich Wilhelm Ritschl (1806-1876): linguista alemão fundador da escola de Bonn da filologia clássica. (N. T.)

o direito canônico. E, por fim, a fundamentação da moderna historiografia na escola histórica e em Hegel teve, no primeiro caso, atrás de si, a articulação da nova ciência jurídica com as experiências da época da revolução e, no segundo, toda a sistemática das recém-surgidas ciências humanas. Se Ranke parece se colocar diante das coisas com uma alegria narrativa ingênua, sua historiografia só pode ser compreendida se perseguirmos as múltiplas fontes do pensamento sistemático que confluíram em sua formação. Ao avançar em direção à atualidade, essa dependência mútua do elemento histórico e do elemento sistemático cresce ainda mais.

Mesmo a crítica histórica, em suas grandes realizações que fizeram época, além de sua condicionalidade pelo desenvolvimento formal do método, dependia incessantemente da compreensão mais profunda dos contextos sistemáticos – dos progressos da gramática, do estudo sobre a coesão do discurso, tal como esse estudo tinha se desenvolvido inicialmente na retórica, e, então, da concepção mais recente da poesia. Em relação a esse último ponto, os precursores de Wolff, que tiraram conclusões em relação a Homero a partir de uma nova poética, foram se tornando cada vez mais conhecidos para nós. No próprio F. A. Wolff, a crítica histórica é condicionada pela nova cultura estética; em Niebuhr, pelas concepções econômico-nacionais, jurídicas e políticas; em Schleiermacher, pela nova filosofia congenial à de Platão; e, por fim, em Baur, pela compreensão do processo no qual se formaram os dogmas, tal como Schleiermacher e Hegel a tinham alcançado.

E, inversamente, o progresso nas ciências humanas sistemáticas foi sempre condicionado pelo avanço do vivenciar em meio a sempre novas profundezas, pela propagação do compreender em uma abrangência ainda maior de manifestações da vida histórica, pela abertura de fontes históricas até então desconhecidas ou pela ascensão de grandes massas de experiência em novas conjunturas históricas. A formação da primeira linha de uma ciência política no tempo dos sofistas, de Platão e Aristóteles, assim como o surgimento de uma retórica e de uma poética como uma teoria da criação espiritual que aconteceu na mesma época, nos dão mostras disto.

A todo o momento, portanto, o efeito recíproco mútuo da vivência e da compreensão de pessoas tomadas individualmente ou dos traços em comum como sujeitos supraindividuais foi determinante para os grandes progressos nas ciências humanas. Os gênios singulares da arte narrativa, tais como Tucídides, Guicciardini, Gibbon, Macaulay, Ranke, produziram, apesar de certas restrições, obras históricas atemporais. No todo da ciência humana rege um progresso: a intelecção das conexões que atuam juntas na história é paulatinamente conquistada para a consciência histórica, a história penetra nas relações entre essas conexões, tal como elas constituem uma nação, uma era, uma linha de desenvolvimento histórico. Em sintonia com o modo como a vida mesma subsiste em cada uma das estações históricas, descortinam-se, a partir daí, profundezas dessa vida que se lançam muito para além de toda compreensão anterior. Como é que a compreensão de um historiador que se dedica hoje ao estudo de artistas, poetas e escritores poderia ser comparada com uma compreensão anterior qualquer?!

3. O esclarecimento paulatino das manifestações de vida pela ação recíproca constante entre as duas ciências

Desse modo, obtemos como relação fundamental entre o vivenciar e o compreender a relação de condicionalidade recíproca. De maneira mais precisa, essa relação pode ser definida como a relação do *esclarecimento paulatino* na ação recíproca das duas classes de verdade. A obscuridade da vivência é elucidada, os erros que se originam da apreensão mais estreita do sujeito são corrigidos, a própria vivência se amplia e consuma na compreensão de outras pessoas, assim como as outras pessoas são compreendidas por meio das próprias vivências. A compreensão amplia cada vez mais a abrangência do saber histórico pelo aproveitamento mais intenso das fontes, pelo retorno até um passado incompreendido e, por fim, pelo avanço da própria história que sempre produz novos acontecimentos e que, com isso, propaga, ela mesma, o objeto do compreender. Nesse progresso, tal ampliação sempre exige novas verdades universais para a penetração nesse mundo único. E a extensão do horizonte histórico possibilita ao mesmo tempo a formação de conceitos cada vez mais universais e frutíferos. No trabalho nas ciências humanas, portanto, surge em cada um de seus pontos e a cada momento uma circulação do vivenciar, do compreender e da representação do mundo espiritual em conceitos universais. Cada nível desse trabalho possui, então, uma unidade interna em sua apreensão do mundo espiritual, na medida em que o saber histórico do singular e as verdades universais se desenvolvem conjuntamente em uma ação recíproca, e, por isso, pertencem à mesma unidade da apreensão. Em cada *nível*, a *compreensão* do mundo espiritual é algo *uniforme – homogêneo*, desde a concepção do mundo espiritual até o método da crítica e da investigação particular.

E aqui podemos olhar mais uma vez retrospectivamente para o tempo, quando surgiu a moderna consciência histórica. Ela foi alcançada assim que a formação conceitual das ciências sistemáticas foi fundamentada com consciência no estudo da vida histórica e o saber do singular foi penetrado com consciência pelas ciências sistemáticas da economia política, do direito, do Estado e da religião. Neste ponto, então, foi possível o surgimento da intelecção metodológica da conexão entre as ciências humanas. Segundo essa intelecção, o mesmo mundo espiritual se transforma por meio da diversidade da apreensão em relação ao objeto de duas classes de ciências. A história universal, cujo objeto é a humanidade, e o sistema das ciências humanas autonomamente constituídas do homem, da linguagem, da economia, do direito, da religião e da arte se completam mutuamente. Essas ciências são cindidas por sua meta e pelos métodos determinados por essa meta. Ao mesmo tempo, em sua referência constante umas com as outras, elas atuam conjuntamente para a construção do saber do mundo espiritual. A partir da potência fundamental da compreensão, a vivência, a revivência e as verdades universais estão articuladas. A formação conceitual não está fundada nas normas ou nos valores que se apresentam para além do apreender objetivo, mas ela emerge do impulso que domina todo o pensamento conceitual para destacar o elemento sólido e duradouro do fluxo do transcurso temporal. Desse modo, o método movimenta-se em uma dupla direção. Na direção do elemento único, ele segue da parte para o todo e de volta do todo para a parte. Na direção do universal, a mesma ação recíproca existe entre o universal e o particular.

Terceiro capítulo: a objetivação da vida

1.

Se tomarmos a soma de todas as realizações da compreensão, então se abre nessa soma, em contraposição à subjetividade da vivência, a objetivação da vida. Paralelamente à vivência, a noção da objetividade da vida, de sua manifestação em múltiplas conexões estruturais, torna-se a base das ciências humanas. O indivíduo, as comunidades e as obras, para o interior das quais a vida e o espírito se transpuseram, formam o reino exterior do espírito. Essas manifestações da vida, tal como se apresentam para a compreensão no mundo exterior, são, por assim dizer, acomodadas na conexão da natureza. Essa grande realidade exterior do espírito sempre nos envolve. Ela é uma realização do espírito no mundo sensível, desde a expressão fugaz até o seu domínio ao longo de séculos em uma constituição ou em um código jurídico. Cada *manifestação particular da vida representa* algo *comum* no reino desse espírito objetivo. Cada palavra, cada frase, cada gesto ou fórmula de etiqueta, cada obra de arte e cada feito histórico só são compreensíveis porque um elemento comum articula aquilo que se manifesta neles com aquele que compreende; o indivíduo vivencia, pensa e age constantemente em uma esfera própria ao que é comum e somente em tal esfera ele compreende. A partir dessa comunhão, tudo aquilo que é compreendido porta em si, por assim dizer, a marca de algo conhecido. Nós vivemos nessa atmosfera, ela nos envolve constantemente. Nós estamos mergulhados nela. Sentimo-nos por toda parte familiarizados com esse mundo histórico e compreendido, compreendemos o sentido e o significado de tudo aquilo, e nós mesmos somos entretecidos com esses pontos em comum.

A alternância das manifestações da vida que atuam sobre nós exige-nos constantemente uma nova compreensão. No entanto, na medida em que toda manifestação da vida e sua compreensão estão em conexão com outras manifestações e compreensões, faz parte ao mesmo tempo do próprio compreender um ser impelido a avançar segundo as relações de parentesco do particular dado até o todo. E, assim como as relações entre o que é familiar se avolumam, crescem ao mesmo tempo as possibilidades de generalizações que já estão estabelecidas no elemento comum como uma determinação daquilo que é compreendido.

Na compreensão, faz-se valer outra propriedade da objetivação da vida, uma propriedade que determina tanto a articulação segundo o parentesco quanto o sentido da generalização. A objetivação da vida contém em si uma *multiplicidade de ordens articuladas*. Da distinção entre as raças e descendo até a diversidade dos modos de expressão e dos hábitos em um grupo étnico, para não dizer de uma cidadezinha do interior, surge uma articulação naturalmente condicionada de diferenças espirituais. Em seguida, diferenciações de outro tipo vêm à tona nos sistemas culturais, outras distinguem as épocas umas das outras – em suma: muitas linhas, que delimitam círculos da vida aparentada sob um ponto de vista qualquer, atravessam o mundo do espírito objetivo e se cruzam nesse mundo. A profusão da vida manifesta-se em inumeráveis nuanças e é compreendida pelo retorno dessas diferenças.

É só por meio da ideia de objetivação da vida que conquistamos uma intelecção da essência do elemento histórico. Tudo surgiu por meio de uma ação espiritual e carrega, com isso, o caráter da historicidade. Tudo está entrelaçado no próprio mundo sensorial como produto da história. Desde a distribuição das árvores em um parque, a disposição das casas em uma rua, o instrumento apropriado do artesão, até a sentença condenatória no tribunal, temos a todo instante à nossa volta algo que veio a ser historicamente. Aquilo que o espírito transpõe hoje de seu caráter para o interior de sua manifestação de vida torna-se amanhã história, quando esse algo se encontra presente. Assim como o tempo avança, somos envolvidos por ruínas romanas, catedrais, castelos de verão do autossenhorio. A história não é nada cindida da vida, nada separada do presente por uma distância temporal.

Posso resumir agora os resultados. As ciências humanas têm a objetivação da vida como o seu dado abrangente. Todavia, na medida em que a objetivação da vida se torna para nós algo compreendido, ela contém, enquanto tal, a todo instante, a relação do exterior com o interior. Assim, essa objetivação sempre relacionada na compreensão com o vivenciar, no qual a unidade da vida revela para si o seu conteúdo próprio e permite a todos os outros interpretá-lo. Se os dados das ciências humanas estão contidos aí, então se mostra ao mesmo tempo para nós que é necessário abstrair tudo aquilo que é fixo, tudo aquilo que é estranho, tal como é próprio às imagens do mundo físico, do conceito daquilo que é dado nesse âmbito. Todo dado é aqui produzido, ou seja, histórico; ele é compreendido, isto é, ele contém algo comum em si; ele é conhecido porque é compreendido, e ele contém um agrupamento do múltiplo em si, uma vez que a interpretação da manifestação da vida na compreensão mais elevada já se baseia em um agrupamento. Com isso, o procedimento de classificação das manifestações da vida também está estabelecido nos dados das ciências humanas.

E consuma-se aqui, então, o *conceito* das *ciências humanas*. Sua abrangência é tão ampla quanto a da compreensão, e a compreensão tem, com isso, o seu objeto uno na objetivação da vida. Assim, segundo a abrangência dos fenômenos que lhe competem, o conceito das ciências humanas é definido pela objetivação da vida no mundo exterior. Somente aquilo que o espírito criou ele entende. A natureza, objeto da ciência natural, abarca a realidade produzida independentemente da atuação do espírito. Tudo aquilo em que o homem, por sua atuação, imprimiu a sua marca constitui o objeto das ciências humanas.

E mesmo a expressão "ciências humanas" obtém aqui a sua justificativa. Falou-se anteriormente do espírito das leis, do direito, da constituição. Agora, podemos dizer que *tudo aquilo em que o espírito se objetivou* pertence à esfera das *ciências humanas*.

2.

Designei até aqui a objetivação da vida também pelo nome "espírito objetivo". Essa expressão foi cunhada por Hegel de maneira profundamente perspicaz e feliz. Todavia, preciso distinguir de maneira clara e exata o sentido em que a emprego daquele que Hegel associa a ela. Essa distinção diz respeito tanto à posição sistemática do conceito, quanto à sua intenção e à sua abrangência.

No sistema hegeliano, a expressão "espírito objetivo" designa um nível no desenvolvimento do espírito. Hegel introduz esse nível entre o espírito subjetivo e o espírito absoluto. Desse modo, o conceito de espírito objetivo possui em Hegel a sua posição no interior da construção ideal do desenvolvimento do espírito. Essa construção possui tanto a realidade histórica do espírito quanto as relações vigentes nessa realidade com a base real, e ela quer torná-las especulativamente concebíveis. No entanto, exatamente por isso, ela deixa para trás as ligações temporais, empíricas e históricas. A ideia que se manifesta na natureza em seu ser-outro, a ideia que sai de si, retorna a si mesma sobre a base dessa natureza no espírito. O espírito do mundo retrai-se em sua pura idealidade. Ele realiza a sua liberdade em seu desenvolvimento.

Como espírito subjetivo, o espírito do mundo é a multiplicidade dos espíritos particulares. Na medida em que a vontade se concretiza nessa multiplicidade com base no conhecimento da finalidade racional que se realiza no mundo, executa-se no espírito particular a passagem para a liberdade. Com isso, está dada a base para a filosofia do espírito objetivo. Essa filosofia mostra, então, como a vontade racional livre, e, portanto, em si universal, se objetiva em um mundo ético:

> a liberdade que possui o conteúdo e a finalidade da liberdade é ela mesma de início apenas conceito, princípio do espírito e do coração e está determinada a desenvolver-se e a transformar-se em objetividade, em realidade jurídica, ética e religiosa tanto quanto científica.[11]

Dessa forma, o desenvolvimento por meio do espírito objetivo é convertido em espírito absoluto; "o espírito objetivo é a ideia absoluta, mas a ideia absoluta que é apenas em si; na medida em que ele se encontra com isso sobre o solo da finitude, a sua racionalidade real retém em si o aspecto da manifestação exterior".[12]

A objetivação do espírito executa-se no direito, na moralidade, na eticidade. A eticidade realiza a vontade racional universal na família, na sociedade civil e no Estado. E o Estado realiza na história do mundo a sua essência como a realidade efetiva exterior da ideia ética.

Com isso, a construção ideal do mundo histórico alcança o ponto no qual os dois níveis do espírito, a vontade racional universal do sujeito particular e a sua objetivação no mundo ético, tornam possível como uma unidade mais elevada o nível derradeiro e supremo – o saber de si mesmo do espírito como poder criador de toda realidade na arte, na religião e na filosofia. "O espírito subjetivo e objetivo pre-

---

11 Hegel, Werke, *Philosophie des Geistes* (*Filosofia do espírito*), v.7, seção 2 (1845), p.375.

12 Hegel, op.cit., p.376.

cisam ser considerados como o caminho, sobre o qual" se forma a realidade suprema do espírito, o espírito absoluto.

Qual foi a posição histórica e o conteúdo desse conceito de espírito objetivo descoberto por Hegel? O profundamente incompreendido Esclarecimento alemão tinha reconhecido o significado do Estado como a coletividade, que tudo abarca e que concretiza a eticidade inerente aos indivíduos. Desde os tempos dos gregos e dos romanos, nunca se enunciou de maneira tão poderosa e profunda a compreensão do Estado e do direito quanto em Carmer,[13] Svarez,[14] Klein,[15] Zedlitz[16] e Herzberg,[17] os funcionários dirigentes do Estado no tempo do rei Frederico II da Prússia.[18] Essa concepção da essência e do valor do Estado ligou-se em Hegel com as ideias antigas da eticidade e do Estado, com a apreensão da realidade dessas ideias no mundo antigo. O significado dos elementos comuns na história ganhou, então, validade. A escola histórica chegou concomitantemente à mesma descoberta do espírito comum que Hegel tinha realizado por meio de uma espécie própria de intuição histórico-metafísica, no caminho da pesquisa histórica. Ela também chegou a uma compreensão, que se estendia para além dos filósofos idealistas gregos, da essência não derivável a partir da ação conjunta dos indivíduos da comunidade em hábitos, Estado, direito e fé. Com isso, a consciência histórica emergiu na Alemanha.

Em um conceito só, Hegel sintetizou o resultado de todo esse movimento – no conceito do espírito objetivo.

---

13 Johann Heinrich Casimir von Carmer (1721-1801): ministro da justiça e reformador do sistema jurídico do Estado prussiano. (N. T.)

14 Carl Gottlieb Svarez (1746-1798): jurista alemão e reformador do sistema jurídico prussiano. (N. T.)

15 Ernst Ferdinand Klein (1743-1810): jurista alemão e reformador do sistema jurídico prussiano. (N. T.)

16 Karl Abraham von Zedlitz (1731-1793): seguidor do pensamento kantiano e ministro prussiano. (N. T.)

17 Ewald Friedrich Graf von Herzenberg (1725-1795): oficial e ministro prussiano. (N. T.)

18 Frederico II ou Frederico, o Grande (1712-1786): rei da Prússia a partir de 1724. (N. T.)

Todavia, os pressupostos sobre os quais Hegel assentou esse conceito não podem mais ser mantidos hoje. Ele construiu as comunidades a partir da vontade racional universal. Nós precisamos partir hoje da realidade da vida; na vida age a totalidade do nexo psíquico. Hegel constrói metafisicamente; nós analisamos aquilo que é dado. E a análise atual da existência humana preenche-nos todos com o sentimento da fragilidade, do poder dos impulsos sombrios, do sofrimento com as obscuridades e com as ilusões, da finitude em tudo aquilo que a vida é, mesmo onde surgem a partir dela os mais elevados produtos da vida comunitária. Assim, não podemos compreender o espírito objetivo a partir da razão; mas precisamos retornar ao nexo estrutural das unidades vitais que continuam existindo nas comunidades. E não podemos alocar o espírito objetivo em uma construção ideal. Ao contrário, precisamos antes fundamentar a sua realidade na história. Nós procuramos compreender essa realidade e apresentá-la em conceitos adequados. Na medida em que o espírito objetivo é assim destacado da fundamentação unilateral na razão universal que exprime a essência do espírito do mundo; na medida em que ele é destacado também da construção ideal, um novo conceito de espírito objetivo se torna possível: ele abarca língua, hábito, todo tipo de forma de vida e de estilo de vida, tanto quanto família, sociedade civil, Estado e direito. E, então, entra nesse conceito também aquilo que, enquanto o espírito absoluto, Hegel distinguiu do espírito objetivo: arte, religião e filosofia. Precisamente nelas o indivíduo criador se mostra ao mesmo tempo como representação de um elemento comum; e, justamente em suas formas poderosas, o espírito se objetiva e é reconhecido.

Mais especificamente, esse espírito objetivo contém em si uma articulação que parte da humanidade e se estende até tipos de estreitíssima abrangência. Essa articulação, o princípio da individuação, é efetivo nele. Se, então, com base no elemento genericamente humano e por sua mediação, o individual é apreendido na compreensão, surge uma revivência da conexão interior, que leva do elemento genericamente humano à sua individuação. Esse progresso é apreendido na reflexão e a psicologia do indivíduo esboça a teoria que fundamenta a possibilidade da individuação.[19]

Portanto, à base das ciências humanas sistemáticas encontra-se, como fundamento, de um lado a mesma ligação entre uniformidades e uma individuação crescente, e de outro, uma ligação entre teorias gerais e procedimentos comparativos. As verdades gerais, tal como elas podem ser constatadas nessas teorias e procedimentos em relação à vida ética ou à poesia, tornam-se, assim, a base para a intelecção das diversidades próprias ao ideal moral ou à atividade poética.

E nesse espírito objetivo encontram-se presentes os passados, nos quais as grandes forças totais da história se formaram. Na condição de portador e representante dos elementos comuns nele entretecidos, o indivíduo desfruta e apreende a história, na qual esses elementos surgiram. Ele compreende a história porque ele mesmo é um ser histórico.

Em um último ponto, o conceito aqui desenvolvido de espírito objetivo cinde-se do conceito hegeliano. Na medida em que a vida em sua totalidade, a vivência, a compreensão, o nexo histórico, o poder do irracional nele presente, entra em cena no lugar da razão universal de Hegel, surge o problema de como é possível uma ciência da história. Para Hegel, não existia esse problema. Sua metafísica, na qual o espírito do mundo, a natureza como sua manifestação, o espírito objetivo como sua realização e o espírito absoluto ascendendo até a filosofia como a concretização do saber sobre esse absoluto são idênticos, deixou esse problema para trás. Inversamente, porém, o que está em questão hoje é reconhecer o dado das manifestações históricas da vida como o verdadeiro fundamento do saber histórico e encontrar um método que responda à pergunta sobre como seria possível alcançar com base nesse dado um conhecimento universalmente válido do mundo histórico.

---

19 Cf. o meu ensaio "Beiträge zum Studium der Individualität" (Contribuições para o estudo da individualidade), ata de reunião de 1896 (*Schriften*, v.V).

Quarto capítulo: o mundo do espírito como conexão de efeitos

Assim, por meio da objetivação da vida, o mundo do espírito descortina-se para nós na vivência e na compreensão. E definir, de maneira mais detida, esse mundo do espírito, o mundo histórico tanto quanto o social, como o objeto das ciências humanas, será agora a nossa tarefa.

Sintetizemos primeiramente os resultados das investigações precedentes quanto ao nexo das ciências humanas. Esse nexo baseia-se na relação entre vivência e compreensão. Dessa relação obtivemos três princípios fundamentais. A ampliação de nosso saber sobre aquilo que é dado no vivenciar realiza-se por meio da interpretação das objetivações da vida, e essa interpretação, por sua vez, só é possível a partir da profundeza subjetiva do vivenciar. Do mesmo modo, a compreensão do singular só é possível por meio da presença do saber geral nela e esse saber geral tem como pressuposto a compreensão. Por fim, a compreensão de uma parte do transcurso histórico só alcança a sua perfeição por meio da ligação da parte com o todo e a visão panorâmica histórico-universal sobre o todo pressupõe a compreensão das partes que nele estão unificadas.

Assim, resulta daí a dependência mútua, na qual se encontram uma em relação à outra, a apreensão de todo o estado de fato particular relativo às ciências humanas no interior da totalidade histórico-social, cuja parte é o estado de fato particular, e a representação conceitual dessa totalidade nas ciências humanas sistemáticas. Mais especificamente, a ação recíproca entre vivência e compreensão na apreensão do mundo do espírito, a dependência mútua do saber universal e do saber singular e, finalmente, o esclarecimento paulatino do mundo espiritual no progresso das ciências humanas mostram-se em *cada ponto* de seu transcurso. Por isso, nós os reencontramos em todas as operações das ciências humanas. Eles formam de maneira totalmente genérica a base de sua estrutura. Dessa forma, teremos de reconhecer a dependência recíproca entre interpretação, crítica, articulação das fontes e síntese de um contexto histórico. Uma relação similar existe na formação dos conceitos de sujeito, tal como a economia, o direito, a filosofia, a arte e a religião designam as conexões de efeitos produzidas por diversas pessoas em uma realização comum. Sempre que o pensamento científico procura levar a termo a formação conceitual, a determinação das características que constituem o conceito pressupõe de qualquer modo a constatação dos estados de fato que devem ser reunidos no conceito. E a constatação e a escolha desses estados de fato exigem características nas quais possamos confirmar seu pertencimento à abrangência do conceito. Para determinar o conceito de poesia, preciso deduzi-lo daqueles estados de fato que constituem a abrangência desse conceito; e, para verificar que obras pertencem à poesia, já me basta possuir uma característica, na qual a obra possa ser reconhecida como poética.

Assim, essa relação é o traço mais universal da estrutura das ciências humanas.

1. Caráter universal da conexão de efeitos própria ao mundo do espírito

O desempenho assim emergente consiste na apreensão do mundo do espírito como uma *conexão de efeitos* ou como uma conexão contida em seus produtos duradouros. As ciências humanas possuem o seu objeto nessa conexão de efeitos e em suas criações. Elas decompõem essa conexão ou a conexão que se apresenta em construtos fixos, a conexão lógica, estética, religiosa que advêm dos tipos dos construtos, ou a conexão existente em uma constituição, ou em um código jurídico, uma conexão que aponta retrospectivamente para a conexão de efeitos na qual ela surgiu.

Essa conexão de efeitos distingue-se do nexo causal da natureza pelo fato de gerar *valores* e realizar *fins* segundo a estrutura da vida anímica. E não apenas de modo ocasional; não aqui e acolá. Ao contrário, trata-se justamente da estrutura do espírito em sua conexão de efeitos gerar valores e realizar fins com base na apreensão. Denomino esse fato o caráter teleológico-imanente das conexões de efeito espirituais. Por tal caráter compreendo uma *conexão* de *realizações* que está fundada na *estrutura* de uma conexão de efeitos. A vida histórica cria. Ela é constantemente ativa na geração de bens e valores, e todos os conceitos de tais bens e valores não são senão reflexos dessa sua atividade.

Os portadores dessa criação constante de valores e bens no mundo do espírito são indivíduos, comunidades e sistemas culturais, nos quais os indivíduos agem conjuntamente. A ação conjunta dos indivíduos é determinada pelo fato de eles se submeterem a regras e estabelecerem regras para a realização de valores. Assim, em todos os tipos dessa ação conjunta, há uma referência da vida que está em conexão com a essência do homem e que une os indivíduos uns aos outros – por assim dizer, um cerne que não podemos captar psicologicamente, mas que se manifesta em cada um desses sistemas de relações entre os homens. O poder de alcançar algo nessa referência de vida é determinado pela conexão estrutural entre o apreender, os estados psíquicos que se expressam em valorações e aqueles estados que consistem no estabelecimento de fins, bens e normas. É nos indivíduos que se transcorre primariamente tal conexão de efeitos. Como eles são os pontos de cruzamento entre os sistemas de relações, para os quais cada indivíduo se mostra como um portador duradouro de um poder de alcançar um efeito, nessa conexão também se desenvolvem bens próprios aos elementos em comum, aos arranjos oriundos da realização desses elementos segundo regras. Transfere-se para eles, então, uma incondicionalidade da validade. Desse modo, toda relação duradoura entre indivíduos contém em si um desenvolvimento, no qual valores, regras e fins são produzidos, levados à consciência e firmados em um transcurso de processos de pensamento. Essa criação, tal como ela se realiza em indivíduos, comunidades, sistemas culturais e nações, sob as condições da natureza que lhe oferecem constantemente a matéria-prima e o estímulo, alcança nas ciências humanas uma autorreflexão.

O nexo estrutural pressupõe também que toda a unidade espiritual está *centrada em si mesma*. Assim como o indivíduo, todo sistema cultural e toda comunidade possuem um ponto central em si mesmos. Neles, a apreensão da realidade, a valoração e a geração de bens estão ligadas formando uma totalidade.

Agora, porém, na conexão de efeitos que constitui o objeto das ciências humanas, abre-se uma nova relação fundamental. Os diversos portadores da atividade criadora se entrelaçam e formam outros nexos histórico-sociais; tais nexos são nações, épocas e períodos históricos. Assim, surgem formas mais complexas do nexo histórico. Os valores, os fins e os vínculos que vêm à tona nessas formas e que são suportados por indivíduos, comunidades e sistemas de relações devem ser, então, resumidos pelo historiador. Eles são comparados por ele, o que há neles de comum é destacado, as diversas conexões de efeito são reunidas em sínteses. E da centralização em si mesma que é inerente a toda unidade histórica surge outra forma de unidade. Aquilo que atua concomitantemente e se interpenetra com os indivíduos, os sistemas culturais ou as comunidades, encontra-se em um contato espiritual constante e completa, inicialmente, a sua própria vida por meio da alheia; já as nações vivem com maior frequência em um isolamento mais intenso e têm, por isso, o seu horizonte próprio: no entanto, se considero agora o período da Idade Média, o seu campo de visão é cindido dos períodos anteriores. Mesmo quando os resultados desses períodos anteriores produzem um efeito sobre esse período em questão, eles são assimilados no sistema do mundo medieval. Esse sistema possui um *horizonte fechado*. Assim, uma *época* se mostra como *centrada* em si mesma em um *novo sentido*. As pessoas singulares da época têm um parâmetro de sua atuação em um elemento comum. O arranjo das conexões de efeito na sociedade da época possui traços iguais. As relações na apreensão objetiva mostram nesse arranjo uma semelhança interna. O modo de sentir, a vida psíquica, os impulsos assim emergentes são similares uns aos outros. E, com isso, mesmo a vontade escolhe para si fins proporcionais, aspira a bens semelhantes e se encontra vinculada de uma maneira similar. É tarefa da análise histórica descobrir nos fins, nos valores e nos modos de pensar concretos a concordância em algo comum que rege a época. É justamente por meio desse elemento comum, então, que se determinam até mesmo as oposições que aqui vigoram. Portanto, toda ação, todo pensamento, toda criação comum, em suma, toda parte dessa totalidade histórica possui a sua *significância* por sua relação com a totalidade da época ou da era. Quando o historiador julga, ele constata o que o indivíduo realizou nesse contexto, até que ponto a sua visão e a sua ação já alcançavam um ponto para além dele.

O mundo histórico como um todo, esse todo como uma conexão de efeitos, essa conexão de efeitos como dotadora de valores, estabelecedora de fins, em suma, criadora; em seguida, a compreensão dessa totalidade a partir desse mundo mesmo; e, por fim, a centralização dos valores e fins nas eras, nas épocas, na história universal – esses são os pontos de vista, sob os quais o nexo entre as ciências humanas aqui almejado precisa ser pensado. Desse modo, a referência imediata da vida, de seus valores e fins ao objeto histórico é paulatinamente substituída na ciência, segundo o seu direcionamento para a validade universal, pela experiência das relações imanentes que consistem na conexão de efeitos existente no mundo histórico entre a força atuante, os valores, os fins, o significado e o sentido. É com base em uma história objetiva que resulta, então, o problema sobre se e em que medida a predição do futuro e a organização de nossa vida segundo metas comuns da humanidade são possíveis.

A apreensão da conexão de efeitos forma-se primariamente naquele que vivencia. É para ele que a sequência do acontecimento interior se desenvolve em relações estruturais. Essa conexão é reencontrada em indivíduos alheios por meio da compreensão. Assim, a forma básica de conexão surge no indivíduo, que reúne o presente, o passado e as possibilidades do futuro para formar um transcurso vital. Esse transcurso vital retorna, em seguida, no transcurso histórico, no qual as unidades de vida estão classificadas. Na medida em que outras conexões são vistas pelo observador de um acontecimento ou que um relato as narre, surge a apreensão de fatos históricos. Porquanto os fatos isolados assumem uma posição no transcurso do tempo, porquanto eles pressupõem, com isso, em cada ponto a produção de um efeito a partir do passado e porquanto as suas consequências se estendem até o futuro, todo acontecimento exige outra continuação e o presente conduz, por isso, até o futuro.

Existem outros tipos de conexão em obras que, destacadas de seu autor, portam em si vida e lei próprias. Antes de avançarmos até a conexão de efeitos na qual essas obras surgiram, apreendemos conexões que existem na obra consumada. Na compreensão desponta a conexão lógica, na qual sentenças jurídicas estão ligadas umas às outras em um código. Em uma comédia de Shakespeare, os componentes de um acontecimento ligados segundo as relações de tempo e efeito são elevados a uma unidade de acordo com as leis da composição poética, uma unidade que os destaca do transcurso efetivo no início e no fim e que articula as suas partes para formar um todo.

2. A conexão de efeitos como conceito fundamental das ciências humanas

Nós apreendemos o mundo espiritual nas ciências humanas sob a forma das conexões de efeitos, tal como essas conexões se formam no transcurso temporal. Assim, atuação, energia, transcurso temporal e acontecimento são elementos que caracterizam a formação conceitual nas ciências humanas. A função genérica do conceito no interior do nexo de pensamento própria às ciências humanas permanece independente dessas determinações de conteúdo. Essa função exige a sua determinação e a sua constância em todos os juízos. As características de um conceito, características cuja ligação forma o conteúdo desse conceito, precisam corresponder aos mesmos requisitos. E os enunciados, nos quais os conceitos estão ligados, não podem conter contradições nem em si, nem entre si. Essa validade independente do transcurso do tempo, uma validade que consiste, assim, no nexo do pensamento e que determina a forma dos conceitos, não tem nada em comum com o fato de o conteúdo dos conceitos nas ciências humanas poder representar um transcurso temporal, uma atuação, uma energia e um acontecimento.

Nós vemos na estrutura do indivíduo uma tendência ou uma força motriz atuantes, que se comunicam a todos os construtos mais compostos do mundo espiritual. Nesse mundo entram em cena forças conjuntas, que se fazem valer em uma determinada direção no nexo histórico. Todos os conceitos próprios às ciências humanas, na medida em que representam algum componente da conexão de efeitos, contêm em si esse caráter de processo, transcurso, acontecimento ou ação. Em que as objetivações da vida espiritual são analisadas como algo pronto, por assim dizer, inerte, a próxima tarefa sempre será apreender a conexão de efeitos, na qual tal objetivação surgiu. Portanto, os conceitos próprios às ciências humanas são, em uma escala mais ampla, representações estáticas de algo que progride, cristalizações desse algo em pensamentos – algo que é ele mesmo, um transcurso ou uma instauração de movimento. Do mesmo modo, as ciências humanas históricas e as ciências humanas sistemáticas contêm a tarefa de uma formação conceitual que dê expressão à tendência inerente à vida, à sua mutabilidade e inquietude, mas, antes de tudo, também ao estabelecimento de fins que nela se realiza. As ciências históricas e ciências humanas sistemáticas têm por tarefa, então, formar, de maneira correspondente, as relações nos conceitos.

Foi mérito de Hegel ter buscado dar expressão, na sua lógica, ao fluxo incansável dos acontecimentos. No entanto, seu erro foi ter pensado que essa exigência era irreconciliável com o princípio de não contradição: contradições insolúveis só surgem quando procuramos *esclarecer* o fato do fluxo na vida. Igualmente equivocado foi – e é – partir dos mesmos pressupostos e chegar à rejeição da formação conceitual sistemática no âmbito histórico. Assim, congela-se no método dialético hegeliano a multiplicidade da vida histórica e os opositores da formação conceitual sistemática no âmbito histórico fazem com que a multiplicidade da existência mergulhe em uma profundeza irrepresentável da vida.

Nesse ponto compreende-se a intenção mais profunda de Fichte. Na imersão empenhada do eu em si mesmo, o eu não se mostra como substância, ser, dação, mas como vida, atividade e energia. E assim Fichte desenvolveu os conceitos de energia do mundo histórico.

3. O procedimento na constatação das conexões de efeito particulares

A conexão de efeitos é, em si, sempre complexa. O ponto de abordagem para a sua constatação é um efeito particular, para o qual buscamos – caminhando retrospectivamente – os fatores efetivos. Entre os muitos fatores, somente um número limitado é determinável e significativo para esse efeito. Se procuramos, por exemplo, a correlação de causas para a transformação de nossa literatura, na qual o Esclarecimento foi superado, então distinguimos grupos dessas causas, buscamos medir o seu peso e delimitamos em algum lugar o vínculo causal ilimitado segundo o significado dos fatores e segundo o nosso fim. Assim, destacamos uma conexão de efeitos para explicar a transformação que se encontra em questão. Por outro lado, em uma análise metódica dessa conexão, uma análise levada a termo sob pontos de vista diversos, nós afastamos conexões particulares da conexão de efeitos concreta. E é sobre essa análise que repousa de maneira propriamente correta o progresso tanto nas ciências humanas sistemáticas quanto na história.

A indução que constata fatos e elos causais, a síntese que junta conexões causais com o auxílio da indução, a análise que afasta conexões de efeitos particulares, a comparação – é nelas ou nos modos de procedimento a elas equivalentes que se forma de maneira privilegiada o nosso saber sobre a conexão de efeitos. Nós aplicamos os mesmos métodos quando investigamos as criações duradouras que emergiram dessa conexão de efeitos – quadros, estátuas, obras dramáticas, sistemas filosóficos, escritos religiosos e códigos jurídicos. O nexo nessas criações varia de acordo com o seu caráter. No entanto, a decomposição da obra como um todo sobre uma base indutiva e a reconstrução sintética do todo a partir da ligação de suas partes, sobre a base da indução e sob a presença constante de verdades universais, também se interpenetram aqui. A esse direcionamento do pensamento para a conexão liga-se nas ciências humanas outro direcionamento que, partindo retroativamente do particular para o universal, procura regularidades nas conexões de efeitos. Faz-se valer aqui a mais abrangente relação de dependência recíproca dos modos de procedimento. As generalizações servem à formação de conexões, e a análise da conexão concreta e universal em conexões particulares é o caminho mais frutífero para a descoberta de verdades universais.

Todavia, na medida em que se considera o procedimento para a fixação das conexões de efeitos nas ciências humanas, mostra-se a grande diversidade desse procedimento em relação àquele que possibilitou às ciências naturais seus imensos sucessos. As ciências naturais têm por base o nexo espacial entre os fenômenos. A enumerabilidade e a mensurabilidade daquilo que se estende ou que se movimenta no espaço viabilizam aqui a descoberta de leis universais exatas. No entanto, a conexão de efeitos interna é apenas acrescentada pelo pensamento e os seus elementos derradeiros não são demonstráveis. Em contrapartida, como vimos, as unidades derradeiras do mundo histórico estão dadas na vivência e na compreensão. Seu caráter de unidade está fundado no nexo estrutural, no qual a apreensão objetiva, os valores e o estabelecimento de fins estão relacionados uns aos outros. Nós também vivenciamos esse caráter da unidade vital no fato de só aquilo que é estabelecido na própria vontade da vida poder ser um fim: somente aquilo que se mostra digno de ser pensado pela vida é verdadeiro e somente aquilo que possui uma relação positiva com o seu sentimento possui valor para ela. O correlato dessa unidade vital é o corpo, que atua e se movimenta segundo um impulso interior. O mundo histórico-social-humano consiste nessas unidades vitais psicofísicas. Esse é o diagnóstico analítico seguro. E mesmo a conexão de efeitos dessas unidades mostra, então, propriedades particulares que não são esgotadas pelas relações de unidade e pluralidade, todo e parte, composição e ação recíproca.

Concluímos ainda: a unidade de vida é uma conexão de efeitos privilegiada em relação ao nexo da natureza pelo fato de ser vivenciada. Suas partes atuantes, porém, não podem ser medidas segundo a sua intensidade, mas apenas avaliadas. Sua individualidade não é destacável do elemento humano-comunitário, de modo que a humanidade só se mostra como um tipo indeterminado. Por isso, todo estado particular na vida psíquica é uma nova posição da unidade de vida total, uma ligação de sua totalidade com as coisas e os homens. Nesse sentido, na medida em que toda a manifestação da vida que parta de uma comunidade ou pertença a uma conexão de efeitos de um sistema cultural é produto de unidades vitais que atuam conjuntamente, os componentes desse construto composto possuem um caráter correspondente. Por mais intensamente que todo processo psíquico pertencente a essa totalidade possa ser determinado pela intenção da conexão de efeitos, esse processo nunca é determinado exclusivamente por essa intenção. O indivíduo, no qual ele se realiza, intervém como unidade de vida na conexão de efeitos; em sua manifestação, ele é atuante como totalidade. A natureza está diferenciada em muitos sistemas por meio da diferenciação dos sentidos. Cada um deles contém uma esfera de sentido dotada de uma constituição homogênea. Além disso, cada um desses sistemas é em si de um mesmo tipo. O mesmo objeto, por exemplo, um sino, é duro, cor de bronze, e capaz de produzir com uma badalada um campo de sons. Assim, cada uma de suas propriedades assume uma posição em um dos sistemas da apreensão sensorial; um nexo interno dessas propriedades não nos é dado. Na vivência, estou presente para mim mesmo como conexão. Toda situação alterada traz consigo uma nova posição de toda a vida. Do mesmo modo, em cada manifestação da vida que nos chega à compreensão, sempre atua toda a vida. Dessa forma, sistemas homogêneos, que tornam possível descobrir as leis da transformação, não nos estão dados nem no vivenciar, nem no compreender. Os pontos em comum e a similaridade despontam para nós na compreensão e essa nos deixa perceber, por outro lado, um número infinitamente grande de nuanças da diferenciação, desde as grandes diferenças das raças, etnias e povos até a infinita multiplicidade dos indivíduos. Por isso, reina nas ciências naturais a lei das transformações e, no mundo do espírito, a apreensão da individualidade, ascendendo desde a pessoa particular até o indivíduo humanidade, bem como o método comparativo, que se propõe ordenar conceitualmente essa multiplicidade individual.

A partir dessas relações obtemos os limites da ciência do espírito (da ciência humana) tanto no que concerne ao estudo da psicologia, quanto no que diz respeito às disciplinas sistemáticas que teremos de apresentar mais tarde detalhadamente na doutrina do método. Visto em termos gerais, fica claro que tanto a psicologia quanto as disciplinas sistemáticas particulares terão um caráter preponderantemente descritivo e analítico. E aqui, então, minhas exposições anteriores intervirão sobre o método analítico na psicologia e nas ciências sistemáticas. Reporto-me aqui a essas exposições como um todo.[20]

4. A história e a sua compreensão por meio das ciências humanas sistemáticas

O conhecimento próprio das ciências humanas realiza-se, como vimos, na dependência mútua entre a História e as disciplinas siste-

20 "Ideen über eine beschreibende und zergliedernde Psychologie" (Ideias sobre uma psicologia descritiva e analítica). Ata de reunião da Berl. Akad. d. Wissenschaften, 1894. (*Schriften*, v.V). Cf. em *Studien zur Grundlegung* (Estudos sobre fundamentação), p.332ss. (*Ges. Schriften* VII, p.12ss.), *Einleitung in die Geisteswissenschaften* (*Introdução às ciências humanas*), 1883 (*Schriften*, v.I) e, além disso, Sigwart, *Logik II* (*Lógica II*), p.633ss.

máticas; uma vez que a intenção da compreensão antecede em todos os casos a elaboração conceitual, começaremos com as propriedades gerais do saber histórico.

Saber histórico

A apreensão da conexão de efeitos constituída pela história surge inicialmente a partir de pontos particulares, junto aos quais restos copertinentes do passado são ligados uns aos outros na compreensão por meio da ligação com a experiência de vida; aquilo que está próximo e nos envolve transforma-se em um meio para a compreensão daquilo que está distante e que passou. A condição para essa interpretação dos restos históricos é o fato de aquilo que inscrevemos neles possuir o caráter da constância no tempo e da validade humana universal. Assim, transmitimos nosso conhecimento dos costumes, hábitos, contextos políticos e processos religiosos e o pressuposto último desta transmissão é sempre constituído pelas conexões que o historiador vivenciou em si mesmo. A célula originária do mundo histórico é a vivência, na qual o sujeito se encontra na conexão de efeitos da vida com o seu meio. Esse meio atua sobre o sujeito e recebe efeitos da atuação dele. Ele é composto pelo físico e pelo espiritual que o envolvem. Por isso, em cada parte do mundo histórico existe a mesma conexão entre o decurso de um acontecimento físico na conexão de efeitos e a região que o envolve. Aqui surgem as tarefas relativas à avaliação das influências naturais sobre o homem e à verificação da ação do ambiente espiritual sobre ele.

Assim como uma matéria-prima é submetida na indústria a muitos tipos de tratamento, os restos do passado também são elevados por procedimentos diversos à plena compreensão histórica. A crítica, a interpretação e o procedimento que produz a unidade na compreensão de um processo histórico se interpenetram. O elemento característico, contudo, também é, neste caso, o fato de não ter lugar uma simples fundamentação de uma operação sobre a outra. Ao contrário, a crítica, a interpretação e a reunião pensante variam conforme sua tarefa; no entanto, a solução de cada uma dessas tarefas exige ao mesmo tempo constantemente intelecções conquistadas nos outros caminhos.

Todavia, justamente essa relação tem agora como consequência o fato de a fundamentação do nexo histórico sempre depender de uma interpenetração de realizações que, do ponto de vista lógico, nunca pode ser representável e, por isso, nunca poder se justificar perante o ceticismo histórico por meio de provas irrefutáveis. Pensemos nas grandes descobertas de Niebuhr sobre a história romana mais antiga. Por toda parte, sua crítica é indissociável de sua reconstrução do verdadeiro transcurso. Ele precisou constatar o modo como a tradição existente da história romana mais antiga chegou a termo e que conclusões podem ser tiradas de seu surgimento com vistas ao seu valor histórico. Ao mesmo tempo, ele precisou tentar deduzir de uma argumentação material os traços fundamentais da história real. Sem dúvida alguma, esse procedimento metodológico movimenta-se em círculo, se se adotarem as regras de uma rigorosa demonstração. E se Niebuhr se serve ao mesmo tempo da conclusão analógica a partir de desenvolvimentos congêneres, então o saber acerca desses desenvolvimentos congêneres já sucumbiu efetivamente ao mesmo círculo e a conclusão analógica que utilizou esse saber não forneceu nenhuma certeza rigorosa.

Mesmo relatos contemporâneos de um acontecimento histórico precisam ser colocados primeiro à prova quanto à concepção do autor, à sua confiabilidade e à sua relação com o evento. Quanto mais distantes do tempo do acontecimento se encontram as narrações, tanto menor é a sua fidedignidade, se é que o valor dos componentes de tal narração não puder ser constatado por meio de uma redução a informações mais antigas, contemporâneas dos próprios acontecimentos. Uma base mais segura pode ser encontrada na história política do mundo antigo, em que nos estão disponíveis documentos, assim como na história política dos tempos mais recentes, em que os dossiês que constituem o curso de um acontecimento histórico estão conservados. Portanto, foi somente com a reunião crítico-metodológica dos documentos e com o acesso livre do historiador aos arquivos que teve início um saber seguro sobre a história política. Esse saber conseguiu resistir plenamente ao ceticismo histórico por meio de uma consideração dos fatos e, sobre uma base segura, estabeleceu-se com o auxílio da análise dos relatos com vistas às suas fontes e da verificação dos pontos de vista dos autores uma reconstrução que possui verossimilhança histórica, à qual só mentes engenhosas, mas desprovidas de ciência, conseguem recusar a utilidade. Essa reconstrução não conquista, em verdade, um saber sobre os motivos das pessoas que agem, mas com certeza conquista um saber sobre as ações e sobre os eventos. Além disso, os erros aos quais permanecemos expostos no que se refere a fatos particulares não tornam, de qualquer modo, o todo dubitável.

De maneira muito mais favorável do que na apreensão do transcurso político, a historiografia está diante dos fenômenos de massa; sobretudo lá, onde ela tem diante de si obras artísticas ou científicas que resistem à análise.

Níveis da compreensão histórica

O domínio gradual da matéria histórica realiza-se em níveis diversos, os quais foram se infiltrando pouco a pouco nas profundezas da história.

Múltiplos interesses conduzem inicialmente à *narração* daquilo que aconteceu. Principalmente satisfaz-se aqui a necessidade mais primitiva – a curiosidade sobre as coisas humanas, principalmente sobre aquelas relativas à própria terra natal. O elemento nacional e o orgulho civil fazem-se valer um ao lado do outro. Assim, nasce a arte da narração, cujo modelo para todos os tempos é Heródoto. Em seguida, porém, ganha o primeiro plano o direcionamento para a *explicação*. Foi a cultura ateniense do tempo de Tucídides que forneceu, pela primeira vez, as condições para esse direcionamento. As ações são derivadas de motivos psicológicos em uma observação aguda; as lutas pelo poder entre os Estados, seu desenrolar e seu desfecho são explicados a partir de suas forças militares e políticas; os efeitos das constituições dos Estados são estudados. E na medida em que um grande pensador político como Tucídides esclarece o passado por meio do estudo sóbrio da conexão de efeitos nele presente, o resultado é que a história também nos ensina sobre o futuro. Segundo a conclusão analógica, quando um transcurso efetivo mais antigo é reconhecido e quando se comprovam, então, para ele, os primeiros estágios de um processo, podemos esperar a aparição de outro transcurso similar. Essa conclusão, sobre a qual Tucídides fundamenta as doutrinas da história para o futuro, possui de fato um significado decisivo para o pensamento político. Tal como acontece nas ciências naturais, uma regularidade na conexão de efeitos também viabiliza no caso da história a predição e uma atuação fundada no saber. Se, com isso, o contemporâneo dos sofistas já tinha estudado as constituições como forças políticas, vem ao nosso encontro com Políbio uma historiografia na qual a *transmissão* metodológica das ciências humanas Sistemáticas para a *explicação* da conexão de efeitos históricos possibilita introduzir o efeito de forças duradouras no procedimento explicativo, forças tais como a constituição, a organização militar e as finanças. O objeto de Políbio era a ação recíproca entre os Estados que, desde o começo da luta entre Roma e Cartago até a destruição de Cartago e Corinto, constituíam o mundo histórico para o espírito europeu. Além disso, ele empreende, assim, a partir do estudo das forças duradouras nesses Estados, a dedução dos processos políticos particulares. Desse modo, seu ponto de vista torna-se histórico-universal. Ao mesmo tempo, ele reunia em si a cultura teórica grega, o estudo da política refinada e dos assuntos bélicos de sua terra natal e um conhecimento de Roma, como só o contato com os estadistas dirigentes do novo Estado universal podia permitir. Múltiplas forças espirituais tornam-se agora efetivas no tempo que vai de Políbio até Maquiavel e Guicciardini, sobretudo o aprofundamento infinito do sujeito em si mesmo e, da mesma forma, a ampliação do horizonte histórico; os dois grandes historiógrafos italianos, porém, permanecem inteiramente aparentados com Políbio em seu modo de proceder.

Um novo nível da historiografia só foi alcançado no século XVIII. Dois grandes princípios foram introduzidos aí, um após o outro. A conexão de efeitos concreta, tal como é destacada como objeto histórico do grande fluxo da história pelo historiador, foi *decomposta* em *conexões particulares* tais como a conexão do direito, da religião, da poesia, que estão contidas na unidade de uma época. Isso pressupunha que o olhar do historiador ultrapassasse a história política e se voltasse para a história da cultura, que em cada âmbito cultural, do ponto de vista das ciências humanas sistemáticas, já conhecesse a função desse âmbito e que tivesse sido formada uma compreensão para a interação de tais sistemas culturais. Na época de Voltaire teve início a nova historiografia. E, então, desde Winckelmann, Justo Möser[21] e Herder, acrescentou-se um segundo princípio, o princípio do *desenvolvimento*. Esse princípio diz que, em uma conexão de efeitos histórica, está contido como nova propriedade fundamental o fato de essa conexão percorrer de maneira intrínseca e essencial uma série de transformações e de cada uma dessas transformações só ser possível tendo por base a anterior.

Esses níveis diversos designam momentos que, uma vez apreendidos, permaneceram vivos na historiografia. Uma alegre arte narrativa, uma explicação penetrante, uma aplicação do saber sistemático a ela, uma decomposição em conexões de efeitos particulares e o princípio do desenvolvimento: esses momentos se adicionam e se intensificam entre si.

---

21 Justo Möser (1720-1794): jurista, estadista, historiador e literato alemão. (N. T.)

Isolamento de uma conexão de efeitos sob o ponto de vista do objeto histórico

O significado da decomposição da conexão concreta de efeitos e da síntese científica das conexões de efeito particulares contidas nessa conexão concreta se mostrou para nós de maneira cada vez mais clara.

O historiador não segue a partir de um ponto oriundo do nexo dos acontecimentos e se dirige por todos os lados para o infinito. Ao contrário: na unidade de um objeto que constitui o tema do historiador, reside muito mais um princípio de seleção, que é dado na tarefa de apreensão justamente desse objeto. Pois o tratamento do objeto histórico não exige apenas o seu isolamento em relação à amplitude da conexão concreta de efeitos, mas o próprio objeto contém ao mesmo tempo um princípio de seleção. A queda de Roma, a libertação da Holanda ou a Revolução Francesa exigem a seleção de tais eventos e contextos, que contêm as causas para a dissolução do Império Romano, para a libertação da Holanda, para a consumação da revolução, tanto as causas particulares quanto as gerais, ou seja, as forças atuantes em todas as suas transformações. O historiador que trabalha com as conexões de efeitos precisa fazer distinções e estabelecer de tal modo essas ligações a fim de que o conhecedor do detalhe não sinta a falta de nada, porque todos os elementos particulares estão correpresentados nos traços fortes da conexão de efeitos tomada em seu conjunto. Nisso consiste não apenas a sua arte de apresentação, mas essa arte mesma é produto de um modo de ver determinado. Quando se investigam essas conexões fortes, decisivas, então também aí se mostra uma vez mais como a intelecção dessas conexões emerge por meio da ligação de uma compreensão histórica progressiva das fontes com uma apreensão cada vez mais profunda dos nexos na vida psíquica. Se observarmos mais de perto o tipo da conexão de efeitos, tal como essa conexão se acha presente nos grandes eventos da história, no surgimento do cristianismo, na Reforma, na Revolução Francesa, nas lutas nacionais de libertação, então poderemos apreender enfim essa conexão como a formação de uma força total que, em seu direcionamento uno, derruba todas as resistências. E sempre encontraremos o fato de nela atuarem conjuntamente duas forças. Umas são tensões que residem no sentimento de necessidades urgentes e não preenchidas por aquilo que é dado, em todos os tipos de ânsia assim emergentes, em um aumento de atritos e lutas, e, ao mesmo tempo, na consciência de uma insuficiência das forças para defender aquilo que existe. As outras emergem de energias que impelem para frente – de uma vontade, de um poder e de uma crença positivos. Elas se baseiam nos instintos poderosos de muitos, mas são esclarecidas e intensificadas por meio das vivências de seres importantes. E assim como esses direcionamentos positivos crescem a partir do passado e se dirigem para o futuro, eles são criadores. Eles encerram ideais em si, sua forma é o entusiasmo e nesse entusiasmo dá-se um modo particular de se comunicar e de se difundir.

Daí podemos deduzir o princípio universal de que, na conexão de efeitos dos grandes acontecimentos mundiais, as condições de pressão, tensão, sentimento de insuficiência da situação presente – ou seja, sentimentos com um prenúncio negativo e impedimentos – formam a base para a ação que é suportada por sentimentos valorativos positivos, por metas a buscar e por definições de fins. Na medida em que estas duas instâncias atuam conjuntamente, surgem as grandes transformações do mundo. Assim, na conexão de efeitos, os agentes propriamente ditos são os estados de alma que encontram a sua fórmula no valor, no bem e na finalidade. Entre esses estados, devemos considerar não apenas as inclinações para os bens culturais enquanto forças atuantes, mas também a vontade de poder, e isto até a inclinação para subjugar os outros.

Isolamento das conexões de efeitos na história por meio de procedimentos analíticos

1. Os sistemas culturais

Assim se demonstrou que a determinação do objeto de uma obra histórica já traz consigo uma seleção dos acontecimentos e dos contextos. No entanto, a história contém um sistema de ordenação, segundo o qual sua conexão de efeitos concreta é constituída a partir de campos particulares passíveis de serem isolados, nos quais são levadas a termo realizações separadas, de modo que os processos nos indivíduos particulares que estão ligados a uma realização comum formam uma conexão de efeitos una e homogênea. Essa relação já foi discutida por mim anteriormente.[22] Nela se baseia a formação conceitual, por meio da qual conexões dotadas de um caráter universal se tornam cognoscíveis na ciência histórica. Com isso, a análise e o isolamento, por meio dos quais tais conexões de efeitos são separadas, são o processo decisivo, que tem de ser investigado pela análise lógica das ciências humanas. O parentesco desta análise com aquela, na qual encontramos a conexão estrutural da unidade da vida psíquica, é patente.

As conexões de efeito mais simples e mais homogêneas que concretizam uma realização cultural são a educação, a vida econômica, o direito, as funções políticas, as religiões, a sociabilidade, a arte, a filosofia e a ciência.

Explorarei aqui as propriedades de tal sistema.

Uma realização é levada a cabo nesse sistema. Assim, o direito concretiza as requisições conquistáveis à força para se chegar à perfeição das condições de vida. A poesia tem a sua essência no fato de expressar de tal modo o vivenciado e de apresentar de tal modo a objetivação da vida, que o acontecimento destacado pelo poeta se apre-

22 *Einleitung in die Geisteswissenschaften* (*Introdução às ciências humanas*), p.52ss. (*Schriften*, v.I, p.42ss.).

senta eficaz em seu significado para o todo da vida. Nessa realização, os indivíduos estão ligados uns aos outros. Processos particulares nesses indivíduos referem-se à conexão de efeitos da realização e pertencem a ela. Desse modo, esses processos se mostram como elos de uma conexão que concretiza a realização.

As regras jurídicas contidas no código, o processo no qual duas partes discutem sobre uma herança num tribunal segundo as regras do código, a decisão do tribunal e a execução dessa decisão: que longa série de processos psíquicos particulares não temos neste caso diante de nós? Por quantas pessoas esses processos não podem estar divididos, o quão multiplamente eles se interpenetram, a fim de resolver, por fim, a tarefa contida no direito no que concerne a determinada condição da vida presente?

A realização da capacidade poética está vinculada em um grau muito mais elevado com o processo uno na alma do poeta. No entanto, nenhum poeta é o criador exclusivo de suas obras; ele acolhe um acontecimento oriundo da saga, ele encontra previamente a forma épica, na qual eleva este acontecimento ao nível da poesia, estuda o efeito de cenas particulares em seus predecessores, utiliza uma métrica, acolhe a sua concepção do significado da vida a partir da consciência popular ou por meio de indivíduos excepcionais e necessita dos ouvintes que acolhem e desfrutam, dos ouvintes que absorvem em si a impressão de seus versos e concretizam, assim, o sonho desse poeta de alcançar um efeito. Assim, se concretiza o desempenho do direito, da poesia ou de outro sistema de fins da cultura em uma conexão de efeitos, que é constituída a partir de processos determinados em indivíduos determinados, processos estes ligados para chegar à realização.

Com a conexão de efeitos de um sistema cultural também se faz valer uma segunda propriedade. Além de sua função no interior do sistema jurídico, o juiz se encontra em outras conexões de efeitos diversas; ele age no interesse de sua família, ele precisa levar a termo uma realização econômica, ele exerce suas funções políticas, ele talvez até escreva versos. Portanto, os indivíduos não estão ligados em sua totalidade para formar esta conexão de efeitos. Ao contrário, em meio à multiplicidade de relações efetivas, são somente aqueles processos que pertencem a um sistema determinado que se encontram ligados mutuamente e o indivíduo está envolvido em uma teia de diversas conexões de efeitos.

A conexão de efeitos de tal sistema cultural realiza-se em virtude de um posicionamento diferenciado de seus membros. A armação fixa de cada uma dessas conexões é formada por pessoas, nas quais os processos que servem à realização constituem a questão principal de sua vida, seja por inclinação, seja porque a sua profissão se liga com a inclinação. Entre elas destacam-se as pessoas que, por assim dizer, incorporam em si a intenção dessa realização, uma intenção que transforma a ligação entre talento e profissão em representantes deste sistema cultural. E, por fim, os portadores propriamente ditos da criação são os seres de natureza produtiva em tal âmbito – os fundadores de religiões, os descobridores de uma nova visão de mundo filosófica, os inventores científicos.

Assim, existe nessa conexão de efeitos uma interpenetração: tensões acumuladas em um amplo círculo impelem à satisfação de necessidades; a energia produtiva encontra o caminho no qual a satisfação se realiza ou ela produz a ideia criadora que a sociedade leva adiante, pessoas que prosseguirão o trabalho se associam aí e surgem, então, os diversos receptores.

Prossigamos a análise: cada um desses sistemas culturais que leva a termo uma realização concretiza nessa realização um valor comum para todos aqueles que estão voltados para ela. Aquilo de que o indivíduo necessita, mas nunca consegue concretizar lhe é atribuído naquilo que é realizado pelo todo – um valor abrangente criado conjuntamente, no qual ele pode tomar parte. O indivíduo necessita assegurar sua vida, seus bens, sua relação familiar; mas só um poder independente e próprio da comunidade satisfaz a sua necessidade por meio da manutenção de regras de convivência conquistáveis à força, regras que possibilitam a proteção desses bens. Nos estágios primitivos, o indivíduo sofre a pressão das forças incontroláveis à sua volta, forças que se encontram para além da região estreita da atividade de sua tribo ou de seu povo; mas a atenuação dessa força só lhe é propiciada pela criação da fé pelo espírito comum. A partir da essência da realização, à qual serve a conexão de efeitos, uma ordem de valores emerge em cada um de tais sistemas culturais; ela é criada no trabalho conjunto por essa realização; surgem objetivações da vida para as quais o trabalho se condensou; organizações que servem à concretização das realizações nos sistemas culturais – códigos jurídicos, obras filosóficas, composições poéticas. O bem que a realização tinha para concretizar apresenta-se e é continuamente aperfeiçoado.

As partes dessa conexão de efeitos só conquistam significância em sua relação com o todo como portador de valores e fins. As partes do transcurso da vida possuem um significado de acordo com a sua relação com a vida, com os seus valores e fins, com o espaço que algo assume nela. Acontecimentos históricos tornam-se significativos por serem componentes de uma conexão de efeitos, na medida em que atuam com outras partes em nome da realização de valores e fins do todo.

Enquanto nos vemos desnorteados diante do nexo complexo do acontecimento histórico e não conseguimos perceber nem uma estrutura, nem regularidades, nem um desenvolvimento nesse nexo, toda conexão de efeitos que concretiza uma realização cultural apresenta uma estrutura que lhe é própria. Se concebermos a filosofia como uma dessas conexões de efeitos, então ela se apresenta como uma multiplicidade de realizações: como a elevação das visões de mundo à universalidade, a reflexão do saber sobre si mesmo, a ligação de nosso fazer consonante a fins e de nosso saber prático com o nexo do conhecimento, como o espírito da crítica que está presente em toda a cultura, como síntese e fundamentação. Todavia, a investigação histórica torna evidente o fato de lidarmos aqui por toda parte com funções que entram em cena sob condições históricas que, porém, estão fundadas, em última instância, em uma realização una da filosofia. A filosofia é uma reflexão universal, que sempre progride em direção a generalizações extremas e a fundamentações últimas. Desse modo, a estrutura da filosofia está estabelecida na relação deste seu traço fundamental com as funções particulares segundo a medida das condições temporais. Assim, a metafísica desenvolve-se a todo instante na conexão interna entre vida, experiência de vida e visão de mundo. Na medida em que a aspiração por solidez, uma aspiração que se debate constantemente em nós contra a contingência de nossa existência, não encontra nenhuma satisfação duradoura nas formas religiosas e poéticas da visão de mundo, surge a tentativa de elevar a visão de mundo à condição de um saber universalmente válido. Além disso, na conexão de efeitos de um sistema cultural, sempre pode ser descoberta uma divisão em formas singulares.

Em razão de sua realização, de sua estrutura, de sua regularidade, todo sistema cultural possui um desenvolvimento. Se não podemos encontrar, por um lado, nenhuma lei própria ao desenvolvimento no transcurso concreto do acontecimento, por outro lado, a análise desse transcurso em meio a conexões de efeito particulares homogêneas abre o olhar para sucessões de estados que são determinados internamente e que se pressupõem mutuamente de tal modo que, sobre a camada mais baixa, sempre se eleva respectivamente uma mais elevada. Com isso, incrementam-se a diferenciação e a síntese crescente.

2. *As organizações exteriores e o todo político. As nações politicamente organizadas*

1. Sobre a base da estruturação natural da humanidade e dos processos históricos desenvolvem-se, então, os Estados do mundo cultural. Entre esses Estados, cada um reúne em si conexões de efeito de sistemas culturais. Isso acontece sobretudo nas nações organizadas sob a forma do Estado. A análise restringe-se aqui a esta forma típica de organização política atual.

Cada um desses Estados é uma organização composta a partir de diversas comunidades. A coesão das comunidades aí reunidas é, afinal, o poder soberano do Estado, um poder acima do qual não há nenhuma instância. E quem poderia negar que o sentido histórico fundamentado na vida se expressa na vontade de poder que preenche esses Estados, ou seja, na necessidade de domínio voltada para o interior e para o exterior, como nos sistemas culturais? E não se pode afirmar que todo elemento brutal, terrível, destrutivo contido na vontade de poder, toda pressão e coerção que residem na relação de domínio e obediência voltada para o interior, contêm, ao mesmo tempo, a consciência da comunidade, da copertinência, a participação feliz no poder do todo político, vivências que pertencem aos valores humanos mais elevados? A queixa quanto à brutalidade do poder estatal é estranha: pois, como bem o viu Kant, a tarefa mais difícil que se apresenta para a espécie humana reside justamente no fato de a vontade própria individual e a sua aspiração pela ampliação de sua esfera de poder e de gozo ter de ser domada pela vontade comum, bem como pela coerção que essa vontade exerce; no fato, enfim, de que no caso do conflito dessa vontade, a decisão não consistir senão na guerra e de mesmo no interior dessa decisão a coerção ser a última instância. Sobre o solo dessa vontade pelo poder que habita o interior da organização política surgem as condições que efetivamente tornam possíveis pela primeira vez os sistemas culturais. Assim entra em cena aqui uma estrutura composta. Nessa estrutura, as relações de poder e as relações entre os sistemas de finalidades estão associadas para formar uma unidade mais elevada. Nessa unidade emerge inicialmente um elemento comum a partir da ação recíproca dos sistemas culturais. Eu procurarei elucidar agora este fato e, para esse fim, retornarei à mais antiga sociedade germânica a que temos acesso, tal como ela é descrita por César e Tácito.

Ali, do mesmo modo que em épocas posteriores, vida econômica, Estado e direito encontram-se ligados à língua, ao mito, à religiosidade e à poesia. Entre os traços constitutivos de cada um dos âmbitos da vida existe uma ação recíproca, que atravessa o todo em uma época dada. Dessa forma, a partir do espírito guerreiro, desenvolveu-se, na Germânia de Tácito,[23] a Poesia heroica, que glorificava Armínio[24] em canções. Essa Poesia produziu, então, uma reação que levou à intensificação do espírito guerreiro. Do mesmo modo, a partir do espírito guerreiro, surgiu a desumanidade na esfera religiosa, tal como o sacrifício dos presos e a exposição de seus cadáveres pendurados em lugares sagrados. Precisamente esse espírito influenciou, em seguida, a posição do deus da guerra no mundo dos deuses e, a partir daí, teve lugar uma vez mais uma reação sobre o espírito guerreiro. Com isso, surge uma concordância nos diversos âmbitos da vida, uma concordância tão forte que podemos deduzir a situação existente em um a partir da situação existente em outro. Esta ação recíproca, porém, não esclarece completamente os pontos comuns, que ligam mutuamente as diversas realizações de uma nação. O fato de existir uma consonância e uma harmonia extraordinárias entre economia, guerra, constituição, direito, língua, mito, religiosidade e poesia nessa época, não emerge do fato de alguma função fundamental qualquer, por exemplo, a vida econômica ou a atividade bélica, ter condicionado as outras. O fato também não pode ser depreendido simplesmente como produto da ação recíproca dos diversos âmbitos em sua situação de outrora uns sobre os outros. Dito em termos bem gerais: quaisquer que tenham sido os efeitos que partiram mesmo da força e das propriedades de certas realizações, o parentesco que liga uns aos outros, os diversos âmbitos da vida no interior de uma nação provêm preponderantemente de uma profundeza comum que não é esgotada por nenhuma descrição. Ela só está presente para nós nas manifesta-

23 A expressão refere-se a um pequeno escrito etnográfico do escritor romano Tácito com o título *Germania*. Este escrito surgiu no ano de 98 d.C. (N. T.)

24 Armínio (16/17 a.C.–21 d.C.): príncipe dos queruscos. Os queruscos infringiram aos romanos uma das derrotas mais terríveis de sua história na batalha de Varus no ano 9 d.C. (N. T.)

ções da vida que vêm à tona a partir dessa profundeza e dão expressão a ela. É o homem de uma nação em um dado tempo que confere em cada exteriorização vital em uma determinada região da cultura algo da particularidade de sua essência; pois os momentos da vida dos indivíduos, momentos que se encontram articulados na conexão realizadora, não vêm à tona, como vimos, exclusivamente a partir dessa conexão. Todo o homem age, antes, efetivamente em cada uma de suas atividades e compartilha com elas o seu caráter próprio. E, como a organização estatal encerra em si comunidades diversas que remontam até a família, o grande círculo da vida nacional abarca conexões menores, comunidades que possuem por si o seu próprio movimento; e todas essas conexões de efeito se cruzam nos indivíduos singulares. Ainda mais: o Estado traz a atividade para o interior dos sistemas culturais em si; a Prússia de Frederico II é o caso típico desta elevação extrema da intensidade e da extensão da ação estatal. Ao lado das forças autônomas que trabalham continuamente nos sistemas culturais, as atividades emergentes do Estado agem nesses sistemas; nos processos que pertencem a esta totalidade estatal, a automaticidade e a vinculação pelo todo se acham a todo instante unificadas uma à outra.

2. O movimento próprio a cada esfera particular no interior dessa grande conexão de efeitos é determinado pela orientação para a execução de sua realização. Essa eficácia tem em si a duplicidade da tensão e de uma energia positiva para o estabelecimento de fins: todas as conexões de efeitos igualam-se umas às outras neste ponto. No entanto, cada uma delas possui de qualquer modo sua própria estrutura, que depende da realização que ela leva a termo. Quão diversa é a estrutura de um sistema cultural, no qual a conexão de uma realização articulada se concretiza, no qual são movimentados a partir dessa conexão os processos nos indivíduos singulares, no qual é determinado a partir da essência imanente dessa realização o desenvolvimento dos valores, bens, regras e fins, da conexão de efeitos em uma organização política. Nessa organização não existe uma lei própria ao desen-

volvimento imanente, uma lei que consista em uma realização. Nela, alternam-se as metas segundo a natureza das organizações em geral. A máquina é, por assim dizer, empregue para o cumprimento de outra tarefa, tarefas totalmente heterogêneas são desencadeadas paralelamente e valores de classes totalmente diversos são realizados.

A partir dessa análise do mundo histórico em conexões de efeitos particulares, alcançamos uma conclusão que nos fornece a direção para a resolução ulterior do problema contido no mundo histórico. O conhecimento do significado e do sentido do mundo histórico é frequentemente conquistado, como acontece em Hegel ou Comte, a partir da constatação de uma orientação total no movimento histórico-universal. Trata-se aqui de uma operação que vê em uma intuição indeterminada a ação conjunta de muitos fatores que se inter-relacionam. Em realidade, concluímos que o movimento histórico transcorre nas conexões de efeitos particulares. Demonstrou-se também que toda a problemática dirigida para uma finalidade da história é inteiramente unilateral. O *sentido manifesto da história precisa ser buscado naquilo que se encontra sempre presente*, naquilo que sempre retorna nas relações estruturais, nas conexões de efeito, na formação de valores e metas nessas conexões, na ordem interna em que esses valores e metas se comportam uns em relação aos outros – desde a estrutura da vida singular até a unidade derradeira que a tudo abarca: esse é o sentido que ela sempre tem por toda parte, um sentido que repousa sobre a estrutura da existência singular e que se revela com a objetivação da vida na estrutura das conexões de efeitos compostas. Essa regularidade determinou o desenvolvimento até aqui e a esse desenvolvimento está submetido o futuro. A análise da construção do mundo histórico terá sobretudo a tarefa de mostrar essas regularidades na estrutura do mundo histórico.

Com isso, também está concluída a concepção que vê a tarefa da história no movimento contínuo que leva dos valores, compromissos, normas e bens relativos até os incondicionados. Assim, nós sairíamos do campo das ciências da experiência e entraríamos no da especulação. Pois a história conhece os posicionamentos de algo incondicionado sob a forma de valor, norma ou bem. Esses entram em cena por toda parte na história – ora como dados na vontade divina, ora como dados em um conceito de razão que aponta para a perfeição, em uma conexão teleológica do mundo, em uma norma universalmente válida de nosso agir que estaria fundada de maneira filosófico-transcendental. Por outro lado, porém, a experiência histórica só conhece processos desses posicionamentos que são importantes para ela: por si mesma, ela não conhece nada de tal validade universal. Na medida em que acompanha o transcurso da formação contínua de tais valores, bens ou normas incondicionais, ela observa, em diversos deles, como a vida os produziu e como o posicionamento incondicional, contudo, só foi possível pela limitação do horizonte temporal. Ela olha a partir daí para a totalidade da vida na profusão de suas manifestações históricas. Ela observa a contenda não apaziguada desses posicionamentos incondicionais entre si. A questão de saber se a subordinação a esse incondicional, uma subordinação que é efetivamente um fato histórico, precisa ser reconduzida de um modo logicamente imperativo a uma condição universal temporalmente não limitada no homem, ou se ela deve ser vista como um produto da história, essa questão leva aos níveis mais profundos da filosofia transcendental, que residem para além da esfera de experiência da história e das quais mesmo a filosofia não consegue arrancar uma resposta mais segura. E mesmo que nessa questão se decidisse pela primeira opção, isso não serviria ao historiador para a escolha, a compreensão, a descoberta da conexão, se o conteúdo do incondicional não puder ser determinado. Assim, a intervenção da especulação no campo da experiência do historiador dificilmente seria proveitosa. O historiador não pode abdicar da tentativa de compreender a história a partir dela mesma, com base na análise das diversas conexões de efeitos.

3. Desse modo, uma nação organizada em forma de Estado pode ser apreendida como uma unidade estrutural individualmente deter-

minada. O caráter comum das nações organizadas em Estados repousa sobre as regularidades que consistem na forma de movimento das conexões de efeito, nas relações dessas conexões entre si e, na medida em que essas conexões são criadoras de valores e de fins, na relação entre a conexão de efeitos, a geração de valores, o estabelecimento de fins e a conexão significativa no interior de uma organização política. Cada uma dessas conexões de efeitos está centrada em si de um modo particular e é aí que está fundada a regra interna de seu desenvolvimento. Sobre a base de tais regularidades que permeiam todas as nações organizadas sob a forma de um Estado despontam as figuras individuais dessas nações, tal como elas lutam e agem conjuntamente na história em nome de sua vida e na busca por sua validade.

Em toda nação organizada sob a forma de um Estado, a análise diferencia vários fatores – e é somente esta análise e não a história do surgimento das nações que nos interessa aqui. Entre os indivíduos abarcados pela nação que se encontram em uma ação recíproca entre si existem elementos em comum oriundos de seu caráter e de suas manifestações vitais; eles possuem uma consciência desses elementos em comum e de sua copertinência que se baseia neles; por isso, vive neles um direcionamento voltado para a conformação desta copertinência. Esses elementos comuns podem ser constatados nos indivíduos singulares, mas eles também penetram e matizam todas as conexões no interior da nação. Além disso, a análise mostra em toda nação uma ligação entre as conexões de efeitos particulares. O poder externo e interno do Estado transforma a nação em uma unidade autonomamente atuante. Agrupamentos sociais são assentados uns sobre os outros nessa unidade e cada um deles é uma conexão de efeitos relativamente autônoma. Os sistemas culturais que extrapolam a nação particular relacionam-se com as outras conexões de efeitos e são modificados pelos elementos comuns que permeiam a totalidade do povo. E a força de sua ação é elevada pelos agrupamentos que crescem por se voltarem a um desempenho específico. Assim, surge a estrutura composta da nação organizada sob a forma de um

Estado. A essa nação corresponde uma nova centralização interior dessa totalidade. Nela vivencia-se um valor para todos; os efeitos produzidos pelos indivíduos particulares têm nela uma finalidade comum. A sua unidade objetiva-se na literatura, nos hábitos, na ordem jurídica e nos órgãos da vontade comum. E essa unidade se expressa na conexão própria ao desenvolvimento nacional.

Nós podemos elucidar em alguns pontos centrais a ação conjunta dos diversos elementos em um todo organizado como Estado, tal como esses elementos foram determinados, tendo por base a vida nacional de uma época.

Retornemos aqui uma vez mais aos germanos dos tempos de Tácito. Nessa época, a base da vida germânica ainda era a ligação da guerra com a exploração do solo, da caça com a criação de gado e com a agricultura. A contenção da expansão das estirpes germânicas acelerou a passagem natural para o sedentarismo e a Alemanha transformou-se em um país agrário. A partir dessa relação com a terra e com o solo na caça, na criação de gado e na agricultura, surgiu a proximidade do germano de então com a terra e com aquilo que sobre ela cresce e vive. Essa proximidade é o primeiro momento decisivo para a vida espiritual dos germanos nessa época. Igualmente clara é a influência do outro fator social já mencionado desse tempo: a influência do espírito guerreiro das estirpes germânicas sobre a vida política, as organizações sociais e a cultura espiritual do tempo. As tarefas ligadas à guerra penetravam todos os aspectos da vida. Elas se faziam valer na relação das famílias com a ordem militar e nos grupos de cem guerreiros. Elas influenciavam a posição dos chefes e dos príncipes. Do espírito guerreiro também surgiu a organização do séquito, que foi significativa para o desenvolvimento militar e político. Em torno do príncipe encontrava-se o seu séquito, formado por homens livres, na condição de companheiros militares da casa. Somente a guerra podia alimentar esse séquito. Ele estava ligado ao príncipe pela mais forte relação de fidelidade: uma relação que chegou até nós na canção heroica e na epopeia popular em toda a sua beleza particularmente germânica. Da guerra emergiu, então, o reinado militar de um Marbod.[25]

A esses fatores acrescenta-se a individualidade do espírito nacional. Elementos comuns próprios a esse espírito fazem-se valer no resultado das conexões de efeitos. O espírito guerreiro, que as estirpes germânicas desse tempo compartilham com os primeiros estágios de outros povos, mostra nessas estirpes uma força e uma singularidade particulares. O valor da vida das pessoas tomadas como indivíduos é transposto para as suas características em termos bélicos. De acordo com Tácito, tudo se dá como se os melhores dentre esses homens só vivessem realmente de maneira plena na guerra; eles deixavam os cuidados com o lar, o rebanho e o campo por conta das mulheres e daqueles que não estivessem aptos para a guerra. Um impulso próprio impele essa gente germânica a atuar na totalidade de sua essência e a se arriscar de modo total e irrestrito. Seu agir não é determinado e limitado por um estabelecimento racional de fins; há em sua ação um excedente de energia que vai além dos fins, algo de irracional. Em sua paixão cheia de frescor e indomável, sua pessoa e sua liberdade são colocadas no último lance de um jogo de dados. No campo de batalha, eles alegram-se com o perigo. Depois da luta, caem prostrados em uma quietude letárgica. Seu mito e sua saga heroica são totalmente perpassados por esse traço essencial, inconsciente e ingênuo de não possuir o valor supremo e o gozo da existência na visão serena e jovial do mundo como nos gregos, na determinação estabelecida ponderadamente como nos romanos, mas, antes, na exteriorização da força enquanto tal sem limitação, no abalo, na ampliação e na elevação assim emergentes da personalidade. Esse traço, que encontra a sua expressão mais elevada na alegria em meio à batalha, exerce a sua influência sobre todo o desenvolvimento de nossas ordens políticas e de nossa vida espiritual.

---

25 Marbod ou Maroboduus (30 a.C.–37 d.C.): rei dos marcomanos, estirpe germânica sueva assentada na região de Mainz. (N. T.)

Um último dentre os elementos, que contém um determinado todo nacional e que lhe determina o desenvolvimento, reside na organização de associações isoladas menores no interior do todo político, tal como essa organização emerge por meio das relações de dominação, obediência e comunhão, as quais são reunidas em uma vontade estatal soberana. Assim, sucedem-se na Alemanha, um após outro, o reinado do povo em pequenas comunidades com uma diferenciação imperfeita de sua estrutura; a estratificação profissional fundada sobre uma crescente divisão do trabalho; a separação entre as classes sociais em uma totalidade nacional ligada de maneira frouxa; a formação da autocracia com a sua atividade estatal intensiva e espalhada nos Estados territoriais; uma formação que paulatinamente tritura a estratificação segundo profissão e classes em meio à tensão entre os direitos dos indivíduos e as aspirações de poder do autocrata; e, por fim, o desenvolvimento contínuo desses Estados em direção à contínua ampliação dos direitos individuais dos singulares, rumo aos direitos da comunidade popular no sistema representativo, nas ordenações democráticas. Ao mesmo tempo, a subordinação dos direitos principescos ao Império Nacional. Se levarmos em consideração esse desenvolvimento, então se mostrará que ele é sempre duplamente condicionado. Por um lado, ele é dependente da relação mutável das forças no interior do sistema de Estado; por outro, é condicionado pelos fatores do desenvolvimento interno do Estado particular que nós percorremos.

Assim, vem à tona a possibilidade de submeter à análise e decompor em seus fatores a conexão de efeitos que condiciona cada um dos momentos particulares no desenvolvimento de uma nação, bem como o desenvolvimento conjunto da nação. As regularidades que existem na estrutura do todo político determinam as situações do todo e as suas transformações. Depositam-se, por assim dizer, umas sobre as outras camadas desse todo, em relação às quais toda camada posterior pressupõe a anterior, tal como vimos nas transformações da organização política. Cada uma dessas camadas mostra uma ordem interna na qual, a partir do indivíduo, as conexões de efeitos desenvolvem valores, concretizam fins, reúnem bens e desenvolvem regras de atuação. No entanto, os portadores e as finalidades desses desempenhos são diversos. Com isso, surge o problema da relação interna de todos esses desempenhos uns com os outros, uma relação na qual elas possuem o seu significado. Desse modo, a análise da conexão lógica das ciências humanas leva-nos a outra tarefa. Por meio da articulação de métodos relativos às ciências humanas, a construção dessa ciência nos oferecerá uma elucidação quanto à solução dessa tarefa.

3. *Eras e épocas*

Assim, se é possível extrair analiticamente em um período de tempo determinado conexões de efeitos particulares e indicar os momentos do desenvolvimento nelas contidos; se é possível, além disso, determinar as ligações que articulam essas conexões particulares e as transformam em um todo estrutural, assim como os elementos em comum nas partes de um todo político, então podemos seguir adiante e compreender o outro lado do mundo histórico, a linha do transcurso do tempo e das transformações nesse transcurso por meio do retorno às conexões de efeitos como um todo contínuo, porém divisível em períodos de tempo. Aquilo que primeiramente caracteriza as gerações, as eras e as épocas[26] são as grandes tendências dominantes e contínuas. Trata-se aqui da *concentração* de toda a cultura em um espaço de tempo em si mesma, de modo que, na instauração de valores, no estabelecimento de fins, nas regras de vida próprias ao tempo,

26 Em 1865, no ensaio sobre Novalis (agora publicado em: *Erlebnis und Dichtung – Vivência e poesia*), apresentei e utilizei o conceito histórico das gerações pela primeira vez. Em seguida, em um âmbito maior, eu o aproveitei em Schleiermacher, v.1, e desenvolvi no ensaio sobre o estudo da história das ciências do Estado etc. (*Philos. Monatsh.* XI, 123ss. – agora: *Schriften* V, 31ss) o conceito histórico da geração e os conceitos que lhe são copertinentes. A definição mais precisa dos conceitos de "continuidade histórica", "movimento histórico", "geração", "era" e "época" só é possível na apresentação da construção das ciências humanas.

está estabelecido o critério de medida para o julgamento, a avaliação, o reconhecimento de pessoas e correntes que dão a um determinado tempo o seu caráter. O indivíduo, a corrente, a comunidade possuem seu *significado* nesse todo conforme a sua relação interna com o espírito do tempo. E porquanto todo indivíduo é inscrito ordenadamente em um espaço de tempo, segue-se daí que seu significado para a história reside nessa sua ligação com o tempo. Aquelas pessoas que progridem vigorosamente em um período são os líderes do tempo, os seus representantes.

É nesse sentido que se fala do espírito de um tempo, do espírito da Idade Média, do espírito do Esclarecimento. Com isso, indica-se, ao mesmo tempo, que cada uma dessas épocas encontra uma limitação em um *horizonte vital*. Entendo por isso a limitação na qual os homens de um tempo vivem no que concerne ao seu pensar, sentir e querer. Há nessa limitação uma relação entre vida, referências vitais, experiência de vida e formação de ideias, que mantém e liga os indivíduos singulares em um determinado círculo de modificações da concepção, da formação de mundo e do estabelecimento de fins. Inevitabilidades governam aqui sobre os indivíduos particulares.

Ao lado da grande tendência dominante e contínua, que entrega ao tempo o seu caráter, há outras tendências que se contrapõem a ela. Elas aspiram a conservar o antigo, observam as consequências desvantajosas da unilateralidade do espírito do tempo e se voltam contra ele; mas se entra em cena algo criador, novo, que emerge de outro sentimento da vida, então começa em meio a esse período o movimento que é determinado a produzir o surgimento de um novo tempo. Toda contraposição anterior permanece sobre o solo da era ou da época; aquilo que se opõe nela também tem, concomitantemente, a estrutura do próprio tempo. Só nesse elemento criador começa uma nova relação de vida, de referências vitais, de experiência de vida e formação de ideias.

Assim, as relações significativas que existem entre as forças históricas em um espaço de tempo estão fundadas naquela relação mútua entre os elementos comuns e as conexões de efeitos, que podemos designar como *orientações, correntes, movimentos*. É somente a partir delas que podemos alcançar o problema mais complexo de determinar analiticamente a conexão estrutural de uma era ou de um período.

Elucidarei o problema a partir de uma consideração do Esclarecimento alemão com vistas a esta conexão interna. Pois ao realizar de início a análise de uma era a partir de uma nação particular, simplifica-se a tarefa.

A ciência tinha se constituído no século XVII. A partir da descoberta de uma ordem da natureza segundo leis e da aplicação desse conhecimento causal ao domínio sobre a natureza emergira a confiança do espírito no progresso regular do conhecimento. Nesse trabalho em prol do conhecimento, as nações com identidade cultural constituída estavam ligadas umas às outras. Assim, surgiu a ideia de uma humanidade unificada no progresso. Formou-se o ideal de um domínio da razão sobre a sociedade; esse ideal apossou-se das melhores forças; desse modo, elas estavam unificadas com vistas a um fim comum; elas passaram a trabalhar segundo o mesmo método, a esperar do progresso do saber o aperfeiçoamento de toda a ordem social. O antigo edifício, em cuja construção tinham atuado conjuntamente o domínio da igreja, as relações feudais, o despotismo irrestrito, os humores dos príncipes, as fraudes dos sacerdotes, um edifício sempre transformado pelos tempos, sempre necessitando de novos trabalhos, tinha, então, de ser convertido agora em uma construção consonante a fins, serena, simétrica. Esta é a unidade interna, na qual a vida espiritual dos indivíduos, a ciência, a religião, a filosofia e a arte estão articuladas formando um todo no contexto europeu do Esclarecimento.

Essa unidade realizou-se de uma maneira diversa em cada país. Foi de uma forma particularmente feliz e sólida que ela se formou na Alemanha. Fez-se valer aí uma tendência geral em sua vida espiritual mais elevada. Na medida em que retrocedemos, podemos vislumbrar, voltando até Freidank,[27] a tendência na Alemanha de ordenar com consciência a vida por meio de regras fixas. Chamá-las de morais colocaria o fato sob um ponto de vista unilateral e definiria a sua abrangência de modo muito estreito. A seriedade dos povos nórdicos está ligada aqui a uma necessidade inquietante de reflexão, que provém de um direcionamento para a interioridade da vida e que está sem dúvida alguma em conexão com as condições políticas. Assim como no reino que se tornou imóvel, as cláusulas jurídicas, os privilégios, os acordos obstruem o livre movimento da vida; o sentimento de compromisso também é mais forte no indivíduo particular do que o sentimento do livre estabelecimento de fins. No gozo da vida sempre sentimos uma injustiça. Os fortes o usurpam para si, mas há nele algo que torna a sua consciência questionável. Na filosofia alemã do século XVIII, há um traço fundamental que uniu mutuamente Leibniz, Tomásio,[28] Wolff, Lessing, Frederico, o Grande, Kant e uma quantidade inumerável de figuras menores. Esse direcionamento para o compromisso e para o dever fora fomentado pelo desenvolvimento do luteranismo e de sua moral, de Melanchton em diante. Ele foi favorecido pela divisão da sociedade sob o conceito de profissão e de ofício, que Lutero tinha trazido para os tempos modernos. E na medida em que a tendência para a autonomia da pessoa se intensificou no Esclarecimento, a perfeição transformou-se em dever. Na razão reside uma lei natural do espírito que exige do indivíduo a realização da perfeição em si e nos outros. Essa exigência é um dever: um dever que não é imposto pela divindade, mas que emerge antes da lei de nossa própria natureza e que pode ser constatado por meio de fundamentos racionais. É apenas *a posteriori* que as regras racionais podem ser, en-

---

27 Freidank é um poeta medieval alemão do século XIII, ao qual foi tradicionalmente atribuída a criação de uma série de máximas. Sua biografia baseia-se totalmente em suposições e a única coisa certa sobre ele é o fato de ter escrito a obra *Bescheidenheit* (*Modéstia*). (N. T.)

28 Christian Tomásio (1655-1728): filósofo e jurista alemão. (N. T.)

tão, ligadas ao fundamento das coisas. Esta é a doutrina de Wolff que remonta retrospectivamente a Pufendorf,[29] Leibniz e Tomásio e que conduz prospectivamente a Kant. Ela mobilizou toda a literatura do Esclarecimento alemão. Nessa doutrina reside o laço unificador que articula os alemães do Esclarecimento com aqueles do século XVII e evoca um espírito comum uniforme nessa época, um espírito que permeia a nação como algo imponderável, por toda parte modificado, e, contudo, sempre o mesmo. Trata-se de uma determinação do valor da vida que se acha à base da conexão vital do Esclarecimento alemão. O novo esquema do progresso da alma rumo ao seu valor supremo está fundado no caráter racional do homem. A pessoa individual realiza seu fim, na medida em que, conquistando a maioridade por meio dos fundamentos racionais, propicia em si o domínio da razão sobre as paixões, e esse domínio da razão manifesta-se como perfeição. Como a razão é agora universalmente válida e comum a todos, e como a perfeição do todo por meio da razão é colocada em uma posição mais elevada do que a perfeição do indivíduo particular – no sentido de que a perfeição de todos os indivíduos particulares possui um valor mais elevado do que a perfeição de *uma* pessoa –, algo por meio do que surge aqui um compromisso supremo, em virtude do qual o indivíduo está ligado ao bem-estar do todo; depreende-se, então, a definição mais precisa desse princípio como a perfeição de todos os indivíduos, alcançada pelo progresso do todo. Esse princípio do Esclarecimento está fundamentado não no pensamento puro, e o seu domínio não se baseia nesse pensamento. São antes todos os valores vitais, experimentados pelos homens do Esclarecimento, que atingem nesse princípio uma expressão abstrata. Daí a perfeição se tornar, para essas mentes, e sobretudo para Wolff, de maneira bastante estranha, um dever; daí a aspiração por ela se tornar uma lei que compromete o indivíduo. Por fim, a divindade transforma-se para Wolff e seus alu-

29 Samuel von Pufendorf (1632-1694): filósofo, jurista e historiador alemão, defensor do direito natural. (N. T.)

nos em objeto de deveres, que têm seu ponto central na ambição pela perfeição. É em Leibniz que podemos estudar, da melhor forma possível, a própria experiência de vida, na qual essas ideias estão fundadas. Ela se baseia na vivência da felicidade com o desenvolvimento. Tal como Lessing, o grande pensador transfere para o próprio progresso a felicidade suprema do homem, uma vez que o conteúdo do instante nunca consegue conceder-lhe tal felicidade. E foi Leibniz o primeiro a expor, por força de seu vivenciar, o fato de esse progresso não estar ligado a este ou aquele fim particular, mas ao desenvolvimento da pessoa individual, abarcando tudo nesse desenvolvimento e tudo a ele conectando. Essa vivência estava por toda parte preparada porque o indivíduo, na desventura da vida nacional, era reiteradamente remetido a si mesmo e às tarefas culturais comuns. Tal como foi exposto por Leibniz, ela produziu por toda parte os seus efeitos. E com os conceitos de valor, provenientes da própria vida que Leibniz acolheu, determina-se a tarefa que ele propôs à sua filosofia, a tarefa de deduzir da conexão dos valores existenciais individuais o significado da vida e o sentido do mundo.

Assim, na era do Esclarecimento, uma conexão una conduz da forma da vida até a experiência da vida, das vivências contidas na vida até a representação dessas vivências em conceitos de valor, mandamentos ligados ao dever, determinações de fins, à consciência do significado da vida, do sentido do mundo. E, então, cresce no interior desta conexão a consciência da era acerca de si mesma, e, no progresso contínuo em direção a fórmulas abstratas, estas fórmulas contêm, por meio da demonstração a partir da razão, um caráter absoluto; valores incondicionais, compromissos, deveres e bens são formulados, por mais que o historiador descubra clara e justamente ali o seu surgimento a partir da própria vida.

Se vemos na reflexão do indivíduo sobre a vida na Alemanha uma tendência para a sua configuração racional, então se desenvolve aqui, ao mesmo tempo, uma tendência análoga na vida pública com base nas condições próprias da conexão de efeitos política.

No desenvolvimento europeu da modernidade, a atividade estatal nos diversos âmbitos culturais tornou-se cada vez mais invasiva. No funcionalismo, no setor militar, nas instituições financeiras reside desde então o centro organizatório de todas as relações de poder, e a atividade do Estado transforma-se em uma força impulsionadora do movimento cultural. Nesse processo, atuam a todo instante a luta dos grandes Estados entre si por poder e expansão, assim como a necessidade interior de transformar em um todo uno as suas partes reunidas em guerra e sucessão. Nos monarcas, em seu corpo de funcionários e em seu exército concentra-se a unidade dos novos Estados. Eles precisam passar para uma divisão mais fixa de seus órgãos e para um aproveitamento mais intenso de suas forças. Essa divisão e esse aproveitamento, porém, só são possíveis por meio de uma condução mais racional dos negócios; o progresso político não cresce, mas é feito. Toda atividade do todo é determinada pelo estabelecimento racional de fins. Esse todo acolhe em si cada vez mais tarefas culturais – o sistema educacional, a ciência, e, onde isso é alcançável, até mesmo a vida eclesiástica. Os príncipes representam em si não apenas a unidade, mas também o direcionamento cultural de todo o Estado. As forças livres e irracionais da fidelidade interpessoal são substituídas por forças calculáveis e seguramente atuantes. Assim, também se opera na vida estatal a relação das forças que dá unidade à era do Esclarecimento. O movimento científico fundamentado no século XVII vem ao encontro daquilo que o Estado necessita, da ordem racional da vida e do aproveitamento racional da natureza, e esse movimento encontra no Estado o órgão capaz de submeter todos os ramos da vida, desde a atividade econômica até as regras do bom gosto nas artes, a uma regulação racional.

Nenhum país estava tão preparado politicamente quanto a Alemanha para essa relação interna, na qual residia a essência do Esclarecimento. Seus Estados menores dependiam do desenvolvimento da cultura, enquanto a Prússia dependia, adicionalmente, do fomento das forças espirituais para a luta pelo poder. O ciclo das forças religiosas e científicas da vida das comunidades protestantes em direção ao sistema educacional e às universidades, desses em direção ao progresso do pensamento religioso na espiritualidade e nas ideias do direito junto aos juristas, retrocedendo, então, uma vez mais até o povo, não era em lugar algum tão desenvolvido quanto aqui.

Assim, são forças de origem bem distinta, conexões de efeitos concebidas em estágios bem distintos de seu desenvolvimento, que atuam conjuntamente no Esclarecimento alemão.

Se a unidade do espírito do Esclarecimento concretiza-se por um lado na ciência e na reflexão filosófica tanto quanto na vida social, ela se realiza por outro lado, ao mesmo tempo, pela eficácia do espírito em todos os âmbitos particulares da vida espiritual. No desenvolvimento do direito na Alemanha, temos no surgimento da legislação mais perfeita da época, o direito nacional, um interessante exemplo disso. Em Halle, forma-se uma corrente autônoma do direito natural e da jurisprudência fundamentada nesse direito, inspirada no espírito do Estado prussiano. Tomásio, Wolff, Böhmer e outras figuras menores difundem por toda parte, por meio de seus escritos, a concepção do direito dessa escola. Eles formam os funcionários que, por meio da unidade e do caráter nacional de sua orientação espiritual, se tornam aptos a consumar, a partir de então, a obra legislativa prussiana que há muito tempo se arrastava intermitentemente. Sob a influência desse direito natural encontram-se o rei que exige a obra, assim como os ministros e os conselheiros que a executam. A mesma conexão interna existe no movimento religioso da época do Esclarecimento. Ela também mostra a dualidade peculiar do Esclarecimento alemão. Ela é ao mesmo tempo polêmica e construtiva. História da igreja, direito natural e direito eclesiástico atuam conjuntamente no protestantismo alemão em uma intuição do cristianismo originário que em Böhmer, Semler, Lessing e Pfaff se transforma na força para produzir um novo ideal de religiosidade e de ordem eclesiástica. E aqui também se realiza a circulação das ideias, a qual conduz da insatisfação com o que existe e do poder positivo das novas ideias universais veiculadas pelas escolas e universidades, que são independentes do poder da ortodoxia eclesiástica e que se encontram em conexão com o espírito científico universal, para a formação do homem religioso particular que então faz valer na cidade ou no país um cristianismo esclarecido em sintonia com o espírito do tempo. A religiosidade cristã não produziu em época alguma como na era do Esclarecimento alemão um efeito tão simples, tão consequente, tão voltado para as ideias morais e religiosas mais elevadas e, ao mesmo tempo, tão consonante com o teísmo do cristianismo. Novos valores religiosos do maior alcance formaram-se, assim, naquele tempo, na vida eclesiástica e religiosa. Mesmo a poesia alemã da época é determinada pela reviravolta de valores e fins que se opera nos tempos do Esclarecimento. O Esclarecimento no Estado autocrático produz um efeito sobre a criação poética. Tendo a França como ponto de partida, forma-se na Alemanha a nova prosa em conexão com a sociedade culta. Definem-se as regras para os gêneros poéticos, e essas regras disciplinam a forma mais elevada da arte ficcional de Shakespeare e Cervantes, transformando-a em um construto estruturado de maneira rigorosamente lógica. O ideal dessa poesia torna-se o homem, definido pela ideia de perfeição e de esclarecimento. E sua filosofia é a crença na ordem teleológica do mundo, partindo crescentemente da natureza. A expressão direta desse ideal e dessa visão de mundo é o poema doutrinário; idílio e elegia se juntam a ele. O traço trágico na vida não é compreendido: a comédia, a peça teatral e sobretudo o romance transformam-se na expressão poética mais elevada do tempo e alcançam uma estrutura condizente: um realismo guiado por ideias otimistas permeia todas as obras poéticas.

Mas essa conexão una que a corrente dominante do Esclarecimento alemão expressa nos âmbitos mais variados da vida não determina todos os homens que pertencem a essa época; e, mesmo onde ela ganha influência, outras forças produzem, com frequência, efeitos diversos. As resistências da época precedente fazem-se valer. Particularmente eficazes são as forças que se ligam às condições e às ideias anteriores, mas que buscam lhe dar uma nova forma.

Na esfera religiosa veio à tona, assim, o pietismo. Ele foi a mais forte dentre as forças nas quais o antigo assumiu novas formas. Ele possui um parentesco com o Esclarecimento na indiferença crescente diante de formas eclesiásticas exteriores, na exigência de tolerância, mas antes de tudo, no fato de buscar, para além da tradição e da autoridade que tinha soterrado a crítica, um fundamento de direito simples e claro para a fé. Essa fé reside no trato com Deus e na experiência religiosa nele fundamentada. Somente o convertido compreende a Bíblia: é para ele que se abre a palavra divina comunicada nela; ele está capaz de fazer descobertas no âmbito do cristianismo. A tolerância do pietismo consiste no fato de reconhecer qualquer fé cristã fundamentada na conversão. A própria experiência religiosa precisa completar o pietista nela desperto por meio de histórias de conversão alheias. E assim vemos como o pietismo pertence ao grande movimento individualista, na medida em que vai além do luteranismo com a exclusão da igreja do processo intrapessoal. Ao mesmo tempo, porém, ele se contrapõe ao Esclarecimento por sua consonância com a confiança de Lutero na experiência religiosa emergente do trato com Deus. O pietismo encontra-se em uma relação interior com a perfeição de nossa música espiritual em Johann Sebastian Bach. Bach não foi um pietista, mas os cantos da alma cristã, que acompanham a representação da vida de Cristo, já mostram por si sós, de maneira suficiente, sua conexão com a interioridade religiosa que surgiu no movimento pietista.

A mesma corrente que se atrela ao existente manifestou-se em relação às tendências políticas da autocracia esclarecida. Ela estava voltada para a manutenção do Império, dos privilégios de classe nos diversos Estados e da continuação dos antigos direitos. Mesmo essas tendências, porém, recebem a sua consciência mais elevada e a sua fundamentação por meio do estudo da literatura político-científica do Esclarecimento. As propostas de um Schlosser e de um Möser buscam satisfazer as novas necessidades e o espírito do Esclarecimento. As ideias políticas do Esclarecimento deviam estar envolvendo Möser, para que ele pudesse desenvolver a sua compreensão das situações existentes e de suas tendências práticas a partir dessas situações mesmas.

Todavia, nós só apreendemos totalmente a relação interior entre as orientações que determinaram os contrastes e a inconstância em determinado período, tomando como exemplo o Esclarecimento alemão, se verificarmos os momentos que possibilitaram uma virada para algo futuro no interior da própria orientação fundamental. Exatamente a orientação do Esclarecimento para regras trouxe à tona em diversas áreas a imersão em fato históricos, nos quais as regras pareciam ser cumpridas. Assim, as pessoas encontraram no cristianismo primitivo o modelo típico de uma religiosidade mais livre e isso fortaleceu a orientação para o estudo desse cristianismo em Tomásio, Böhmer e Semler. As regras elaboradas pela crítica da época na arte foram intensificadas por um aprofundamento no modelo típico da arte antiga, e esse foi o ponto de vista a partir do qual Winckelmann e Lessing iluminaram a arte da antiguidade e as leis da criação artística, uma através da outra. Outro momento da virada para as tarefas do futuro residiu no fato de o aprofundamento na pessoa individual ter conduzido à ênfase na individualidade do ato criador e do gênio.

Portanto, se nos perguntarmos como é que, em meio ao fluxo dos acontecimentos que inunda por todos os lados a Alemanha e prossegue, trazendo consigo transformações constantes e ininterruptas, tal unidade pode ser delimitada, então a resposta inicial é o fato de toda conexão de efeitos portar em si mesma a sua lei e, segundo essa lei, suas épocas serem totalmente diversas das dos outros fluxos. Assim, a música possui um movimento próprio, de acordo com o qual o estilo religioso, que também veio à tona a partir do poder supremo da vivência cristã, alcançou em Bach e em Händel o seu apogeu, num período no qual o Esclarecimento já era na Alemanha a orientação dominante. E, na mesma época em que surgiram as obras mais perfeitas de Lessing, entrou em cena o novo movimento criador do *Sturm und Drang* (Tempestade e ímpeto), que designa o início da época seguinte na literatura. Se continuarmos perguntando, então, quais são as ligações que produzem uma unidade entre as diversas conexões de efeitos a resposta é: não se trata de uma unidade, que seria passível de ser expressa por meio de uma ideia fundamental, mas, antes, de uma conexão entre as tendências da própria vida, uma conexão que se forma em seu transcurso.

É possível delimitar períodos de tempo, no transcurso histórico, nos quais uma unidade espiritual se forma desde a constituição da vida até as mais elevadas ideias, alcança o seu ápice e se dissolve novamente. Em cada um desses períodos existe uma estrutura interna comum a todos os outros períodos, que define a conexão entre as partes e o todo, o transcurso e as modificações nas tendências: veremos mais tarde o que o método comparativo pode realizar em nome desta concepção estrutural. Da eficácia constante das relações estruturais universais depreendemos sobretudo o significado e o sentido da história. O modo como essas relações imperam em cada ponto e em cada momento, bem como o modo como elas determinam a vida dos homens é, em primeira linha, o sentido do mundo espiritual. A tarefa é estudar sistematicamente desde baixo as regularidades que constituem a estrutura da conexão de efeitos em seus portadores, ascendendo a partir do indivíduo. Até que ponto estas leis estruturais, então, permitem que façamos previsões sobre o futuro é algo que só pode ser determinado quando esse fundamento estiver estabelecido. O elemento imutável, regular, nos processos históricos, é o primeiro objeto de estudo, e disso depende a resposta a todas as perguntas acerca do progresso na história, acerca da direção na qual a humanidade se move. A estrutura de uma determinada época mostrou-se, então, como uma conexão das conexões parciais e dos movimentos particulares no grande complexo de efeitos de um tempo. A partir de elementos extremamente plurais e mutáveis forma-se um todo complicado. Esse todo determina, em seguida, o significado que advém a tudo aquilo que produz efeitos na época. Se o espírito de determinada época nasceu de dores e dissonâncias, então cada indivíduo tem seu significado nele e por meio dele. Por essa conexão é que são definidos sobretudo os grandes homens da história. Seu criar não se projeta para uma distância histórica, mas gera as suas metas a partir dos valores e da conexão significativa da época. A energia produtiva de uma nação em um determinado tempo recebe a sua força suprema justamente do fato de os homens do tempo estarem restritos a seu horizonte; seu trabalho serve à realização daquilo que constitui a orientação fundamental do tempo. Assim, eles se tornam os representantes desse tempo.

Em uma era, tudo possui seu significado por meio da relação com a energia que lhe fornece a orientação fundamental. Essa energia se expressa em pedra, em tela, em feitos ou palavras. Ela objetiva-se na constituição e na legislação das nações. Imbuído dela, o historiador apreende os tempos mais antigos e o filósofo busca interpretar a partir dela o sentido do mundo. Todas as manifestações da energia determinante da era são aparentadas entre si. Aqui emerge como tarefa para a análise reconhecer a unidade da determinação valorativa e da orientação de fins nas diversas manifestações vitais. E na medida em que as manifestações vitais próprias a essa orientação impelem para valores e determinações de finalidades absolutas, fecha-se o círculo no qual os homens desta época estão encerrados; pois nesse círculo também estão contidas as tendências que atuam na direção contrária. No entanto, nós vimos como o tempo também imprime sobre essas tendências a sua marca e como a orientação dominante reprime o seu livre desenvolvimento. Assim, toda a conexão de efeitos da época é determinada de maneira imanente pelo nexo entre a vida, o mundo dos estados de ânimo, a formação dos valores e as ideias de fins características dessa época. Toda a atuação que interfira nessa conexão é histórica; é essa conexão que constitui o horizonte do tempo e é por meio dela que o significado de cada parte presente nesse sistema do tempo é, por fim, determinado. Isso é a centralização das eras e das épocas em si mesmas, uma centralização na qual o problema do significado e do sentido na história se resolve.

Cada era contém em si uma relação retroativa com o que veio antes, com o fato de as forças aí desenvolvidas continuarem atuantes. Ao mesmo tempo, já estão contidos nela o ambicionar e o criar que prepara o que virá em seguida. Como surgiu a partir da insuficiência daquilo que veio antes, ela carrega em si os limites, as tensões e os sofrimentos que preparam o que virá. Na medida em que toda forma da vida histórica é finita, sempre precisa estar contida nessa forma uma distribuição de força alegre e de pressão, de ampliação da existência e de estreiteza da vida, de satisfação e necessidade. O ápice dos efeitos de sua orientação fundamental não se dá senão muito brevemente. E de um tempo para o outro há uma ânsia por todos os tipos de satisfação que nunca podem ser saciados.

Não importa o que possamos obter quanto à relação entre as eras e os períodos históricos entre si no que diz respeito à composição progressiva no interior da estrutura da vida histórica: é da natureza da finitude de todas as formas da história que elas sejam carregadas de definhamento existencial e de servidão, de saudade não satisfeita. E isso, sobretudo, com base no fato de as relações de poder nunca poderem ser eliminadas da convivência de seres psicofísicos. Assim como a autocracia nos tempos do Esclarecimento produziu guerras de gabinete[30] e a exploração dos súditos em nome da vida de prazeres das cortes junto com a aspiração do desenvolvimento racional das forças, todas as outras organizações das relações de poder contêm uma vez mais uma duplicidade de efeitos. E o sentido da história não pode ser buscado senão na relação significativa entre todas as forças que estavam ligadas na conexão própria às épocas.

---

30 A expressão alemã *Kabinettskrieg* designa uma guerra conduzida apenas com base no interesse pessoal do monarca e sem levar em consideração o interesse da nação ou do povo. (N. T.)

A elaboração sistemática das conexões de efeitos e dos elementos em comum

Uma vez que a compreensão da história se realiza por meio da aplicação das ciências humanas sistemáticas sobre ela, a presente apresentação da conexão lógica na história já discutiu os traços gerais da sistemática das ciências humanas. Pois a elaboração sistemática das conexões de efeito destacadas na história tem por objetivo a sondagem da essência justamente dessas conexões de efeitos. De maneira apenas antecipatória, ressaltarei os três pontos de vista subsequentes para a elaboração sistemática.

O estudo da sociedade baseia-se na análise das conexões de efeitos contidas na história. Essa análise parte do concreto para o abstrato, do estudo científico da articulação natural da humanidade e dos povos para o isolamento das ciências particulares da cultura e para a separação dos campos relativos à organização externa da sociedade.[31]

Todo sistema cultural forma uma conexão, que repousa sobre elementos comuns; na medida em que leva a termo uma capacidade, a conexão tem um caráter teleológico. Nisso, porém, entra em cena uma dificuldade, que concerne à formação conceitual nessas ciências. Os indivíduos, que atuam conjuntamente para a realização desta capacidade, só pertencem à conexão naqueles processos em que coatuam na concretização dessa capacidade. Todavia, eles participam efetivamente desses processos com toda a sua essência, e, assim, tal região nunca pode ser construída a partir da meta da realização dessa capacidade. Ao contrário, ao lado da energia voltada para as realizações, coatuam constantemente na região outros lados da natureza humana; a inconstância histórica se faz valer. Nesse ponto reside o problema lógico fundamental da ciência dos sistemas culturais e nós veremos como métodos diversos foram formados e concorrem para a sua resolução.

31 Isto é tratado de maneira mais detida em *Einleitung in die Geisteswissenschaften I* (*Introdução às ciências humanas*), p.44ss. (*Schriften*, v.I, p.35ss.).

A esta dificuldade alia-se um limite, que se atrela à formação conceitual nas ciências humanas. Esse limite surge a partir do fato de as conexões de efeitos levarem a termo realizações de capacidades e possuírem um caráter teleológico. Com isso, a formação conceitual não é uma simples generalização, que conquista o elemento comum a partir da série de casos particulares. O conceito exprime um tipo. Esse tipo emerge no método comparativo. Eu busco, por exemplo, verificar o conceito de ciência. Na verdade, compete a esse conceito toda e qualquer conexão de pensamentos que esteja voltada para a realização de um conhecimento. Contudo, há muitas coisas infrutíferas, ilógicas e equivocadas nos livros que se dedicam às tarefas científicas. Isso contradiz a intenção dirigida para a realização da capacidade. A formação conceitual destaca aqueles traços nos quais a capacidade de tal conexão é levada a termo: essa é a tarefa de uma doutrina da ciência. Ou então procuro verificar o conceito de poesia. Também isso acontece por meio de uma construção conceitual, à qual não podem ser subordinados todos os versos. A multiplicidade dos fenômenos em tal domínio agrupa-se em torno de um ponto central formado pelo caso ideal, no qual a capacidade é completamente levada a cabo.

Com isso, a discussão sobre a conexão universal nas ciências humanas conclui-se. A seguinte apresentação da construção das ciências humanas desenvolverá cada um dos métodos nos quais a conexão lógica universal se concretiza.

Plano de prosseguimento para a construção do mundo histórico nas ciências humanas

Esboços para a crítica da razão histórica

Primeira parte. *VIVÊNCIA, EXPRESSÃO E COMPREENSÃO*[1]

I. A vivência e a autobiografia

1. A tarefa de uma crítica da razão histórica

A conexão do mundo espiritual desponta no sujeito e é o movimento do espírito até a determinação da conexão significativa que liga os processos lógicos particulares desse mundo uns aos outros. Assim, esse mundo espiritual é, por um lado, a criação do sujeito da apreensão. Por outro lado, porém, o movimento do espírito está voltado para alcançar um saber objetivo nessa criação. Desse modo, defrontamo-nos agora com o problema acerca de como a construção do mundo histórico no sujeito torna possível um saber sobre a realidade espiritual. Designei previamente essa tarefa como a tarefa de uma crítica da razão histórica. Ela só é passível de ser resolvida se distinguirmos as capacidades particulares, que atuam conjuntamente para a criação dessa conexão e se pudermos, então, indicar qual é a parcela que cada

1 A partir deste capítulo, são traduzidos os esboços de Dilthey para a continuação de *A construção do mundo histórico*. Como o texto nunca foi concluído, algumas passagens são interrompidas pelo uso de reticências e alguns temas indicados em subtítulos não chegaram a ser desenvolvidos (N. E.).

uma delas possui na construção do transcurso histórico no mundo espiritual e na descoberta da sistemática neste mundo. O transcurso precisa mostrar até que ponto as dificuldades contidas na dependência mútua das verdades podem ser resolvidas. Ele deduzirá paulatinamente da experiência o princípio real da apreensão nas ciências humanas. A compreensão é um reencontro do eu no tu; o espírito encontra-se em níveis cada vez mais elevados da conexão; essa mesmidade do espírito no eu, no tu, em cada sujeito de uma comunidade, em todo sistema da cultura, por fim, na totalidade do espírito e da história universal, torna possível a atuação conjunta das diversas capacidades nas ciências humanas. O sujeito do saber está assim unido com o seu objeto e esse objeto é o mesmo em todos os níveis de sua objetivação. Se a objetividade do mundo espiritual criado no sujeito é reconhecida por esse procedimento, surge a pergunta sobre o quanto isso pode contribuir para a resolução do problema do conhecimento em geral. Para o tratamento do problema do conhecimento, Kant partiu das bases que residem na lógica formal e na matemática. A lógica formal na época de Kant via nas abstrações lógicas derradeiras, nas leis do pensamento e nas formas do pensamento, o último fundamento lógico para a justa consistência de todas as proposições científicas. As leis do pensamento e as formas do pensamento, principalmente o juízo no qual as categorias lhe foram dadas, continham para Kant as condições do conhecimento. Ele ampliou essas condições por meio daquelas que, segundo ele, tornam possível a matemática. A grandeza de sua realização consistiu em uma análise completa do saber matemático e científico-natural. A questão, contudo, é saber se uma epistemologia da história, que ele mesmo não nos forneceu, é possível no âmbito de seus conceitos.

2. Apercepção, realidade: tempo

Pressuponho aqui aquilo que foi dito anteriormente sobre vida e vivência. A tarefa é agora mostrar a realidade daquilo que é apreendido no vivenciar. E na medida em que se trata aqui do valor objetivo das categorias do mundo espiritual que despontam a partir do vivenciar, faço aqui de antemão uma observação sobre em que sentido a noção de categoria é por nós utilizada. Nos predicados que enunciamos sobre os objetos estão contidos modos da apreensão. Denomino categorias os conceitos designados por tais modos. Cada um desses modos encerra em si uma regra de ligação. As categorias formam em si conexões sistemáticas e as categorias supremas designam os pontos de vista mais elevados da apreensão da realidade efetiva. Toda e qualquer categoria como tal designa, então, um mundo próprio de predicações. As categorias formais são formas enunciativas sobre toda realidade efetiva. No entanto, dentre as categorias reais também entram em cena aquelas que têm sua origem na apreensão do mundo espiritual, ainda que elas também sejam aplicadas em suas transformações a toda a realidade. No vivenciar surgem predicados universais da conexão vivencial em um indivíduo determinado; porquanto esses predicados são aplicados às objetivações da vida na compreensão e a todos os sujeitos de um enunciado nas Ciências Humanas, amplia-se a esfera de sua validade, até que se mostra o fato de, onde quer que haja vida espiritual, advir-lhe uma conexão de efeitos, uma força, um valor etc. Assim, esses predicados universais conquistam a dignidade de categorias do mundo espiritual.

Na vida está contida a temporalidade como sua primeira determinação categorial, fundamental para todas as outras. Esse fato já vem à tona na expressão "transcurso da vida". O tempo existe para nós em função da unidade sintética de nossa consciência. À vida e aos objetos externos que nela entram em cena são comuns as relações de coetaneidade, sequencialidade, intervalo temporal, duração e transformação. Com base na ciência matemática da natureza, foram desenvolvidos, a partir deles, as relações abstratas, que Kant colocou à base de sua doutrina da fenomenalidade do tempo.

Esse quadro de relações abrange, mas não esgota a *vivência* do tempo, na qual o conceito de tempo encontra o seu derradeiro preenchimento. Aqui, o tempo é experimentado como o avanço incansável do presente, um avanço no qual o presente se torna incessantemente passado e o futuro, presente. O presente é o preenchimento de um momento temporal com realidade, ele é realidade em oposição à lembrança ou às representações do porvir que surgem no desejo, na expectativa, na esperança, no temor e no querer. Esse preenchimento com realidade ou esse presente existem constantemente, enquanto aquilo que constitui o conteúdo do vivenciar se altera ininterruptamente. As representações, nas quais possuímos passado e futuro, só existem para aquele que vive no presente. O presente existe sempre e nada existe senão aquilo que nele desponta. O barco de nossa vida é, por assim dizer, levado por uma corrente que segue constantemente em frente e o presente está sempre por toda parte onde nos encontramos em tais ondas, onde sofremos, nos lembramos ou alimentamos esperanças, em suma, onde vivemos na plenitude de nossa realidade. Viajamos, contudo, continuamente sobre essa corrente e no mesmo momento em que o porvir se transforma em algo presente, ele também já mergulha no passado. Assim, as partes do tempo preenchido não são apenas qualitativamente diversas umas das outras. Se olharmos retrospectivamente para o passado e prospectivamente para o futuro a partir do presente, cada parte do fluxo do tempo, abstraindo daquilo que entra em cena nele, possui um caráter diverso. Retrospectivamente, temos a série de imagens da lembrança que são niveladas segundo o valor de consciência e a parcela de sentimento. Aqui, de maneira similar ao que acontece com uma série de casas ou de árvores que se perdem e se apequenam à distância, nivela-se nessa linha da memória o grau de frescor da lembrança, até que as imagens se perdem na obscuridade do horizonte. E quanto mais elos existem prospectivamente entre o presente preenchido e um momento do futuro, quanto mais estados do ânimo, eventos externos, meios, fins, tanto mais se acumulam as possibilidades do transcurso, tanto mais indeterminada e nebulosa se torna a imagem desse futuro. Se olhamos para trás, para o passado, comportamo-nos passivamente; o passado é o inalterável; é em vão que o homem determinado pelo passado se revolve junto a ele em sonhos sobre como tudo poderia ter sido diferente. Se nos comportamos em relação ao futuro, então nos mostramos ativos, livres. Ao lado da categoria da realidade efetiva, que desponta para nós no presente, emerge aqui a categoria da possibilidade. Nós nos sentimos de posse de possibilidades infinitas. Dessa forma, essa vivência do tempo determina em todas as direções o conteúdo de nossa vida. E é por isso que a doutrina da mera idealidade do tempo também não possui absolutamente nenhum sentido nas ciências humanas. Pois tal doutrina não poderia significar outra coisa senão que, por detrás da própria vida, com sua visão do passado, dependente do transcurso temporal e da temporalidade, com sua propensão ativa e livre que exige para si o futuro, com todo o desespero quanto às necessidades daí oriundas, com os esforços, o trabalho, as finalidades que se estendem até o futuro, a configuração e o desenvolvimento que são abrangidos pelo transcurso temporal da vida, residiria como a sua condição o reino sombrio da atemporalidade, algo que não é vivido. É nessa nossa vida, porém, que se acha a realidade conhecida pelas ciências humanas.

As antinomias que o pensamento encontra na vivência do tempo surgem da impenetrabilidade do tempo pelo conhecimento. A menor parte do avanço contínuo do tempo ainda encerra em si um transcurso temporal. O presente não *é* nunca; aquilo que vivenciamos como presente sempre encerra em si uma lembrança daquilo que justamente estava presente. Entre outros fatores, a atuação contínua do passado como força no presente, o seu significado para ele, entrega ao lembrado um caráter de presença. Com essa presença, a lembrança é inserida no presente. Aquilo que, no fluxo do tempo, forma uma unidade na presença, porque possui um significado uno, é, assim, a menor unidade, a qual podemos designar como vivência. E, então, continuamos denominando vivência toda e qualquer unidade mais abrangente de partes da vida, que estão ligadas por um significado comum para o transcurso da vida; e isso mesmo lá onde as partes são separadas umas das outras por eventos dissolúveis.

O vivenciar é um transcurso no tempo, um transcurso no qual cada circunstância, logo que se torna um objeto claro, se transforma, uma vez que o instante seguinte sempre se constrói sobre o anterior, e no qual cada momento – ainda não apreendido – se torna passado. Nesse caso, a circunstância aparece como lembrança que tem agora liberdade para se estender. A observação, no entanto, destrói o vivenciar. E, assim, não há nada mais raro do que o modo de conexão que conhecemos como uma parte do transcurso da vida; a única coisa que permanece sempre como algo fixo é o fato de a relação estrutural ser sua forma. E se quiséssemos tentar vivenciar o rio da própria vida por intermédio de um tipo de esforço particular qualquer; se quiséssemos vivenciar como a margem aparece nesse rio, como ele, segundo Heráclito, sempre parece o mesmo e, contudo, não o é, como ele é uno e diverso, então recairíamos uma vez mais na lei da própria vida; uma lei segundo a qual cada momento observado da vida mesma, por mais que venhamos a fortalecer a consciência do rio em si, se mostra como um momento lembrado, não mais como rio; pois o rio é *fixado pela atenção que retém, então, o que flui em si*. E assim, não podemos apreender a essência da própria vida. O que o jovem de Saïs descobre é uma figura, não a vida. É isso do que precisamos nos conscientizar para podermos apreender, então, as categorias que despontam na própria vida.

Essa constituição do tempo real tem por consequência o fato de o transcurso do tempo não ser vivenciável em sentido estrito. A presença do que passou substitui para nós o vivenciar imediato. Na medida em que procuramos observar o tempo, a observação o destrói, pois ela o fixa por meio da atenção; ela faz com que aquilo que flui se cristalize, ela paralisa o que vem a ser. Aquilo que vivenciamos são transformações daquilo que acabou de se dar e o fato de essas transformações daquilo que se deu se realizarem. No entanto, não vivenciamos o próprio rio. Vivenciamos subsistência, na medida em que retornamos àquilo que acabamos de ver e ouvir e que ainda temos diante de nós. Vivenciamos transformações, quando qualidades particulares se tornaram diversas no complexo; e mesmo quando nos voltamos para aquilo que experimenta duração e transformações, na apercepção de nosso próprio si mesmo, nada se altera aí. E as coisas não são diversas no que diz respeito à introspecção...

O transcurso da vida é constituído por partes, por vivências que se encontram em uma conexão interna umas com as outras. Cada vivência particular está ligada a um si mesmo, do qual ela é parte; por meio da estrutura, cada vivência particular está ligada com outras partes e forma uma conexão. Em tudo aquilo que é espiritual, encontramos uma conexão; assim, a conexão é uma categoria que emerge da vida. Nós apreendemos a conexão em virtude da unidade da consciência. Essa unidade é a condição sob a qual toda apreensão se encontra; mas está claro que a ocorrência de uma conexão não poderia surgir do mero fato de uma multiplicidade de vivências ser dada à unidade da consciência. É somente porque a própria vida é uma conexão estrutural, na qual as vivências se encontram em relações vivenciáveis, que nos é dada uma conexão da vida. Essa conexão é apreendida como uma categoria abrangente, que é um modo de enunciado acerca de toda realidade efetiva – como a relação do todo com as partes...

É sobre o solo do elemento físico que desponta a vida espiritual; ela está inserida na evolução como o estágio mais elevado sobre a terra. As condições, sob as quais ela entra em cena, são desenvolvidas pela ciência natural, na medida em que esta ciência descobre uma ordem segundo leis nos fenômenos físicos. Dentre os corpos dados fenomenalmente encontra-se o corpo humano, e a vivência está ligada a ele de uma maneira que não pode ser mais amplamente indicada aqui. Com o vivenciar, porém, saímos do mundo dos fenômenos físicos e entramos no reino da realidade efetiva espiritual. Ele é o objeto das ciências humanas e a meditação sobre esse objeto... e sobre seu valor cognitivo é totalmente dependente do estudo das suas condições físicas.

Na atuação conjunta do vivenciar, do compreender de outras pessoas, da apreensão histórica de pontos em comum como sujeitos da atuação histórica, por fim, do espírito objetivo, emerge o saber acerca do mundo espiritual. Vivenciar é a derradeira pressuposição de tudo isso e, assim, perguntamos qual é a realização que a vivência leva a termo.

A vivência encerra em si as capacidades elementares do pensamento. Designei isso como a sua intelectualidade. Essas capacidades despontam com a intensificação da consciência. Assim, a transformação de um estado de coisas interno transforma-se na consciência da diferença. Naquilo que se altera, um estado de fato é apreendido isoladamente. Articulam-se, com o vivenciar, os juízos sobre o vivenciado, no qual esse vivenciar se torna objetivo. É desnecessário afirmar que só a partir da vivência é que temos o nosso conhecimento de todo e qualquer estado de fato espiritual. Não podemos reencontrar no outro um sentimento que não vivenciamos. Para a formação das ciências humanas, porém, é decisivo o fato de conferirmos ao sujeito, que encerra na delimitação do corpo a possibilidade de vivências, predicados universais, atributos oriundos de nosso vivenciar, que contêm em si o ponto de partida para as categorias nas ciências humanas. Vimos as categorias formais emergirem das capacidades elementares do pensamento. Trata-se de conceitos que representam o apreensível por meio dessas capacidades do pensamento. Tais conceitos são unidade, pluralidade, igualdade, diferença, grau, relação. Eles são atributos de toda a realidade efetiva. As categorias reais...

3. A conexão da vida

Um novo traço da vida torna-se agora visível; ele é condicionado pelo caráter apresentado de sua temporalidade: mas ele se lança para além desse caráter. Nós nos comportamos compreensivamente em relação à vida, tanto em relação à nossa própria quanto à alheia. E esse comportamento realiza-se em categorias próprias, que são estranhas ao conhecimento da natureza enquanto tal. Se o conhecimento da natureza necessita do conceito de finalidade para os estágios prévios da vida humana no mundo orgânico, então é de qualquer modo da vida humana que ele recebe essa categoria.

As categorias formais são expressões abstratas para os modos lógicos de comportamento, tais como a distinção, a equiparação, a apreensão de graus do diverso, a ligação e a separação. Elas são, por assim dizer, um aperceber-se de um grau mais elevado, que apenas constata, mas não constrói *a priori*. Elas já entram em cena em nosso pensamento primário e se tornam vigentes como elas mesmas em nosso pensamento discursivo, vinculado a sinais, só que em um nível mais elevado. Elas são as condições formais tanto da compreensão quanto do conhecimento, tanto das ciências humanas quanto das ciências naturais.

Nas ciências humanas, porém, as *categorias reais* não são nunca as mesmas que nas ciências naturais. Não vou tratar mais detalhadamente do problema que se liga ao surgimento dessas categorias. A única coisa que está aqui em questão é a sua validade. Nenhuma categoria real pode pretender valer nas ciências humanas da mesma forma que ela é válida nas ciências naturais. Se o procedimento abstratamente expresso nestas ciências é transposto para as ciências humanas, então acontecem aquelas transgressões de limites do pensamento científico-natural, que são tão reprováveis quanto a inserção da conexão espiritual na natureza no interior da ciência natural, uma inserção a partir da qual surgiu a filosofia da natureza de Schelling e de Hegel. Não há no mundo histórico nenhuma causalidade científico-natural, pois o termo "causa", no sentido dessa causalidade, encerra em si o fato de a causa produzir efeitos com necessidade segundo leis; a história não conhece senão as relações próprias ao agir e ao sofrer os efeitos do agir, à ação e à reação.

E não importa saber o quanto uma ciência da natureza futura pode reformular o conceito das substâncias como suportes do acontecimento ou o conceito das forças como produtores desse acontecimento, transformando-os em novos conceitos: todas essas formações conceituais do conhecimento científico-natural são irrelevantes para as ciências humanas. Os sujeitos dos enunciados sobre o mundo histórico, desde o transcurso da vida individual até o transcurso da humanidade, não designam senão um determinado tipo de conexão em uma delimitação qualquer. E se a categoria formal da relação entre todo e parte é comum a essa conexão e à conexão do espaço, do tempo, do ser organizado, então ela obtém um sentido próprio no reino das ciências humanas, o sentido de uma conexão na qual as partes estão ligadas a partir da essência da vida e a partir do procedimento da compreensão que lhe é correspondente. E isso embora, de acordo com o caráter da evolução da realidade que cai em nossa experiência, a vida orgânica precise ser considerada um elo intermediário entre a natureza orgânica e o mundo histórico, e, por isso, um estado anterior a esse mundo histórico.

Mas qual é, então, esse sentido próprio, no qual as partes da vida da humanidade estão ligadas formando um todo? Quais são as categorias, nas quais nos apoderamos compreensivamente desse todo?

Olhemos para as autobiografias que são a expressão mais direta da reflexão sobre a vida. Agostinho, Rousseau e Goethe mostram suas formas históricas típicas. Como é que esses escritores apreendem, afinal, compreensivamente a conexão entre as diversas partes de seu próprio transcurso vital? Agostinho está totalmente concentrado na conexão entre sua existência e Deus. Seu escrito é ao mesmo tempo uma meditação religiosa, uma prece e uma narrativa. Essa narrativa tem sua meta no acontecimento de sua conversão e todo evento anterior é apenas uma estação no caminho que conduz até essa meta, na qual se decide o intuito da providência em relação a esse homem. Nenhum gozo sensível, nenhum encanto filosófico, nenhuma alegria do orador com o brilho do discurso e nenhuma situação de vida tem para ele um valor próprio. Em tudo ele pressente a mistura do conteúdo vital positivo com a ânsia por aquela relação transcendente; tudo não passava de coisas perecíveis e foi só na conversão que surgiu uma ligação eterna e desprovida de sofrimento. Assim, a compreensão de sua vida realiza-se na relação entre as partes dessa vida e a concretização de um valor absoluto, de um bem incondicionadamente supremo. Nessa relação, surge para aquele que olha para trás a consciência do significado de cada momento anterior da vida. Ele não encontra em sua vida desenvolvimento, mas preparação para o abandono de todos os conteúdos perecíveis. — Rousseau! A relação de Rousseau com sua vida exposta nas *Confissões* tem de ser compreendida segundo as mesmas categorias do significado, do valor, do sentido e da finalidade. Toda a França estava tomada pelos rumores sobre o seu casamento, o seu passado. Em uma solidão frutífera, ele considerou a atuação incessante de seus inimigos contra ele – misantropicamente até a beira da mania de perseguição. Ao olhar para trás em lembrança, ele se viu expulso da ordem rigorosa calvinista da casa, e, então, saindo de uma vida obscura de aventuras e se elevando à efetivação daquilo de grande que vivia nele, sobre esse caminho enlameado por toda a podridão das ruas, ele foi impelido a se contentar com todo tipo de sustento amargo, impotente ante o domínio do mundo nobre e dos espíritos seletos à sua volta. No entanto, apesar daquilo que fez e sofreu e daquilo que havia de degenerado nele, ele se sentiu como uma alma nobre, generosa, com um sentimento para a humanidade, em correspondência com o ideal de seu tempo. Era isso que ele queria apresentar aos olhos do mundo: queria fazer valer o direito de sua existência espiritual, mostrando-a totalmente como ela era. Também nesse caso, portanto, interpreta-se o transcurso dos eventos externos de uma vida. Busca-se uma conexão que não consista na mera relação entre causas e efeitos. Se quisermos exprimir essa conexão, não teremos outras palavras para ela senão valor, finalidade, sentido e significado. Se considerarmos mais detidamente, então é na ligação própria dessas categorias entre si que a interpretação se realiza. Rousseau quer alcançar sobretudo o direito ao reconhecimento de sua existência individual. Nesse anseio está contida uma nova intuição de possibilidades infinitas de realização de valores de vida. A partir dessa intuição configura-se a relação entre as categorias com as quais a vida é por ele compreendida. E, então, Goethe. Em *Poesia e verdade*, temos um homem que se comporta de maneira histórico-universal em relação à sua existência. Ele vê-se inteiramente em conexão com o movimento literário de sua época. Ele tem o sentimento tranquilo e orgulhoso de sua posição no interior dessa época. Assim, para o ancião que olha para trás, cada momento de sua existência se mostra como significativa em um duplo sentido: como plenitude vital desfrutada e como força que atua no contexto da vida. Ele sente cada tempo presente, o presente em Leipzig, em Estrasburgo, em Frankfurt, preenchido e determinado pelo passado e se estendendo até a configuração do futuro – isso significa, porém, que ele os vê como desenvolvimento. Aqui nossos olhos ganham, então, mais profundamente o interior das relações que existem entre as categorias como instrumentos de apreensão da vida. O sentido da vida reside na configuração, no desenvolvimento; a partir daí determina-se o significado dos momentos vitais de uma maneira própria; ela é ao mesmo tempo valor próprio vivenciado do momento e a sua força atuante.

Toda vida tem um sentido próprio. Esse sentido baseia-se em uma conexão significativa, na qual todo presente rememorável possui um valor próprio; e, contudo, no contexto da lembrança, ele se encontra em uma ligação com um sentido do todo. Esse sentido da existência individual é totalmente singular, indissolúvel para o conhecimento, e, porém, ele representa em sua espécie, tal como uma mônada de Leibniz, o universo histórico.

4. A autobiografia

A autobiografia é a forma mais elevada e mais instrutiva, na qual a compreensão da vida vem ao nosso encontro. Aqui, um transcurso vital é o elemento manifesto, algo que aparece sensivelmente, a partir do qual, então, a compreensão se aproxima daquilo que produziu esse transcurso vital em um meio social. Pois aquele que compreende esse transcurso vital é aqui idêntico àquele que o produziu. A partir daí conquista-se uma intimidade particular em meio ao compreender. O mesmo homem que busca a conexão na história de sua vida, concretiza em tudo aquilo que sentiu como valor de sua vida, como finalidade dessa vida, em tudo aquilo que esboçou como plano de vida, que considerou, olhando para trás, como seu desenvolvimento, e, olhando para frente, como a configuração de sua vida e de seu bem supremo – em tudo isso, ele já estabelece uma conexão própria à sua vida sob diversos pontos de vista, uma conexão que será agora expressa. Ele destaca e acentua em lembrança os momentos de sua vida que experimentou como significativos e deixa os outros mergulharem em esquecimento. O futuro corrigiu para ele as ilusões do momento no que concerne ao significado desse momento. Desse modo, as tarefas mais imediatas para a apreensão e a apresentação da conexão histórica já são aqui parcialmente resolvidas pela própria vida. As unidades são formadas nas concepções das vivências, nas quais algo presente e algo passado são mantidos juntos por meio de um significado comum. Dentre essas vivências estão aquelas que possuem uma dignidade particular para si e para a conexão da vida, que são conservadas na lembrança e destacadas do fluxo infinito do que aconteceu e foi esquecido; e uma conexão se formou na própria vida, a partir de diversos pontos de vista, em constantes modificações. Portanto, o trabalho da apresentação histórica já é em parte realizado pela própria vida. Unidades são formadas como vivências; a partir da multiplicidade infinita e inumerável é preparada uma seleção daquilo que é digno de apresentação. E entre esses elos vê-se uma conexão que não pode ser naturalmente uma simples cópia do real transcurso vital de tantos anos, que também não o quer ser, porque se trata justamente de uma compreensão, mas que exprime de qualquer modo aquilo que uma vida individual sabe sobre essa conexão nela mesma.

E aqui aproximamo-nos, então, das raízes de toda apreensão histórica. A autobiografia é apenas a autorreflexão do homem sobre o seu transcurso vital, uma autorreflexão expressa de maneira escrita. Tal autorreflexão, porém, renova-se em certo grau em todo indivíduo. Ela sempre está presente, ela se manifesta em formas sempre novas. Ela encontra-se nos versos de Sólon tanto quanto nas autoconsiderações do filósofo estoico, nas meditações dos santos e na filosofia da vida da época moderna. É somente ela que torna possível a visão histórica. O poder e a amplitude da própria vida, a energia da reflexão sobre ela é a base da visão histórica. Somente ela torna possível que proporcionemos uma segunda vida às sombras exangues daquilo que passou. Sua associação com uma necessidade ilimitada de se entregar à existência alheia, de perder o próprio si mesmo nessa existência, faz o grande historiógrafo.

O que é que, então, na consideração do transcurso da própria vida, constitui a conexão por meio da qual reunimos as suas partes singulares em um todo no qual a vida alcança a compreensão? Às categorias gerais do pensamento acrescentaram-se na compreensão da vida as categorias do valor, da finalidade e do significado. Dentre essas categorias estavam em seguida conceitos como configuração e desenvolvimento da vida. A diversidade dessas categorias é inicialmente condicionada pelo ponto de vista, a partir do qual o transcurso da vida é concebido no tempo.

Na medida em que olhamos para trás em lembrança, apreendemos a conexão entre os elos percorridos do transcurso vital sob a categoria de sua significação. Quando vivemos no presente, que é preenchido por realidades, experimentamos pelo sentimento seu valor positivo ou negativo. Quando nos lançamos em direção ao futuro, emerge desse comportamento a categoria da finalidade. Nós interpretamos a vida como a realização de uma finalidade suprema, à qual se subordinam todas as finalidades particulares, como a concretização de um bem supremo. Nenhuma dessas categorias pode ser subordinada às outras, uma vez que cada uma delas torna acessível para a compreensão o todo da vida a partir de um ponto de vista diverso. Assim, elas são incomparáveis entre si.

Todavia, faz-se valer uma diferença em sua relação com a compreensão do transcurso vital. Os valores próprios, que são experimentados na vivência do presente e só no interior dessa vivência, são aquilo que é primariamente experimentável. No entanto, eles se acham isolados uns ao lado dos outros. Pois cada um deles emerge na ligação do sujeito com um objeto que lhe é atual em um presente. (Em contrapartida, quando estabelecemos uma finalidade, comportamo-nos em relação à representação de um objeto que deve ser realizado.) Assim, os valores próprios encontram-se isolados uns ao lado dos outros; eles só são comparáveis e avaliáveis entre si. O que é designado para além disso como valor não designa senão relações com valores próprios. Se atribuirmos a um objeto um valor objetivo, então isso não significa senão que diversos valores são vivenciáveis em relação a ele. Se lhe atribuirmos um valor efetivo, então ele não é senão designado como capaz de tornar possível a aparição de um valor em uma posição posterior do transcurso do tempo. Todas essas são relações puramente lógicas, nas quais pode entrar o valor vivenciado no presente. Desse modo, a vida aparece sob o ponto de vista do valor como uma profusão infinita de valores existenciais positivos e negativos. Ela é como um caos de harmonias e dissonâncias. Cada uma dessas harmonias e dissonâncias é uma configuração sonora, que preenche um presente; entretanto, elas não possuem nenhuma relação musical entre si. A categoria da finalidade ou do bem, uma categoria que concebe a vida sob o ponto de vista de sua orientação para o futuro, pressupõe a categoria do valor. A conexão da vida, contudo, não pode ser produzida a partir dela, pois as relações recíprocas entre as finalidades não são senão as relações de possibilidade, escolha e subordinação. Somente a categoria do significado supera a mera justaposição, a mera subordinação entre as partes da vida. E como a história é lembrança e como a categoria do significado pertence a essa lembrança, é justamente essa a categoria mais própria ao pensamento histórico. Portanto, é importante desenvolvê-la agora antes de tudo em sua paulatina e constante formação.

Complemento a 3: a conexão da vida

Em conexão com as categorias do fazer e do sofrer os efeitos da ação, surge aqui, então, a categoria da força. Fazer e sofrer o efeito são, tal como vimos, a base do princípio de causalidade nas ciências naturais. Em sua forma mais rigorosa, o princípio foi desenvolvido na mecânica (conferir quanto a este ponto Einleitung in die Geisteswissenschaften – Introdução às ciências humanas, p.509ss. [*Schriften* I, p.399ss.]). Nas ciências naturais, força é um conceito hipotético. Quando elas supõem a sua validade, ele é determinado pelo princípio de causalidade. Nas ciências humanas, esse conceito é a expressão categorial para algo vivenciável. Ele emerge quando nos voltamos para o futuro, e isso acontece de múltiplas maneiras. Nos sonhos com uma felicidade vindoura, no jogo da imaginação com possibilidades, na dúvida e no medo. Sintetizemos agora, porém, essa propagação ociosa de nossa existência em direção a um ápice: em meio a tais possibilidades, nos decidimos pela realização de uma delas. A representação da meta que agora entra em cena contém algo novo, algo que ainda não estava presente no círculo das realidades e que adentrará agora este círculo: aquilo que está em questão aqui é – de maneira totalmente independente de toda e qualquer teoria sobre a vontade – um ajuste, que o psicólogo pode interpretar fisicamente, um direcionamento para um alvo, mas também o surgimento de uma *intenção de realização de algo* que ainda não se encontrava em nenhuma realidade, uma escolha a partir de possibilidades e uma intenção de realização de uma... representação determinada de finalidade. A escolha dos meios para a sua execução e esta execução mesma. Na medida em que a conexão vital realiza isso, nós a designamos como força.

Um conceito decisivo para as ciências humanas! Até onde elas alcançam, nós lidamos com um todo, com uma conexão. Por toda parte está contido nesse todo e nessa conexão um conjunto subsistente de estados como algo óbvio; na medida, porém, em que a história procura compreender e expressar as transformações, isso acontece por meio de conceitos, que expressam energias, direções do movimento, conversões das forças históricas. Quanto mais os conceitos históricos assumem esse caráter, tanto melhor eles expressam a natureza de seu objeto. Aquilo que, na fixação do objeto no conceito, fornece-lhe o caráter de validade independente do tempo pertence apenas à forma lógica dessa validade. Isso, contudo, significa formar conceitos que expressem a liberdade da vida e da história. Hobbes diz com frequência que a vida é um movimento constante. Leibniz e Wolff enunciam o fato de que, tanto para os indivíduos singulares quanto para as comunidades, a felicidade reside na consciência do progresso.

Todas essas categorias da vida e da história são formas de enunciados que – ainda que isso não se dê por toda parte em enunciados sobre o vivenciável, se dá de qualquer modo no desenvolvimento por meio de outras realizações – alcançam uma aplicação universal no campo das ciências humanas. Elas provêm do próprio vivenciar. Elas não são modos de dar forma que se acrescentam à vivência, mas as formas estruturais da própria vida em seu transcurso temporal ganham expressão nelas com base nas operações formais, fundadas na unidade da consciência. E o sujeito dessas categorias no interior da esfera das vivências? Ele é inicialmente o transcurso vital que se reflete em um corpo e que, enquanto um si próprio, é distinto do exterior – do não vivenciável, do alheio – nas relações de intenção e obstrução dessa intenção, de pressão do mundo exterior. É a partir das predicações expostas, porém, que ele obtém suas determinações mais próximas e, assim, no interior da esfera do vivenciar, todos os nossos enunciados já são sempre apenas predicações sobre essa conexão de vida determinada; e isso já na medida em que possuem seu objeto no transcurso da vida e, correspondendo à natureza do enunciado, expõem predicados sobre esse transcurso. Eles obtêm o caráter do comum, do geral, por meio do fato de possuírem o espírito objetivo como pano de fundo e a concepção de outras pessoas como o seu correlato constante.

No entanto, a compreensão do próprio transcurso vital realiza-se, então, em um último grupo de categorias, que se distinguem essencialmente das categorias até aqui. As categorias até aqui estavam em relação de parentesco com as categorias relativas ao conhecimento da natureza. Agora, contudo, vêm ao nosso encontro categorias com as quais nada nas ciências naturais pode ser comparado.

A apreensão e a interpretação da própria vida são transpassadas por uma longa série de níveis; a explicação mais perfeita é a autobiografia. Aqui, o si mesmo apreende de tal modo seu transcurso vital, que ele se conscientiza dos substratos humanos, das relações históricas nas quais ele é entretecido. A autobiografia pode se ampliar, assim, para um quadro histórico; e somente o fato de ela ser suportada pela vivência e tornar compreensível a partir dessa profundeza o próprio si mesmo e as suas relações com o mundo lhe proporciona os seus limites, mas também o seu significado. A meditação de um homem sobre si mesmo permanece um alvo e uma base.

II. A compreensão de outras pessoas e as suas manifestações vitais

A compreensão e a interpretação são o método que preenche as ciências humanas. Todas as funções unificam-se nele. Ele contém todas as verdades em si. Em cada ponto, a compreensão abre um mundo.

Sobre a base da vivência e da compreensão de si mesmo, assim como em uma ação recíproca constante que ocorre entre as duas, forma-se a compreensão de manifestações vitais e de pessoas alheias. Não se trata aqui de uma construção lógica ou de uma dissecação psicológica, mas de uma análise com um intuito teórico e epistemológico. Visa-se a constatar a utilidade da compreensão dos outros para o saber histórico.

1. As manifestações da vida

Aquilo que é dado são aqui manifestações da vida. Entrando em cena no mundo sensível, as manifestações da vida são expressão de algo espiritual; elas tornam possível que o conheçamos. Não entendo aqui por manifestações da vida apenas as expressões, que visam a ou que querem significar algo, mas também aquelas que, como expressão de algo espiritual, tornam compreensível para nós algo desse gênero sem tal intenção.

O tipo e a utilidade da compreensão são diversos segundo as classes das manifestações da vida.

A primeira dessas classes é formada por conceitos, juízos, construtos maiores de pensamento. Como componentes da ciência destacados da vivência em que entram em cena, eles possuem em sua adequação à norma lógica um caráter fundamental comum. Esse caráter reside em sua mesmidade, independentemente da posição em que vêm à tona na conexão de pensamento. O juízo enuncia a validade de um conteúdo de pensamento, independentemente da mudança de sua aparição, da diversidade das épocas ou das pessoas. Justamente aqui reside também o sentido do princípio de identidade. Assim, o juízo é o mesmo naquele que o enuncia e naquele que o compreende; como que por meio de um transporte, ele sai inalterado da posse daquele que o enuncia e passa para a posse daquele que o compreende. Para toda e qualquer conexão de pensamento logicamente perfeita, isso determina o caráter específico da compreensão. A compreensão está dirigida aqui para o mero conteúdo de pensamento, conteúdo esse que é igual a si mesmo em cada conexão, e, assim, a compreensão é aqui mais perfeita do que em relação a toda e qualquer outra manifestação da vida. Ao mesmo tempo, contudo, para aquele que apreende, ela não enuncia nada sobre suas relações com o pano de fundo obscuro e com a plenitude da vida psíquica. Não ocorre aqui nenhuma indicação das particularidades da vida das quais a compreensão proveio; e de seu caráter específico segue o fato de ela não conter nenhuma exigência de retornar ao nexo psíquico.

Outra classe de manifestações da vida é formada pelas ações. Uma ação não emerge da intenção relativa à comunicação. Segundo a relação em que ela se encontra com uma finalidade, porém, essa finalidade está dada nela. A ligação da ação com o elemento espiritual que se expressa desse modo nela é regular e permite suposições prováveis sobre ele. No entanto, é totalmente necessário separar a situação da vida psíquica condicionada pelas circunstâncias, uma situação que provoca a ação e em relação à qual a ação se mostra como expressão, da própria conexão vital na qual esta situação está fundada. Por meio do poder de uma motivação decisiva, o feito escapa da plenitude da vida para o interior da unilateralidade. Como quer que possa vir a ser ponderado, ele não enuncia senão uma parte de nossa essência. Possibilidades que residiam nessa essência são aniquiladas por ele. Assim, a ação se destaca do pano de fundo da conexão vital. E sem explicitar o modo como as circunstâncias, a finalidade, os meios e a conexão vital se articulam nela, ela não admite nenhuma determinação universal do interior do qual surgiu.

As coisas dão-se de uma maneira totalmente diversa no caso da expressão de uma vivência! Subsiste aqui uma relação particular entre a expressão, a vida da qual ela provém e a compreensão que ela provoca. A expressão pode conter mais da conexão psíquica do que toda e qualquer introspecção permite reconhecer. Ela a alça das profundezas que a consciência não ilumina. Todavia, reside ao mesmo tempo na natureza da expressão de uma vivência o fato de a relação entre ela e o elemento espiritual nela expresso só poder ser colocada com muitas reservas à base da compreensão. A expressão não cai sob o juízo verdadeiro ou falso, mas sob o juízo inverossimilhança e verossimilhança. Pois dissimulação, mentira e ilusão rompem aqui a ligação entre a expressão e o elemento espiritual expresso.

Nesse caso, porém, faz-se valer uma diferença importante e é nessa diferença que repousa a significação mais elevada, à qual a expressão de uma vivência pode se alçar nas ciências humanas. Aquilo que emerge da vida cotidiana encontra-se sob o poder de seus interesses. Aquilo que concerne constantemente à perecibilidade tem a sua interpretação determinada pela hora. Algo pavoroso reside no fato de toda expressão poder iludir na luta entre os interesses práticos e também de a interpretação se alterar por meio da mudança de nossa posição. No entanto, na medida em que, nas grandes obras, algo espiritual se destaca de seu criador, do poeta, do artista, do escritor, entramos em uma região na qual termina a ilusão. Segundo as relações aqui vigentes que desenvolveremos mais tarde, nenhuma obra de arte verdadeiramente grande consegue simular um conteúdo alheio ao seu autor e ela nem quer dizer absolutamente nada sobre o autor. Verdadeira em si, ela se encontra fixada, visível, duradouramente presente, e, com isso, uma compreensão artística segura da obra torna-se possível. Assim, nos confins entre saber e ação, emerge uma esfera na qual a vida se revela em uma profundidade que não é acessível à observação, à reflexão e à teoria.

2. As formas elementares da compreensão

A compreensão emerge inicialmente dos interesses da vida prática. Aqui, as pessoas dependem do trânsito mútuo. Elas precisam se tornar reciprocamente compreensíveis. Um precisa saber o que o outro quer. Assim surgem inicialmente as formas elementares da compreensão. Elas são como letras, cuja composição torna possível as suas formas mais elevadas. Por tal forma elementar compreendo a interpretação de uma manifestação da vida particular. Ela pode ser apresentada logicamente em uma conclusão analógica. Essa conclusão é mediada pela ligação regular entre ela e aquilo que se acha expresso nela. E em cada uma das classes indicadas, a manifestação da vida particular é capaz de tal interpretação. Uma série de letras em composições de palavras que formam uma proposição é a expressão de um enunciado. Uma expressão facial designa para nós alegria ou dor. Os atos elementares, dos quais se compõem as ações que se encontram conectadas, tal como o levantar um objeto, o deixar cair um martelo, o corte da madeira com uma serra, designam para nós a presença de certas finalidades. De acordo com isso, não tem lugar nessa compreensão um retorno a toda a conexão vital que forma o sujeito duradouro das manifestações vitais. Nós também não sabemos nada sobre uma conclusão, na qual ele surgiria.

A relação fundamental, sobre a qual repousa o processo da compreensão elementar, é a relação da expressão com aquilo que é expresso nela. A compreensão elementar não é nenhuma conclusão que parte de um efeito em direção à sua causa. Nem com uma formulação mais cautelosa podemos concebê-la como um procedimento que remonta a partir de um efeito dado até um pedaço qualquer de manifestação da vida que torna possível o efeito. Certamente, essa última relação está contida no próprio estado de coisas, e, assim, a passagem dessa relação para esse estado de coisas está sempre, por assim dizer, à porta: mas ela não precisa entrar.

E aquilo que se encontra assim reciprocamente ligado está mutuamente articulado de uma maneira particular. Em sua forma mais elementar, a relação entre as manifestações vitais e o elemento espiritual dominante em toda compreensão se faz valer aqui. Uma relação de acordo com a qual o movimento da compreensão ante o elemento espiritual expresso transpõe a finalidade para o interior desse elemento, sem que, contudo, as manifestações dadas nos sentidos sucumbam ao elemento espiritual. O modo como duas coisas, por exemplo os gestos e o pavor, não se mostram como uma justaposição, mas como uma unidade, está fundado nessa relação fundamental entre a expressão e o elemento espiritual. A isso se alia, então, porém, o caráter específico de todas as formas elementares da compreensão, um caráter do qual falaremos agora.

3. O espírito objetivo e a compreensão elementar

Apresentei o significado do espírito objetivo para a possibilidade do conhecimento nas ciências humanas. Compreendo por tal espírito as múltiplas formas, nas quais os pontos em comum que existem entre os indivíduos se objetivaram no mundo sensível. Nesse espírito objetivo, o passado é um presente constantemente duradouro para nós. Sua área estende-se desde o estilo de vida e as formas de trânsito até a conexão das finalidades que a sociedade formou para si, os hábitos, o direito, o Estado, a religião, a arte, as ciências e a filosofia. Pois mesmo a obra de um gênio representa uma comunhão de ideias e de vida anímica, o compartilhamento de um ideal em uma época e em uma região. Nosso si próprio recebe desde a primeira infância o seu alimento desse mundo. O mundo também é o meio, no qual a compreensão de outras pessoas e de suas manifestações vitais se realiza. Pois tudo em que o espírito se objetivou contém em si algo comum ao eu e ao tu. Toda praça arborizada, todo espaço no qual temos uma organização dos lugares para se sentar, é compreensível para nós desde pequenos, porque o estabelecimento humano de finalidades, a organização, a determinação valorativa como algo comum indica a todos os lugares e a todos os objetos no quarto a sua posição. A criança cresce em uma ordem e em um hábito próprios à família, os quais ela compartilha com os outros membros. As instruções da mãe são acolhidas por ela em conexão com isso. Antes que aprende a falar, ela já imergiu totalmente no meio dos elementos comuns. E ela só aprende a compreender os gestos e expressões faciais, os movimentos e chamados, as palavras e as frases, porque eles vêm ao seu encontro incessantemente como os mesmos e com a mesma ligação com aquilo que significam e expressam. Assim, o indivíduo se orienta no mundo do espírito objetivo.

A partir daí surge, então, uma consequência importante para o processo da compreensão. A manifestação da vida, que abarca o indivíduo, não é normalmente para ele apenas essa manifestação como uma manifestação particular, mas se acha por assim dizer imbuída de um saber sobre o elemento comum e de uma relação dada nesse elemento com um interior.

Essa inserção da manifestação da vida particular em algo comum é facilitada pelo fato de o espírito objetivo conter em si uma ordem articulada. Ele abarca conexões particulares homogêneas, tais como o direito ou a religião, e essas conexões possuem uma estrutura fixa e regular. Assim, no caso do direito civil, os imperativos expostos nos parágrafos da lei, imperativos que devem assegurar à concretização de uma relação vital o grau possível de perfeição, estão ligados a uma ordem processual, com tribunais e instalações para a execução das decisões próprias a esses tribunais. No interior desta conexão subsiste uma multiplicidade de diferenças típicas. As manifestações vitais particulares que vão ao encontro do sujeito da compreensão podem ser apreendidas como pertencentes a uma esfera dotada de um caráter comum, como pertencentes a um tipo. E com isso, segundo a relação entre a manifestação vital e o elemento espiritual, relação essa que subsiste no interior deste espaço comum, o complemento do elemento espiritual pertencente à manifestação vital é dado ao mesmo tempo com a inserção em algo comum. Uma frase é compreensível por meio do elemento comum que subsiste em uma comunidade linguística em relação ao significado das palavras e das formas flexionadas, tal como o sentido da articulação sintática. A ordem do comportamento fixada em um determinado círculo cultural torna possível que palavras de saudação e reverências em suas gradações designem uma determinada posição espiritual em relação a outras pessoas e sejam compreendidas como tais. O trabalho artesanal possui, nos diversos países, um procedimento determinado e desenvolve determinados instrumentos para a realização de uma finalidade; a sua finalidade torna-se compreensível para nós a partir desses instrumentos, quando ele <o artesão> usa o martelo ou a serra. Por toda parte, a ligação entre a manifestação vital e o elemento espiritual é fixada aqui em um espaço comum por meio de uma ordem. E, assim, explica-se por que ela está presente na apreensão da manifestação vital particular e por que, sem um procedimento conclusivo consciente com base na relação entre a expressão e aquilo que é expresso, os dois elos do processo são totalmente amalgamados em uma unidade na compreensão.

Se buscarmos uma construção lógica para a compreensão elementar, então se revela, a partir do elemento comum, no qual é dada uma conexão entre a expressão e aquilo que é expresso, essa conexão mesma em um caso particular; por intermédio desse elemento comum é predicado pela manifestação da vida o fato de ela ser a expressão de algo espiritual. Portanto, há uma conclusão analógica, na qual o predicado é enunciado com probabilidade pelo sujeito por intermédio da série limitada de casos contida naquilo que é comum.

A doutrina aqui apresentada sobre a diferença entre as formas elementares e as formas superiores da compreensão justifica a separação tradicional da interpretação pragmática ante a interpretação histórica, na medida em que essa separação reconduz a diferença a uma relação que se baseia na própria compreensão entre as formas elementares e as formas compostas.

4. As formas superiores da compreensão

A passagem das formas elementares do compreender para as formas superiores já está estabelecida nas formas elementares. Quanto mais ampla se torna a distância interna entre uma dada manifestação da vida e aquele que compreende, tanto mais frequentemente surgem inseguranças. Nós tentamos suprimi-las. Uma primeira passagem para as formas superiores da compreensão surge pelo fato de a compreensão partir da conexão normal entre a manifestação da vida e o elemento espiritual que se expressa nela. Quando, como resultado da compreensão, vem à tona uma dificuldade interna ou uma contradição com algo de resto conhecido, aquele que compreende é colocado à prova. Ele lembra-se dos casos em que não ocorreu a relação normal entre a manifestação da vida e o interior. Tal desvio já está presente nesses casos quando, por uma atitude impenetrável, ou pelo silêncio, não deixamos que estranhos percebam os nossos estados internos, as nossas ideias e as nossas intenções. Aqui, a ausência de uma manifestação visível da vida é falsamente interpretada pelo observador. Não é em poucos casos, contudo, que precisamos contar com o fato de subsistir para além disso a intenção de nos iludir. Expressões faciais, gestos e palavras estão em contradição com o interior. Assim, de diversas maneiras, surge a tarefa de recorrer a outras manifestações da vida ou de retornar a toda a conexão vital, a fim de que se possa chegar a uma decisão sobre as nossas dúvidas.

A partir do trânsito da vida prática também surgem, contudo, exigências autônomas de juízos sobre o caráter e as capacidades dos homens particulares. Contamos constantemente com interpretações de gestos particulares, expressões faciais, ações orientadas por finalidades ou grupos copertinentes de tais ações; elas se realizam em conclusões analógicas, mas nossa compreensão nos leva mais além: comércio e trânsito, vida social, profissão e família nos levam a conquistar uma visão da interioridade das pessoas que estão à nossa volta, a fim de constatar o quão amplamente podemos contar com elas. Aqui, a relação entre a expressão e aquilo que é expresso passa para o interior da relação entre a multiplicidade de manifestações da vida de uma outra pessoa e a conexão interna que se acha à sua base. Isso nos leva mais além e nos faz considerar até mesmo as circunstâncias alternantes. Trata-se aqui, portanto, de uma conclusão por indução que sai das manifestações particulares da vida para o todo da conexão vital. Sua pressuposição é o saber acerca da vida psíquica e das relações vitais entre (com) o meio social e as circunstâncias. Por ser limitado, como a série das manifestações dadas da vida, e indeterminado como a conexão basilar, o seu resultado só pode requisitar para si o caráter da probabilidade. E quando deduzimos dele uma ação da unidade vital compreendida sob novas circunstâncias, então a conclusão dedutiva construída com vistas à intelecção conquistada de uma conexão psíquica só pode concluir em termos de uma expectativa ou de uma possibilidade. O progresso de uma conexão psíquica, à qual se atribui apenas probabilidade, por meio da aparição de novas circunstâncias, até o modo como ela reagirá a essas circunstâncias, só pode evocar uma expectativa, mas não uma certeza. Como logo se mostrará, a própria pressuposição é capaz de passar por um processo de formação cada vez mais amplo; também se comprovará, porém, que ela não pode ser elevada ao nível da certeza.

Não são todas as formas mais elevadas da compreensão, contudo, que repousam sobre a relação fundamental daquilo que foi efetuado com aquilo que é atuante. Mostrou-se como esta suposição não é pertinente às formas mais elementares da compreensão; mas mesmo uma parte muito importante das formas mais elevadas está fundada na relação entre a expressão e aquilo que é expresso. A compreensão das criações espirituais é em muitos casos dirigida para a conexão, na qual as partes particulares de uma obra, tal como elas ganham sucessivamente a apreensão, formam um todo. O fato de a forma de nosso saber sobre o mundo espiritual se fazer valer em sua autonomia possui uma significação suprema para o fato de o compreender realizar a mais elevada contribuição para esse nosso saber. Um drama é encenado. Não são apenas os espectadores iletrados que vivem totalmente na ação, sem pensar no autor da peça, mas mesmo o indivíduo literariamente culto pode viver totalmente sob o encanto daquilo que acontece aí. Nesse caso, sua compreensão se orienta pelo nexo da ação, pelos caracteres das personagens, pela interpenetração dos momentos que determinam a virada do destino. Com efeito, é somente então que ele pode desfrutar da realidade plena do recorte de vida que é apresentado. É somente então que se realiza nele plenamente um processo de compreensão e de revivência tal como o poeta procura provocar nele. E sobre toda a região de tal compreensão de criações espirituais não domina senão a relação entre as expressões e o mundo espiritual expresso nelas. É somente quando o espectador nota como aquilo que ele acolheu justamente como uma parte da realidade surgiu de maneira engenhosa e planejada na cabeça do poeta, que a compreensão que tinha sido regida por essa relação de uma quintessência de manifestações de vida com aquilo que é expresso nelas se transpõe para a compreensão, na qual impera a relação entre uma criação e o criador.

Se resumirmos as formas indicadas do compreender superior, então seu caráter comum é o fato de, em uma conclusão indutiva, ele trazer à compreensão a conexão de um todo a partir de manifestações dadas. A relação fundamental que determina o progresso do exterior para o interior é ou bem a relação entre a expressão e aquilo que é expresso ou bem predominantemente a relação daquilo que é efetuado com aquilo que é efetuante. O procedimento repousa sobre a compreensão elementar, que torna, por assim dizer, acessível os elementos para a reconstrução. Mas ele se distingue da compreensão elementar por meio de outro traço que torna visível a natureza do compreender superior.

O compreender tem sempre algo particular por seu objeto. E em suas formas superiores, a partir da reunião indutiva daquilo que é dado conjuntamente em uma obra ou em uma vida, ele chega, então, à conclusão da conexão em uma obra ou em uma pessoa, ou seja, em uma relação vital. Na análise da vivência e da compreensão, porém, tivemos como resultado o fato de o singular no mundo espiritual ser um valor próprio, até mesmo o único valor próprio que podemos sem dúvida alguma constatar. Assim, ele não nos ocupa apenas como um caso do universalmente humano, mas como uma totalidade individual. Independentemente do interesse prático que nos obriga constantemente a contar com os outros homens, em formas nobres ou em formas terríveis, vulgares ou tolas, essa ocupação assume um espaço destacado em nossas vidas. O segredo da pessoa estimula, em virtude de si mesmo, sempre novas e mais profundas tentativas de compreensão. E em tal compreensão abre-se o império dos indivíduos, que abarca o homem e suas criações. Nisso reside o desempenho mais próprio da compreensão para as ciências humanas. O espírito objetivo e a força do indivíduo determinam conjuntamente o mundo espiritual. A história baseia-se na compreensão dos dois.

Nós compreendemos os indivíduos por conta de seu parentesco entre si, por conta dos elementos comuns presentes neles. Esse processo pressupõe a conexão do elemento universalmente humano com a individuação que se expande sobre a sua base na multiplicidade das existências espirituais, e nele resolvemos constantemente de maneira prática a tarefa de atravessar interiormente esse emergir para a individuação. O material para a solução dessa tarefa é formado pelos dados particulares, tal como eles são sintetizados pela indução. Cada um desses dados é algo individual e é apreendido dessa forma no processo. Por isso, eles contêm um momento que torna possível a apreensão da determinação individual do todo. A pressuposição característica desse procedimento assume, contudo, por meio da submersão no particular e por meio da comparação desse particular com o outro, formas cada vez mais desenvolvidas, e, desse modo, a atividade da compreensão conduz a profundezas cada vez maiores do mundo espiritual. Assim como o espírito objetivo contém em si uma ordem que é articulada em tipos, na humanidade também está contido algo como um sistema ordenado que conduz da regularidade e da estrutura existentes no universalmente humano para os tipos, por meio dos quais o compreender apreende os indivíduos. Se partirmos do fato de esses indivíduos não se distinguirem pelas diferenças qualitativas, mas, por assim dizer, por uma acentuação dos momentos particulares, como quer que possamos expressar esses momentos psicologicamente, então o princípio interno da individuação reside nessa acentuação. E se pudéssemos efetivar ao mesmo tempo as duas coisas no ato da compreensão, tanto a transformação da vida psíquica e de sua situação por meio das circunstâncias como o princípio externo da individuação, quanto a variação por meio dos acentos diversos dos momentos estruturais como o princípio interno, então a compreensão dos homens, das obras poéticas e beletristas se mostraria como um acesso ao grande mistério da vida. E esse é de fato o caso. Para percebermos isso, precisamos visualizar aquilo que não é acessível por fórmulas lógicas na compreensão de nenhuma apresentação – e o que está em questão aqui não pode ser outra coisa senão uma apresentação esquemática e simbólica.

5. Transposição, reprodução de imagens[2] e revivência

A posição que a compreensão mais elevada assume ante o seu objeto é determinada por sua tarefa: descobrir uma conexão vital no interior daquilo que é dado. Isso só é possível na medida em que a conexão, que consiste na própria vivência e é experimentada em casos inumeráveis, está sempre presente e pronta com todas as possibilidades que nela se encontram. Denominamos essa constituição dada na tarefa da compreensão um "transpor-se para o interior de", seja para o interior de um homem ou de uma obra. Todo verso de um poema é convertido assim em vida pela conexão interna existente na vivência da qual parte o poema. Possibilidades que residem na alma são evocadas pelas palavras manifestas que apreendemos por meio das capacidades elementares da compreensão. A alma percorre as vias habituais, das quais ela desfrutava e padecia, as quais ela exigia e sobre as quais ela atuava outrora a partir de conjunturas vitais afins. Caminhos inumeráveis estão abertos no passado e nos sonhos do futuro; das palavras lidas partem inumeráveis caminhos de pensamento. Na medida mesmo em que o poema indica uma situação exterior, ele atua de maneira a favorecer que as palavras do poeta evoquem o afeto que lhe é pertinente. Aqui também se faz valer aquela relação já citada, segundo a qual expressões da vivência contêm mais do que aquilo que reside na consciência do poeta ou do artista, e, por isso, também nos fazem lembrar mais. Assim, caso se deduza da posição da tarefa da compreensão a presença daquilo que é propriamente

2 O termo alemão *nachbilden* é de difícil tradução. Traduzido em seu conteúdo semântico, ele indica o movimento de formar algo (*bilden*) a partir de (*nach*) um modelo. Exatamente por isso, sua tradução mais comum é imitar ou copiar. Como esses termos obscurecem, contudo, o acento no processo de formação de imagens, decisivo para Dilthey, optamos pela locução "reprodução de imagens". (N. T.)

vivenciado da conexão psíquica, então também designamos isso como o *transporte* do próprio si mesmo para o interior da quintessência dada de manifestações da vida.

Sobre a base desse "transpor-se para o interior de", sobre a base dessa transposição, emerge a forma suprema na qual a totalidade da vida psíquica se mostra como efetiva no compreender – a reprodução de imagens ou a revivência. O compreender é em si uma operação inversa ao próprio transcurso efetivo. Um covivenciar pleno está ligado ao fato de a compreensão prosseguir na linha do próprio acontecimento. Ela é impelida para frente, progredindo de maneira constante com o próprio transcurso vital. Assim, amplia-se o processo do "transpor-se para o interior de", o processo da transposição. A revivência é uma criação na linha do acontecimento. Dessa forma, seguimos em frente com a história da época, com um evento em um país estranho ou com algo que ocorre na alma de um homem próximo de nós. A transposição alcança a sua consumação lá onde o acontecimento é percorrido pela consciência do poeta, do artista ou do historiógrafo, sendo fixado, então, em uma obra e apresentando-se diante de nós de modo duradouro.

Com isso, o poema lírico possibilita na sequência de seus versos a revivência de uma conexão de vivências: não da conexão real, que estimulou o poeta, mas daquela que, com base nela, o poeta coloca na boca de uma pessoa ideal. A sequência das cenas em uma peça teatral possibilita a revivência dos fragmentos oriundos do transcurso vital das personagens que surgem. A narrativa de um romancista ou de um historiógrafo que acompanha o transcurso histórico provoca em nós uma revivência. O triunfo da revivência é o fato de que nela os fragmentos de um transcurso são completados de tal modo que acreditamos ter diante de nós uma continuidade.

Mas no que consiste essa revivência? O processo interessa-nos aqui apenas em sua capacidade; não pretendemos dar um esclarecimento psicológico sobre ele. Assim, também não discutiremos a relação desse conceito com os conceitos de simpatia e de empatia, apesar de a conexão entre eles estar claramente presente no fato de a simpatia fortalecer a energia da revivência. Percebemos a capacidade significativa dessa revivência para a nossa apropriação do mundo espiritual. Ela repousa em dois momentos. Toda a atualização vivaz de um meio ambiente e de uma conjuntura externa estimula a revivência em nós. E a fantasia consegue intensificar ou atenuar o acento nos modos de comportamento, forças, sentimentos, aspirações, orientações das ideias que estão contidos em nossa própria conexão, reproduzindo em imagens toda a vida psíquica alheia. O palco se abre. Ricardo aparece e na medida em que segue suas palavras, facetas e seus movimentos, uma alma móvel pode revivenciar algo que se encontra fora de toda possibilidade de sua vida real e efetiva. A floresta fantástica em *Como quiseres* transpõe-nos em um estado de humor que nos permite reproduzir em imagens todas as excentricidades.

E nessa revivência reside, então, uma parte significativa da aquisição de coisas espirituais, uma aquisição que devemos ao historiógrafo e ao poeta. O transcurso da vida realiza em cada homem uma determinação constante, na qual suas possibilidades se restringem. A configuração de sua essência sempre determina para cada um o seu desenvolvimento contínuo. Em suma, cada um sempre experimenta, quer ele leve em consideração agora a fixação de sua situação ou a forma de sua conexão vital, o fato de a esfera de novas visões da vida e das viradas internas da existência pessoal ser demarcada. A compreensão, por sua vez, lhe abre um vasto reino de possibilidades que não estão presentes na determinação de sua vida real e efetiva. A possibilidade de vivenciar estados religiosos em minha própria existência está limitada de maneira estreita tanto para mim, quanto para a maioria dos homens de hoje. No entanto, na medida em que atravesso as cartas e os escritos de Lutero, os relatos de seus contemporâneos, as atas das conversas religiosas e dos concílios, assim como de seu trânsito oficial, vivencio um fenômeno religioso de uma violência eruptiva, de uma energia, em que tudo se mostra como uma questão de vida e morte, que esse fenômeno se encontra para além de toda e qualquer possibilidade de vivência para um homem de nossos dias. Todavia, estou em condições de revivenciá-lo. Transponho-me para o interior das circunstâncias: tudo nessas circunstâncias impele para um desenvolvimento absolutamente extraordinário da vida religiosa do ânimo. Vejo nos monastérios a presença de uma técnica que possibilita o trânsito com as coisas invisíveis, um trânsito que dá às almas monásticas uma orientação constante na visão das coisas transcendentes: as controvérsias religiosas transformam-se aqui em questões da existência interior. Vejo como aquilo que assim se forma nos monastérios se propaga no mundo laico por inumeráveis canais – púlpitos, confissões, cátedras, escritos; e agora percebo como concílios e movimentos religiosos difundiram a doutrina da igreja invisível e do sacerdócio universal, como eles entram em relação com a libertação do caráter pessoal na vida mundana; como, com isso, aquilo que é conquistado na solidão da cela e em batalhas de uma intensidade tal como a descrita se afirma ante a igreja. O cristianismo como uma força capaz de configurar a vida em família, profissão, relações políticas – trata-se de um novo poder, ao encontro do qual segue o espírito do tempo nas cidades e por toda parte onde é feito um trabalho mais elevado, em Hans Sachs e em Dürer, entre outros. Porquanto Lutero se dirige para o ápice desse movimento, vivenciamos o seu desenvolvimento com base em uma conexão que se estende desde o elemento universalmente humano até a esfera religiosa, seguindo a partir dessa esfera e caminhando pela sua determinação histórica até alcançar a sua individualidade. Desse modo, esse processo abre para nós um mundo religioso presente nele e nos contemporâneos dos primeiros tempos da Reforma, um mundo religioso que amplia nosso horizonte em termos de possibilidades da vida humana que só nos são acessíveis dessa forma. Com isso, o homem determinado internamente vivencia na imaginação muitas outras existências. Diante daquele que é limitado pelas circunstâncias abrem-se estranhas belezas do mundo e regiões da vida que ele nunca pode alcançar. Dito de maneira muito genérica: o homem ligado e determinado pela realidade da vida não é posto em liberdade apenas pela arte – o que é desenvolvido com uma frequência maior –, mas também pela compreensão do elemento histórico. E esse efeito da história, que os seus amesquinhadores mais modernos não viram, é ampliado e aprofundado nos níveis mais amplos da consciência histórica.

6. A exegese ou interpretação[3]

O quão distintamente se mostra na reprodução de imagens e na revivência daquilo que é alheio e passado o fato de a compreensão repousar sobre uma genialidade pessoal particular! No entanto, na medida em que a compreensão é uma tarefa significativa e duradoura, que funciona como base da ciência histórica, a genialidade pessoal se transforma em uma técnica, que por sua vez se desenvolve com o progresso da consciência histórica. Essa técnica está ligada ao fato de manifestações vitais existirem diante da compreensão, de modo que a compreensão sempre pode retornar uma vez mais a elas. Denominamos *exegese* o compreender artisticamente estruturado de manifestações vitais duradouramente fixadas. Como a vida espiritual só encontra na linguagem a sua expressão plena, completa e, por isso, passível de uma apreensão objetiva, a exegese se consuma na interpretação dos resíduos da existência humana contidos na *escrita*. Essa arte é a base da filologia. E a ciência dessa arte é a hermenêutica.

À exegese dos resíduos que chegaram até nós está ligada necessariamente a crítica interna a esses resíduos. Essa crítica surge das dificuldades oferecidas pela exegese e conduz, com isso, à depuração dos textos, à rejeição de fragmentos de documentos, obras e tradições. No decorrer da história, exegese e crítica sempre desenvolveram novos meios para a solução de sua tarefa, assim como a

3 Dilthey faz aqui uma distinção entre dois termos que são normalmente traduzidos pelo mesmo vocábulo em português: *Auslegung* e *Interpretation*. Para seguir essa nuança significativa por ele estabelecida, optamos por traduzir *Auslegung* (ao pé da letra ex-posição) por exegese em função da proximidade etimológica entre os dois termos, resguardando o termo interpretação para a tradução do vocábulo de origem latina *Interpretation*. (N. T.)

pesquisa científico-natural sempre desenvolveu novos refinamentos do experimento. Sua transferência de uma geração de filólogos e historiadores para outra se baseia preponderantemente no contato pessoal entre os grandes virtuosos e a tradição de suas realizações. Nada na esfera das ciências parece tão pessoalmente condicionado e ligado ao contato entre as pessoas quanto essa arte filológica. Se a hermenêutica a regulamentou agora, então isso aconteceu no sentido de um nível histórico que buscava empreender uma normatização em todas as áreas. A essa normatização hermenêutica correspondiam teorias da criação artística que também concebiam essa criação como um fazer que pode acontecer como regra. No grande período do despontar para a consciência histórica na Alemanha, Friedrich Schlegel, Schleiermacher e Boeckh substituíram essa normatização hermenêutica por uma doutrina ideal que fundou a nova compreensão mais profunda em uma intuição da criação espiritual, tal como Fichte a tinha tornado possível e tal como Schlegel pensou apresentar em seu esboço de uma ciência da crítica. Sobre essa nova visão da criação repousa a ousada sentença de Schleiermacher de que o importante é compreender um autor melhor do que ele compreendeu a si mesmo. No interior desse paradoxo esconde-se, apesar de tudo, uma verdade que é capaz de receber uma fundamentação psicológica.

Hoje, a hermenêutica está entrando em um contexto que confere às ciências humanas uma nova tarefa significativa. A hermenêutica sempre defendeu a firmeza da compreensão ante o ceticismo histórico e a arbitrariedade subjetiva. Essa defesa deu-se quando ela combateu a exegese alegórica, e, em seguida, quando justificou, ante o ceticismo do Concílio de Trento, a compreensibilidade dos escritos bíblicos a partir desses escritos mesmos, essa grande doutrina protestante. E uma vez mais, quando fundamentou teoricamente diante de todas as dúvidas o progresso assegurado em termos futuros das ciências históricas em Schlegel, Schleiermacher e Boeckh. Atualmente, a hermenêutica precisa buscar uma relação com a tarefa epistemológica geral de apresentar a possibilidade de um saber sobre a conexão do mundo histórico e de descobrir os meios para a sua realização. A significação fundamental da compreensão foi esclarecida; importa determinar agora a partir das formas lógicas da compreensão e, seguindo em frente, o grau alcançável de universalidade nela.

Encontramos o ponto de partida para a constatação do valor de realidade dos enunciados próprios às ciências humanas no caráter da vivência que é um tornar-se consciente da realidade.

Se a vivência é elevada à consciência atenta nas potências elementares do pensamento, então essas potências só notam as relações que estão contidas na vivência. O pensamento discursivo representa aquilo que está contido na vivência. A compreensão repousa, então, primariamente sobre a ligação, contida em toda vivência que seja caracterizada como compreensão, da expressão com aquilo que é nela expresso. Essa ligação é vivenciável em sua peculiaridade diversa de todo o resto. Uma vez que ultrapassamos o âmbito estreito da vivência por meio da interpretação das manifestações vitais, a realização central da compreensão para a construção das ciências humanas veio à tona para nós. Também se mostrou, contudo, que o mesmo não pode ser apreendido simplesmente como uma capacidade do pensamento: transposição, reprodução de imagens e revivência – esses fatos apontaram para a totalidade da vida psíquica que é efetiva nesse processo. Nesse ponto, a compreensão encontra-se em conexão com a própria vivência, que não é senão o ato de tomar consciência de toda a realidade psíquica em uma situação dada. Desse modo, há em toda compreensão algo de irracional, assim como a própria vida é algo irracional; ela não pode ser representada por nenhuma fórmula oriunda de capacidades lógicas. E uma certeza última, apesar de totalmente subjetiva, que reside nessa revivência, não tem como ser substituída por nenhuma comprovação do valor cognitivo das conclusões nas quais o processo do compreender pode ser apresentado. Esses são os limites estabelecidos para o tratamento lógico da compreensão por sua própria natureza.

Se percebermos agora que as leis e as formas de pensamento possuem validade em cada parte da ciência e que, de acordo com a posição do conhecimento ante a realidade, também subsiste entre os métodos um amplo parentesco, então entraremos com a compreensão em modos de procedimento que não possuem nenhum tipo de analogia com os métodos científico-naturais, pois esses modos de procedimento repousam sobre a relação das manifestações da vida com o interior, que alcança nessas manifestações a sua expressão.

Do procedimento pensante da compreensão cindem-se, de início, o trabalho prévio gramatical e o trabalho prévio histórico, que servem apenas para colocar aquele que está <dirigido> para a compreensão de algo fixadamente existente na situação de um leitor do tempo e dos arredores do autor ante aquilo que é passado ou que se encontra espacial ou linguisticamente distante.

De uma quantidade de casos nos quais um elemento espiritual se expressa em uma série de manifestações vitais aparentadas e mostra o parentesco correspondente deduz-se, nas formas elementares da compreensão, o fato de a mesma relação também se dar em outro caso aparentado. Da recorrência do mesmo significado de uma palavra, de um gesto, de uma ação exterior, deduz-se seu significado em um novo caso. No entanto, notamos imediatamente o quão pouco se alcança com um esquema conclusivo por si. Nós vimos que, na realidade, as manifestações vitais são para nós sempre representações de algo universal; nós inferimos na medida em que subordinamos essas manifestações a um tipo de gesto, de ação, de uma esfera de utilização vocabular. Na conclusão que sai do particular para o particular está presente uma referência a algo comum, que é representado em todos os casos. E essa relação torna-se ainda mais clara quando não se infere, em relação a um novo caso, através da relação entre uma série de manifestações vitais aparentadas particulares com o elemento psíquico, cuja expressão elas são, mas quando componentes individuais mais compostos formam o objeto da dedução analógica. Assim, da junção regular de propriedades determinadas em um caráter composto, inferimos o fato de não faltar na presença dessa conexão em um novo caso um traço que ainda não tinha sido observado nesse caso. Com base na mesma dedução, atribuímos uma escrita mística que acaba de ser encontrada ou que precisa ser definida novamente em termos cronológicos a um círculo determinado da mística em um determinado tempo. Em tal dedução, porém, sempre reside a tendência para derivar, a partir dos casos particulares, o modo como em tal composição estrutural[4] as suas partes estão ligadas umas às outras, fundamentando, assim, mais profundamente o novo caso. Em realidade, é dessa forma que a dedução analógica passa para a conclusão indutiva com a aplicação a um novo caso. A demarcação desses dois modos de dedução não possui senão uma validade relativa no processo da compreensão. E nunca se obtém senão uma justificativa para um grau de algum modo limitado de expectativa no novo caso deduzido – um grau sobre o qual não pode ser estabelecida nenhuma regra geral e que só pode ser avaliado a partir das circunstâncias que são por toda parte diversas. Trata-se da tarefa de uma lógica das ciências humanas descobrir regras para essa avaliação.

Dessa maneira, o próprio processo compreensivo que encontra aí o seu fundamento precisa ser apreendido como indução. E essa indução pertence à classe na qual não se deriva uma lei universal de uma série incompleta de casos, mas na qual se deriva desses casos uma estrutura, um sistema ordenado que reúne os casos como partes em relação a um todo. Induções desse tipo são comuns às ciências naturais e às ciências humanas. Por meio de tal indução, Kepler descobriu o curso elíptico do planeta Marte. E tal como se estabeleceu aqui uma visão geométrica, que derivou uma regularidade matemática simples, a partir de observações e de cálculos, assim todo experimento no processo compreensivo precisa reunir as palavras em um sentido e o sentido dos elos particulares de um todo em sua estrutu-

4 O termo alemão *Gefüge* possui um campo semântico interessante. Na verdade, *Gefüge* deriva do verbo *fügen* que significa literalmente juntar, encaixar. *Gefüge* descreve a estrutura armada que surge da junção de várias peças. Em termos plásticos, podemos pensar aqui na armação de um estrado ou de um suporte trançado. Para acentuar esse campo semântico do termo original, optamos pela locução "composição estrutural". (N. T.)

ra. O que é dado é a sequência das palavras. Cada uma dessas palavras é determinada-indeterminada. Ela contém em si uma variabilidade de seu significado. Os meios de ligação sintática dessas palavras umas em relação às outras são igualmente plurissignificativos em limites fixos: o sentido surge na medida em que o indeterminado é determinado por meio da construção. Do mesmo modo o valor da composição dos elos do todo que são constituídos a partir das proposições é plurissignificativo em limites determinados e é fixado a partir do todo. Justamente essa determinação de particularidades determinadas-indeterminadas...

Adendos

1. O compreender musical

Na vivência, o próprio si mesmo não é nem apreensível sob a forma de um escoamento, nem na profundeza daquilo que ele envolve. Pois é tal como uma ilha que a pequena esfera da vida consciente se eleva da profundeza inacessível. Mas a expressão destaca dessa profundeza. Ela é criadora. E assim, na compreensão, a própria vida se torna acessível para nós, acessível por meio de uma reprodução imagética da criação. Com certeza, não temos senão uma obra diante de nós; para durar, essa obra precisa ser fixada em uma parte qualquer do espaço: em notas, em letras, em um fonograma ou, originariamente, em uma memória; no entanto, aquilo que é assim fixado é uma apresentação ideal de um transcurso, de uma conexão musical ou poética de uma vivência; e o que é percebido aí? Partes de um todo, que se desenvolvem e seguem em frente no tempo. Em toda parte, porém, atua aquilo que denominamos uma tendência. O som segue o som e se apresenta ao lado dele segundo as leis de nosso sistema sonoro; no interior desse sistema, contudo, residem possibilidades infinitas, e na direção de uma dessas possibilidades os sons seguem em frente de tal modo que os anteriores são condicionados pelos posteriores. Os elos ascendentes da melodia seriam, por assim dizer, paralelos. O elo anterior condiciona o posterior. No entanto, na última de uma das melodias ascendentes de uma obra de Händel, por exemplo, a primeira se encontra fundamentada. Do mesmo modo, a linha descendente dirige-se para o ponto final, é condicionada por ele – o posterior – e, ao mesmo tempo, o condiciona. Por toda parte há livres possibilidades. Em lugar algum nesse condicionamento há uma necessidade. Trata-se de algo como uma concordância livre de figuras que assumem uma tendência e se desviam dela de novo. Não há dúvida que não sabemos porquê de um segundo elo seguir exatamente dessa forma o primeiro com essa nova nuança da harmonia ou ao ser convertido nessa variação e adornado com essa figura. Esse precisar--ser-assim não é uma necessidade, mas a realização de um valor estético; e não há dúvida de que, em uma determinada posição, aquilo que segue não poderia ter se dado de outro modo. O que temos aqui também é uma tendência presente na criação para aquilo que a reflexão denomina belo ou sublime.

Prossigamos! A compreensão repousa sobre o fato de justamente o que passou ser retido na memória e entrar na intuição do elemento seguinte.

O objeto de estudo histórico da música não é o processo psíquico buscado por detrás da obra sonora, o elemento psicológico, mas o elemento objetivo, a saber, a conexão sonora que emerge na fantasia como expressão. A tarefa é, então, encontrar comparativamente – pois se trata de uma ciência comparativa – os meios sonoros para os efeitos particulares.

Em outro sentido, a música também é expressão de uma vivência. A vivência designa aqui todo tipo de associação de vivências singulares no presente e na memória, a expressão, um processo imaginativo, no qual a vivência aparece em meio ao mundo dos sons constantemente desenvolvido em termos históricos, no qual todos os meios que viram expressão se interligaram no interior da continuidade histórica da tradição. Assim, nessa criação imaginativa, não há nenhum construto rítmico, nenhuma melodia, que não fale de algo vivido, e, no entanto, tudo é mais do que expressão. Pois o mundo musical sempre está presente com as possibilidades infinitas de belezas sonoras e de significação dessas belezas, progredindo sempre na história e capaz de um desenvolvimento infinito; e é nesse mundo que vive o músico e não em seu sentimento.

Nenhuma história da música poderia tampouco enunciar algo sobre o modo como a vivência se transforma em música. Essa justamente é a realização suprema da música: o fato de aquilo que ocorre de maneira obscura e indeterminada em uma alma musical, com frequência sem que se atente para si mesmo, encontrar sem intenção uma expressão cristalina nos construtos musicais. Não há aí nenhuma duplicidade entre vivência e música, nenhum mundo duplo, nenhuma transferência de um para o outro. O gênio consiste justamente na vida na esfera sonora, como ela existe isoladamente, um esquecimento de todo destino e de todo sofrimento nesse mundo sonoro, e, contudo, de tal forma que tudo isso se dá aí. Também não há um caminho determinado da vivência para a música. Quem vivencia e apreende em si a música – algo memorizado, imagens flutuantes, atmosferas indeterminadas de um passado remoto, que se estendem até a música em meio aos encantamentos da criação – pode partir em algum momento de uma descoberta rítmica, outra vez de uma série harmônica ou, ainda, da vivência. Em todo o mundo da arte, a criação musical está ligada da maneira mais estreita possível com as regras técnicas e da maneira mais livre possível com a emoção anímica.

É nessa oscilação, contudo, que temos a sede de todo elemento criador e, ao mesmo tempo, o mistério que nunca pode ser totalmente desvendado sobre como as séries sonoras e os ritmos significam algo que eles mesmos não são. Essa não é uma relação psicológica entre estados psicológicos e uma apresentação desses estados na fantasia: quem procura essa relação segue um fogo fátuo. Trata-se muito mais de uma relação de uma obra musical objetiva e das suas partes como uma criação da fantasia com aquilo *que significa o mesmo até o cerne de toda e qualquer melodia*, isto é, aquilo que diz ao ouvinte algo sobre um elemento psíquico que subsiste segundo as ligações entre o ritmo, a melodia, as relações harmônicas e a impressão de um elemento psíquico que fala a partir deles. Não são as relações psicológicas, mas as musicais que formam o objeto do estudo do gênio musical, da obra e da teoria. Os caminhos do artista são inumeráveis. A relação de uma obra musical com aquilo que ela expressa para o ouvinte e aquilo que fala a partir dela para ele, é determinada, apreensível e apresentável. Falamos da interpretação de uma obra musical levada a cabo por um dirigente ou por um artista ativo. Toda relação com uma obra musical é interpretação. O seu objeto é algo que se encontra contraposto.[1] Aquilo que é psicologicamente efetivo no artista pode ser o passo da música para a vivência ou dessa vivência para a música ou as duas coisas de maneira alternante; e aquilo que se encontra à base na alma não precisa ser de modo algum vivenciável por si pelo artista, e nem o é, na maioria das vezes. Esse elemento se movimenta sem ser notado na obscuridade da alma e é somente na obra que se expressa totalmente a relação dinâmica que existia nessas profundezas. É somente a partir dessa relação que podemos depreender esse elemento. É esse justamente o valor da música, o fato de ela ser uma expressão, de ela tornar objetivo aquilo que atuou no ânimo do artista. Esse elemento sintetizado, reunido em qualidade, transcurso temporal, forma de movimento e conteúdo, é analisado na obra musical e ganha uma consciência distinta como uma relação de ritmo, sequência sonora e harmonia, como uma relação de beleza sonora e de expressão.

O primeiro é o mundo sonoro com as suas possibilidades de expressão e de beleza, um mundo desenvolvido na história da música e

1 Dilthey vale-se nessa passagem de dois termos que são normalmente traduzidos em português pelo mesmo vocábulo: *Objekt* e *Gegenstand* são dois termos que correspondem ao nosso termo "objeto". No entanto, como a palavra alemã *Gegenstand* possui um acento etimológico mais evidente na relação de contraposição – *Gegenstand* significa literalmente "o estado contraposto" –, optamos acima por manter o termo "objeto" para traduzir *Objekt* e verter *Gegenstand* pela locução "aquilo que se encontra contraposto". (N. T.)

absorvido desde a infância pelo músico, aquilo que desde sempre estava presente para ele, em que tudo o que vem ao seu encontro se transforma, aquilo em que isso assim adentra a partir das profundezas da alma, a fim de expor o que havia aí; e destino, sofrimento e bem-aventurança estão presentes para o artista antes de tudo em suas melodias. Faz-se valer aqui uma vez mais a lembrança como aquilo que provoca o surgimento do significado. O peso da vida como tal é por demais poderoso para tornar possível à fantasia o voo livre. A ressonância do passado, porém, e o sonhar com ele são feitos de uma matéria airosa, distante da gravidade da terra, da qual as leves figuras da música se destacam.

São lados da vida, que nunca se expressam como ritmo, melodia, harmonia, como formas do decurso, da elevação e da depressão do estado de humor, o elemento ininterrupto, constante, a dimensão profunda da vida psíquica que repousa na harmonia.

As bases existentes da história da música precisariam ser completadas por uma teoria da significação musical. Ela é o elo intermediário que une as outras partes teóricas da musicologia com a criação e, mais além, retrospectivamente, com a vida do artista e com o desenvolvimento das escolas musicais – um sistema de relação entre os dois: sede do mistério propriamente dito da fantasia musical.

Vejamos alguns exemplos. No final do primeiro ato de "Dom Giovani", os ritmos não soam apenas com velocidades diferentes, mas também com medidas diversas. O efeito que surge a partir daí é o seguinte: partes totalmente distintas da vida humana, o prazer pela dança etc. aparecem unidos, de tal modo que a multiplicidade do mundo ganha expressão. Justamente esse é, aliás, o efeito da música, um efeito que se baseia na possibilidade de deixar atuar simultaneamente umas ao lado das outras personagens diversas ou mesmo sujeitos musicais como o coro, entre outros, enquanto a poesia está vinculada ao diálogo etc. É nisso que repousa o caráter quase metafísico da música. Ou consideremos uma ária de Händel, na qual uma série sonora simples em todos os seus aspectos segue se repetindo muitas vezes. Com isso, surge na memória um todo abarcável; um crescimento desse tipo transforma-se em expressão de força. Contudo, o mesmo se assenta sobre o fato de a lembrança recolher uma série temporal por causa de sua simplicidade. Consideremos um canto coral que surgiu a partir de uma canção popular. A simples conexão da canção que expressa de maneira bastante decidida o decurso de um sentimento entra em novas condições. O curso lento e regular dos sons, a série harmônica, que é suportada pelo tom fundamental do órgão, deixa vir à tona agora, em meio à mudança de sentimentos, a relação com um objeto sublime para além da mudança de sentimentos. É por assim dizer o trânsito religioso, a ligação com o suprassensível no tempo, do finito para o infinito, que é passível de ser expresso dessa maneira. Ou tomemos na cantata de Bach o diálogo da alma trêmula com o Salvador. Os sons que passam inquietos, velozes, em intervalos fortes, em trinados, designam um tipo psíquico; os sons profundos, quietos, que se acham próximos uns dos outros segundo a pluralidade em uma série lenta, ligam o tipo anímico do redentor com esquemas sonoros aquietadores. Ninguém pode duvidar de tal significado.

O significado musical desenvolve-se em duas direções opostas. Aqui como expressão para uma série vocabular poética, e, com isso, com um objeto determinado na direção da interpretação de algo que é fixado objetivamente pela palavra. Na música instrumental não há nenhum objeto determinado, mas um objeto infinito, isto é, indeterminado. Esse objeto só é dado, porém, na própria vida. Assim, em suas formas mais elevadas, a música instrumental tem a própria vida como o seu objeto. Um gênio musical como Bach é estimulado por todo e qualquer som na natureza, até mesmo por todo e qualquer gesto, pelo ruído indeterminado, e levado a construtos musicais correspondentes, temas de movimentos que possuem um caráter que fala genericamente sobre a vida. Aqui vemos que a música de programa é a morte da verdadeira música instrumental.

2. Vivenciar e compreender

Dessa apresentação se segue o fato de os diversos tipos de apreensão – esclarecimento, ilustração e representação em realizações discursivas – formarem juntos um método que está dirigido para a apreensão e o esgotamento da vivência. Na medida em que a vivência é inescrutável e em que nenhum pensamento pode desvendá-la; na medida em que o próprio conhecimento só vem à tona com ela e em que a consciência da vivência se aprofunda com ela, essa tarefa é infinita. Não apenas no sentido de que ela sempre exija outras realizações científicas, mas no de que ela é insolúvel segundo a sua natureza. Agora, porém, alia-se a isso a compreensão, uma tarefa igualmente originária, por mais que ela pressuponha a vivência como método. Vivência e compreensão formam os dois lados do processo lógico, dois lados que se interpenetram mutuamente.

3. Métodos da compreensão

Para o homem que vive no presente, o passado é tanto mais estranho e indiferente quanto mais ele fica para trás. Os restos do passado estão presentes como algo cuja conexão conosco está dilacerada. Aqui se faz valer o procedimento da compreensão que o pesquisador exercitou na própria vida.

1. Descrição deste procedimento. Experiência de nós mesmos; mas nós não compreendemos a nós mesmos. Junto a nós mesmos, tudo é efetivamente óbvio. Por outro lado, não possuímos nenhum critério para nós. Somente àquilo que medimos a partir do critério de nós mesmos proporcionamos determinadas dimensões e delimitações. O si mesmo pode se medir a partir de outro? Como compreendemos, então, o alheio?

Quanto mais talentoso alguém é, tanto mais possibilidades existem nele. Elas se fizeram valer no curso de sua vida, elas ainda estão presentes para ele na memória. Quanto mais tempo a vida dura, tanto mais abrangentes são as possibilidades. A onisciência do ancião, gênio da compreensão.

2. Forma da compreensão: uma indução que deduz das particularidades parcialmente determinadas para nós uma conexão que define o todo.

4. Hermenêutica

A exegese seria impossível se as manifestações da vida fossem totalmente estranhas. Ela seria desnecessária, se não houvesse nada estranho nelas. Portanto, ela se encontra entre esses dois opostos extremos. Ela é exigida sempre que há algo estranho, que deve ser apropriado pela arte do compreender.

A exegese que é empreendida por ela mesma, sem uma finalidade prática exterior, se encontra em diálogo. Todo diálogo significativo requer que coloquemos as declarações do interlocutor em uma conexão interna que não está dada de modo extrínseco em suas palavras. E quanto mais exatamente conhecemos o nosso interlocutor, tanto mais o processo velado em sua parcela no diálogo impele a que sigamos os rastros dos fundamentos do diálogo. E o célebre intérprete dos diálogos platônicos ressalta enfaticamente qual é o valor que o exercício prévio possui em tal interpretação da palavra falada para a exegese das obras escritas. A isso articula-se a exegese dos discursos em um debate; no entanto, esses discursos só são compreendidos quando, a partir do contexto do debate, compreendemos o ponto de vista sob o qual um falante apreende o objeto a partir do seu interesse partidário quando explicamos as alusões existentes, quando apreciamos, a partir da individualidade, os limites e os pontos fortes justamente em relação a esse objeto.

A exigência de Wolff de que as ideias do escritor sejam descobertas pela arte hermenêutica com uma intelecção necessária já se mostra como irrealizável na crítica textual e na compreensão linguística.

Mas a conexão das ideias, a constituição das alusões, depende da apreensão dos modos de combinação individuais. O ato de levá-los em consideração foi o momento que Schleiermacher introduziu na Hermenêutica. No entanto, ele é divinatório e nunca traz consigo uma certeza demonstrativa.

A interpretação gramatical serve-se constantemente da comparação, por meio da qual as palavras são determinadas etc. Ela opera com aquilo que na linguagem é igual. A interpretação psicológica precisa articular incessantemente a adivinhação do elemento individual com a inserção da obra em seu gênero. Nesse ponto, porém, o que está em questão é que posição um escritor assume no desenvolvimento desse gênero. Enquanto esse gênero se mantém em formação, o escritor cria concomitantemente a partir de sua individualidade em meio ao gênero. Ele necessita de uma força individual maior. Se, contudo, ele empreende a obra depois que o gênero já está concluído, esse gênero o fomenta, o leva adiante.

Adivinhações e comparação estão reciprocamente ligadas em um âmbito temporalmente indistinto. Nunca podemos prescindir de um procedimento comparativo com vistas ao elemento individual.

5. Os limites do compreender

Os limites do compreender também residem no modo como as coisas se dão. Uma poesia forma uma conexão interna; só conseguimos apreender essa conexão, contudo, apesar de ela mesma não ser temporal, na sequência do um depois do outro, que é característica da leitura e da escuta no tempo. Quando leio uma peça dramática, as coisas se dão como com a própria vida. Eu avanço e o passado perde sua clareza e sua determinação. Assim, obscurecem-se as cenas. Princípio fundamental: somente na medida em que apreendo a conexão, alcanço uma visão una das cenas. Nesse caso, porém, só tenho um esqueleto. Só me aproximo da intuição do todo por meio do acolhimento do todo na memória, de modo que todos os momentos da conexão são concomitantemente acolhidos. A compreensão transforma-se, portanto, em um processo intelectual que envolve um esforço extremo, mas que, contudo, nunca pode ser realizado totalmente.

Depois que a vida passou, nada fica para trás senão a lembrança da vida; e como essa lembrança também está ligada ao viver contínuo dos indivíduos e, com isso, é fugidia...

A apreensão desses resíduos do passado é por toda parte a mesma: o compreender. Somente o modo de ser da compreensão é diverso. O que é comum a todos esses resíduos é o movimento contínuo, que sai da apreensão de partes indeterminadas-determinadas e prossegue em direção à tentativa de captar o sentido do todo, uma tentativa que se alterna com a tentativa de determinar as partes mais firmemente a partir desse sentido. O fracasso faz-se vigente, na medida em que partes singulares não se dispõem a se deixar compreender dessa forma. E isso impele, então, a uma nova determinação do sentido que também faz jus agora a essas partes. E essa tentativa se mantém até o ponto em que se esgota todo o sentido que está contido nas manifestações da vida. A natureza mais própria ao compreender reside justamente no fato de a imagem não ser colocada aqui à base como uma realidade exterior, tal como acontece no conhecimento da natureza, onde se opera com algo inequivocamente determinável. No conhecimento da natureza, a imagem é colocada à base como uma grandeza fixa que vem à tona na observação. O objeto é construído a partir das imagens como aquilo que dura e que torna explicável a mudança das imagens.

Relação das operações no compreender por meio da relação do exterior com um interior, do todo com as partes etc. Algo determinado-indeterminado, uma tentativa de determinação, um nunca chegar ao fim, uma alternância entre parte e todo.

III. As categorias da vida

Vida

Olho para o mundo humano. Nele aparecem os poetas. O mundo humano é o seu objeto propriamente dito. Nele realizam-se os acontecimentos que o poeta apresenta. Junto a ele despontam os traços, por meio dos quais o poeta empresta significação ao acontecimento. Assim, acho que o grande enigma do poeta, que coloca uma realidade acima da vida, que nos abala como a própria vida, ampliando e elevando a nossa alma, só pode ser resolvido se as ligações desse mundo humano e de suas propriedades fundamentais com a poesia forem esclarecidas. É só assim que pode surgir uma teoria que transforma a história da poesia em uma ciência histórica.

A vida é a conexão das ações recíprocas entre as pessoas sob as condições do mundo exterior, ações apreendidas a partir da independência dessa conexão em relação aos períodos e aos lugares alternantes. Utilizo a expressão vida nas ciências humanas restringindo-a ao mundo humano; ela é determinada aqui pela área na qual é usada, e não está exposta a nenhuma má compreensão. A vida consiste na ação recíproca das unidades vitais. Pois o transcurso psicofísico, que para a nossa apreensão começa e termina no tempo, constitui de fora para o espectador, por meio da mesmidade do corpo fenomênico junto ao qual o transcurso tem lugar, algo idêntico consigo, ao mesmo tempo, contudo, esse transcurso é caracterizado pelo estranho estado de coisas de que cada uma de suas partes está associada na consciência com as outras partes por meio de uma vivência de algum modo caracterizada de continuidade, conexão, mesmidade daquilo que assim decorre. Do mesmo modo, a expressão "ação recíproca" também não designa nas ciências humanas a relação que é constatável na natureza por meio do pensamento e que seria um aspecto da causalidade; a causalidade constatada na natureza sempre encerra em si a *causa aequat effectum*;[2] ela também designa muito mais uma vivência; essa vivência pode ser designada em suas expressões por meio da relação entre impulso e resistência, pressão, conscientização do ter sido fomentado, da alegria quanto às outras pessoas etc. O termo "impulso" também não designa aqui naturalmente uma força assumida em uma teoria explicativa qualquer, uma força espontânea, causal, mas apenas o estado de coisas vivenciável que é de algum modo passível de ser fundamentado na unidade vital; um estado de coisas segundo o qual experimentamos a intenção de realização de processos ligados a movimentos que estão dirigidos para um efeito exterior. Assim, surgem as vivências que são expressas genericamente como ações recíprocas de pessoas diversas umas das outras.

Vida é, assim, a conexão na qual essas ações recíprocas se encontram sob as condições da conexão dos objetos naturais que estão sob a lei da causalidade e que abarcam simultaneamente uma esfera do transcurso psíquico junto aos corpos. Essa vida é sempre e por toda parte determinada em termos locais e temporais – localizada, por assim dizer, na ordem espaço-temporal dos decursos nas unidades vitais. Se realçarmos aquilo que sempre tem lugar por toda parte na esfera do mundo humano e que torna possível como tal o acontecimento determinado espacial e temporalmente – e isso não por meio de uma abstração desse acontecimento, mas em uma intuição que conduz dessa totalidade para o interior de suas propriedades diferenciadas espaço-temporalmente –, então surge o conceito de vida, que contém a base para todas as figuras e sistemas particulares que aparecem nela, para o nosso vivenciar, compreender, expressar e para a sua consideração comparativa.

Uma propriedade universal nessa vida coloca-nos, então, em uma admiração que só conseguimos experimentar aqui, mas não a

2 Em latim no original: causa igual ao efeito. (N. T.)

partir da natureza, nem tampouco com os objetos naturais que designamos como vivos, como seres vivos orgânicos.

A vivência

I.

A vida encontra-se em uma relação maximamente próxima com o preenchimento do tempo. Todo o seu caráter, a relação da corruptibilidade nela, e, de qualquer modo, o fato de ela formar simultaneamente uma conexão e possuir aí uma unidade (o si mesmo), são determinados pelo tempo. No tempo, a vida existe na relação das partes com uma conexão. Do mesmo modo, aquilo que é revivenciado se dá no compreender.

A vida e aquilo que é revivenciado possuem, então, uma relação particular das partes com o todo. Trata-se da relação das partes do significado para o todo. O que se dá o mais claramente possível na memória. Em toda ligação vital, na qual nossa totalidade se relaciona consigo mesma ou com os outros, retorna o fato de as partes possuírem um significado para o todo. Olho para uma paisagem e a apreendo. Aqui, é preciso que se alije inicialmente a suposição de que essa não seria uma relação vital, mas uma relação característica da mera apreensão. Por isso, não se pode denominar imagem a vivência assim existente do momento em sua relação com a paisagem. Escolho o termo "impressão". No fundo, não me são dadas senão tais impressões. Nenhum si mesmo cindido dessas impressões, nem tampouco algo de que ele seria impressão. Sou eu apenas que acrescento construtivamente esse último elemento.

Observação

Gostaria de insistir, contudo, no fato de a significação estar em conexão com a totalidade do sujeito apreendedor. Se generalizo a expressão de tal modo a torná-la idêntica a toda e qualquer ligação que emerge para o sujeito entre as partes e o todo, a fim de que mesmo o objeto do processo de pensamento ou, antes, a ligação das partes no pensamento objetivo ou no estabelecimento de metas seja aí concebido, e, com isso, também a representação genérica que constrói as imagens particulares, então o significado não designa outra coisa senão a pertinência a um todo. Nesse todo, o enigma da vida, o saber como uma totalidade pode ter realidade enquanto orgânica ou psíquica, é eliminado etc.

II.

O presente visto psicologicamente é um transcurso temporal, cuja extensão é sintetizada por nós como uma unidade. Reunimos com o caráter do presente aquilo que não é diferenciável para nós por sua continuidade. Trata-se de um momento vital que é vivenciável. E mais, sintetizamos como vivência aquilo que está ligado a uma conexão estrutural na memória, mesmo que ele seja diferenciável segundo partes temporais no vivenciar.

O princípio da vivência: tudo aquilo que se apresenta para nós não é senão como algo dado no presente. Mesmo quando uma vivência é passada, ela só está presente para nós como algo que é dado na vivência presente. Relação com a sentença da consciência: essa sentença é mais universal (e mais plena). Pois ela abarca mesmo o não real.

A próxima característica: a vivência é um ser qualitativo = uma realidade que não pode ser definida pela conscientização, mas que alcança até mesmo o cerne daquilo que é possuído de maneira indiferenciada. (Observação: pode-se dizer "é possuído?") A vivência de algo exterior ou do mundo exterior está presente para mim de uma maneira similar àquela na qual aquilo o que não é apreendido pode ser apenas descoberto. (Digo: minha vivência contém também aquilo que não é passível de ser notado, e posso esclarecê-lo.)

Estado de coisas: daquilo que minha intuição (a palavra tomada no sentido mais amplo possível) abarca, uma parte é elevada por meio da significância ao ponto de mira e apercebido. Em seguida, essa parte é distinta dos processos espirituais não apercebidos. É isso que denominamos eu. Subsiste a relação dupla: eu sou e eu tenho.

Próxima demonstração: como realidade, a vivência contém uma conexão estrutural da vida; uma localização espaço-temporal que se estende desde o presente etc.; com isso, temos uma conexão estrutural segundo a qual um estabelecimento de finalidades aí contido se mostra como uma atuação constante.

Quando nos lembramos de vivências, o modo como um efeito constante sobre o presente está contido aí é (dinamicamente) diverso das vivências que são totalmente passadas. No primeiro caso, o sentimento enquanto tal é ressurgente, no outro caso, temos uma representação de sentimentos etc. e é só a partir do presente que existe um sentimento acerca dessas representações de sentimentos.

O vivenciar e a vivência não são separados um do outro; eles são formulações expressivas para o mesmo.

Diverso da vivência: na apercepção, juízos são dados: eu estou triste, eu tenho a percepção de que alguém está morrendo ou recebi a notícia de sua morte. Nesses juízos está contida a dupla direção dos enunciados que expressam a realidade dada.

Duração apreendida no compreender

Na introspecção que está dirigida para a própria vivência, não podemos apreender o impulso para frente, que é próprio ao transcurso psíquico; pois toda fixação retém e dá ao fixado uma duração qualquer. Também aqui, contudo, a relação entre vivência, expressão e compreensão possibilita uma solução. Captamos a expressão do fazer e a revivenciamos.

O avanço do tempo deixa o passado cada vez mais para trás e se volta para frente em direção ao futuro. O grande problema de saber se um acontecimento psíquico designa o mero passar de algo... ou uma atividade resolve-se no momento em que buscamos a expressão do transcurso, lá onde a direção ganha expressão naquilo mesmo que é apreendido. Mesmo o avanço no tempo e a adição psíquica do passado não são suficientes. Preciso buscar uma expressão que possa transcorrer no tempo, que não seja perturbada de fora. Uma expressão é a música instrumental. Como quer que ela venha a surgir, há um transcurso no qual o criador visualiza como um todo a sua conexão no tempo, saindo de um construto para o outro. Temos aí uma direção, um fazer que se estende até uma realização, um avanço da própria atividade psíquica, um ser condicionado pelo passado e, contudo, um conter em si de diversas possibilidades, uma explicação que é ao mesmo tempo criação.

Significado

Um novo traço da vida torna-se agora visível, um traço que é condicionado pelo tempo, mas que se lança para além dele como algo novo. A vida é compreendida em sua essência própria por meio de categorias que são estranhas ao conhecimento da natureza. Aqui, também, o momento decisivo está no fato de essas categorias não serem aplicadas *a priori* à vida como algo que lhe é estranho, mas residirem na essência da própria vida. O comportamento que nelas atinge uma expressão abstrata é o ponto de abordagem exclusivo da compreensão da vida. Pois a própria vida só está presente nesse modo determinado de ligações de um todo com as suas partes. E se destacarmos abstratamente essas ligações como categorias, então residirá nesse procedimento mesmo o fato de o número dessas categorias não ser delimitável e de sua relação não poder ser formalizada logicamente. Significado, valor, finalidade, desenvolvimento e ideal são tais categorias. Todo o resto, porém, é dependente do fato de a conexão vital só ser apreensível por meio da categoria do significado das partes particulares da vida no que se refere à compreensão do todo, do fato de todo setor da vida da humanidade também só ser compreensível assim. Significado é a categoria abrangente, sob a qual a vida se torna concebível.

A mutabilidade é tão própria aos objetos que construímos no conhecimento da natureza, quanto à vida que se conscientiza de si mesma em suas determinações. No entanto, é apenas na vida que o presente abarca a representação do passado na lembrança e a do futuro na fantasia que segue as suas possibilidades, bem como na atividade que estabelece para si finalidades a partir de tais possibilidades. Assim, o presente é preenchido pelos passados e porta em si o futuro. Esse é o sentido da palavra "desenvolvimento" nas ciências humanas. Ele não designa o fato de podermos aplicar aqui à vida do indivíduo, da nação ou da humanidade o conceito de uma finalidade que se realiza; esse seria um modo de consideração transcendente em relação ao objeto e que também poderia ser recusado. Esse conceito designa apenas a relação intrínseca à vida. Com esse conceito de desenvolvimento é dado o conceito de configuração. Configuração é uma propriedade universal da vida. Se olharmos mais profundamente para a vida, veremos que mesmo nas almas mais pobres há configuração. Nós a vemos o mais claramente presente lá onde grandes homens possuem um destino histórico; mas nenhuma vida é tão miserável a ponto de não conter uma configuração no interior do transcurso vital. Onde a estrutura e a conexão da vida psíquica adquirida, que nela se funda, formam uma constância vital – na qual entram em cena transformações e perecibilidade – o transcurso da vida no tempo torna-se uma configuração segundo as relações indicadas. Esse conceito, contudo, só pode surgir porque apreendemos a vida a partir da categoria do significado.

A categoria do significado designa a relação entre as partes da vida e o todo, uma relação que está fundada na essência da vida. Só possuímos essa conexão por meio da memória, na qual podemos visualizar o transcurso vital passado. Na memória faz-se valer, então, o significado como a forma de apreensão da vida. Captamos o significado de um momento do passado. Ele é significativo, na medida em que nele se realiza um vínculo com o futuro por meio da ação ou por meio de um acontecimento exterior. Ou na medida em que foi concebido o plano de uma condução futura da vida. Ou na medida em que um plano de sua realização foi levado a termo. Ou ele é significativo para a vida conjunta, na medida em que a intervenção do indivíduo se realiza nessa vida, na qual a sua essência mais própria interveio na configuração da humanidade. Em todos esses e em outros casos, o momento particular possui significado por meio de sua conexão com o todo, por meio da ligação entre passado e futuro, entre a existência particular e a humanidade. Mas em que consiste, então, o modo próprio dessa ligação entre parte e todo no interior da vida?

Trata-se de uma ligação que nunca é totalmente realizada. Precisaríamos esperar pelo fim do decurso vital e somente na hora da morte poderíamos vislumbrar o todo a partir do qual a ligação entre suas partes seria constatável. Precisaríamos esperar primeiro pelo fim da história, para que possuíssemos o material completo para a determinação de seu significado. Por outro lado, contudo, o todo só está presente para nós na medida em que se torna compreensível a partir das partes. A compreensão sempre paira entre esses dois modos de consideração. Constantemente se altera a nossa apreensão do significado da vida. Cada plano de vida é a expressão do significado da vida. Aquilo que estabelecemos para o nosso futuro como finalidade condiciona a determinação do significado daquilo que passou. A configuração da vida que é realizada conquista uma medida por meio da avaliação do significado daquilo que é lembrado.

Assim como as palavras possuem um significado, por meio do qual elas designam algo, ou assim como as proposições possuem um sentido que construímos, a conexão da vida também pode ser construída a partir do significado determinado-indeterminado das suas partes.

O significado é o modo particular de ligação que, no interior da vida, as partes possuem com o todo. Reconhecemos esse significado tal como as palavras em uma proposição, por meio de lembranças e de possibilidades do futuro. A essência das ligações significativas reside nas relações que, no decorrer do tempo, contêm a configuração de um decurso vital com base na estrutura da vida, segundo as condições do meio social.

E o que é que constitui na consideração do próprio transcurso vital a conexão, por meio da qual articulamos as partes singulares desse transcurso com um todo no qual a vida ganha a compreensão? A vivência é uma unidade, cujas partes são ligadas por meio de uma significação comum. O narrador atua, na medida em que realça os momentos significativos de um transcurso. O historiógrafo designa homens como significantes, os rumos vitais como significativos; em um efeito determinado de uma obra ou de um homem sobre o destino geral, ele reconhece seu significado. As partes de um transcurso vital possuem um significado determinado para o todo desse transcurso: em suma, a categoria do significado possui manifestamente uma *conexão com o compreender* particularmente próxima. Precisamos agora buscar conceber essa conexão.

Toda manifestação da vida possui um significado, na medida em que, enquanto um sinal, expressa algo, e, enquanto expressão, aponta para algo que pertence à vida. A própria vida não significa outra coisa. Nela não há nenhuma cesura, sobre a qual poderia repousar o fato de significar algo além dela mesma.

Se agora realçamos algo da vida por meio de conceitos, então esses conceitos servem inicialmente à descrição da singularidade da vida. Portanto, esses conceitos universais dão expressão a uma compreensão da vida. Desse modo, não há aqui senão uma relação livre entre a pressuposição e o progresso de uma singularidade em direção a algo que se articula com ela: o novo não é obtido formalmente da pressuposição. Ao contrário, a compreensão de um traço apreendido prossegue até um novo traço, que pode ser compreendido a partir dele. A relação interna é dada na possibilidade da recriação, da revivência. Esse é o método geral, logo que a compreensão abandona a esfera das palavras e do sentido das palavras e não busca um sentido de sinais, mas o sentido muito mais profundo da manifestação da vida. Esse foi o método intuído pela primeira vez por Fichte. A vida é como uma melodia, na qual não entram em cena sons como expressão das realidades efetivas que são inerentes à vida. Nessa própria vida reside a melodia.

1. O caso mais simples em que o significado entra em cena é a compreensão de uma proposição. Cada uma das palavras particulares possui um significado e da articulação entre os significados é derivado o sentido da proposição. Portanto, o procedimento aponta para o fato de a compreensão da proposição resultar do significado das palavras particulares. Pois existe uma ação recíproca entre o todo e as partes, por força da qual a indeterminação do sentido, a saber, as possibilidades de tal sentido e as palavras particulares, <é determinada>.

2. A mesma relação existe entre as partes e o todo de um transcurso vital; e aqui a compreensão do todo, o sentido da vida, também é derivado do significado...

3. Com isso, essa relação de significado e sentido está em ligação com o transcurso vital: os acontecimentos particulares que o formam, tal como esses acontecimentos entram em cena no mundo sensível, possuem uma relação com algo que eles significam exatamente como as palavras de uma proposição. Por meio desse algo, cada vivência particular é reunida significativamente a partir de um todo. E assim como as palavras na proposição estão ligadas à sua compreensão, a conexão dessas vivências produz o surgimento do significado do decurso vital. As coisas também se comportam desse modo com a história.

4. Portanto, esse conceito de significado só dá inicialmente bons resultados no que se refere ao procedimento da compreensão. Ele não contém senão uma ligação de algo exterior e manifesto com o interior do qual a compreensão é expressão. A ligação, porém, é essencialmente diversa da ligação gramatical. A expressão do interior nas partes da vida é algo diverso do sinal vocabular etc.

5. Os termos significado, compreensão e sentido do transcurso vital ou da história não nos dizem outra coisa senão um "apontar para",

nada senão essa ligação contida na compreensão entre os acontecimentos com uma conexão interior por meio da qual eles são compreendidos.

6. Aquilo que buscamos é o tipo de conexão que é próprio à vida mesma; e o buscamos a partir dos seus acontecimentos particulares. Em cada um desses acontecimentos que possam ser úteis para a conexão precisa estar contido algo do significado da vida; de outro modo, o significado não poderia surgir a partir da conexão entre eles. Como a ciência natural possui o seu esquematismo universal junto aos conceitos, nos quais é apresentada a causalidade dominante no mundo físico, e como a sua própria doutrina do método o possui no procedimento de conhecer essa causalidade, abre-se aqui para nós a entrada para as categorias da vida, suas ligações recíprocas e seu esquematismo, e para os métodos de apreendê-las. Nas ciências naturais, contudo, lidamos com uma conexão abstrata que é totalmente transparente segundo sua natureza lógica. Devemos compreender aqui a conexão da própria vida, uma conexão que nunca pode se tornar completamente acessível ao conhecimento.

Nós só compreendemos a vida em uma constante aproximação; pois reside na natureza da compreensão [e] na natureza da vida que ela nos mostre lados totalmente diferentes em função do ponto de vista diverso no qual seu transcurso temporal é apreendido. Na memória (quando nos lembramos) revela-se em primeiro lugar a categoria do significado. Todo presente é preenchido por realidade. A essa realidade, porém, atribuímos um valor positivo ou negativo. E como nos lançamos em direção ao futuro, surgem as categorias da finalidade, do ideal, da configuração da vida. Agora, o mistério da vida é o fato de uma finalidade suprema ser realizada nela, uma finalidade à qual todas as finalidades particulares estão subordinadas. A vida concretiza um bem maximamente elevado; ela deve ser determinada pelos ideais. Ela realiza uma configuração. A partir de seu ponto de vista, cada um desses conceitos abarca a vida toda: assim, cada um deles têm o caráter de uma categoria por meio da qual a vida é compreendida. Com isso, nenhuma dessas categorias pode ser subordinada às outras, uma vez que cada uma delas torna acessível à compreensão o todo da vida a partir de outro ponto de vista. Assim, eles são incomparáveis uns aos outros. Não obstante, faz-se valer uma diferença. Os valores próprios do presente vivenciado encontram-se separados uns dos outros. Eles são apenas comparáveis. Sob esse ponto de vista valorativo, a vida aparece como uma plenitude infinita de um valor existencial, negativo, positivo, como uma plenitude infinita de valores próprios. Trata-se de um caos cheio de harmonias e dissonâncias – mas as dissonâncias não se dissolvem em harmonias. Nenhuma figura sonora que preencha um presente possui uma relação musical com uma figura anterior ou posterior. E mesmo a ligação entre valores próprios e valores efetivos não estabelece senão relações causais, cujo caráter mecânico não atinge as profundezas da vida.

As categorias, que apreendem a vida sob o ponto de vista do futuro, pressupõem a categoria do valor; elas se decompõem nas possibilidades de avançar e penetrar no futuro.

É só na relação do significado dos processos vitais com a compreensão e o sentido do todo da vida que a conexão contida na vida alcança a sua apresentação adequada. É apenas nessa região que a própria categoria supera a mera justaposição, a mera subordinação. Assim, como aspectos particulares da compreensão vital, os comportamentos categoriais do valor e da finalidade são absorvidos na conexão total dessa compreensão.

Significado e estrutura

1. A conexão do vivenciar em sua realidade concreta reside na categoria do significado. Essa é a unidade que reúne o transcurso do vivenciado ou revivenciado na lembrança, pois o significado desse transcurso não consiste em um ponto de unidade, que se encontraria para além da vivência, mas esse significado está contido nessa vivência e a constitui como a sua conexão.

Com isso, essa conexão se mostra como um modo de ligação ou uma categoria que está contida na natureza de tudo aquilo que é vivenciável e que lhe é próprio.

Aquilo em que residiria o significado da vida que um indivíduo, eu ou outro, ou uma nação, vivenciou de maneira total não é inequivocamente determinado pelo fato de existir um tal significado. Para aquele que lembra, o fato de esse significado ocorrer é sempre certo como uma ligação do vivenciável. É somente no último instante de uma vida que pode ser feito um cálculo aproximativo sobre seu significado e, assim, esse cálculo só pode entrar propriamente em cena de maneira momentânea no fim da vida ou em um instante que revivencia essa vida.

Assim, a vida de Lutero obtém seu significado como conexão de todos os processos concretos na concepção e imposição da nova religiosidade. Essa religiosidade forma, então, uma parte da conexão mais abrangente do concreto antes e depois. Nesse ponto, o significado é visto historicamente. Mas também podemos buscar esse significado nos valores positivos da vida etc. Nesse caso, ele se acha em uma relação com o sentimento subjetivo.

2. Aqui se mostra, então, que o significado não coincide nem com os valores, nem com a sua conexão em uma vida.

3. Se o significado é por um lado a categoria para a conexão vital indecomposta, a categoria da estrutura só surge, por outro lado, da análise do lugar onde um vivente retorna em tal conexão. A análise, nesse sentido, não busca senão aquilo que está contido nisso que retorna. Ela não encontra nada além do estar contido. O que está contido é algo separado e o seu conceito só possui validade se a consciência da conexão vital na qual ele está contido está sempre associada com isso.

Até que ponto pode ir, então, essa decomposição? A escola de Brentano, que é uma escolástica psicológica, veio logo em seguida à psicologia atomística epistemológica. Pois ela cria entidades abstratas, tais como modo de comportamento, objeto e conteúdo, entidades a partir das quais procura compor a vida. O caso extremo aqui é Husserl.

Em contraposição a isso: a vida é um todo. Estrutura: uma conexão desse todo, condicionada pelas ligações reais com o mundo exterior. Modo de comportamento não é senão tal ligação. Sentimento ou querer são só conceitos, que funcionam como uma instrução para reproduzir em imagens a parte correspondente da vida.

Significado, significância e valor

1. Todo pedaço do mundo objetivo que está ligado à vida na interpretação e que se expande em toda a objetivação da vida nas manifestações vitais é um todo que possui partes e é ele mesmo uma parte do todo, na medida em que pertence à conexão de realidade que se articula pelo todo em partes, e, então, pertence a uma conexão de realidade maior. Assim, nessa ligação dupla, ele é significativo como um elo do todo maior. Essa é a marca que a vida entrega concomitantemente a tudo aquilo que é vivenciado e revivenciado. Pois no vivenciar reside uma tomada de posição, um comportamento em relação a tudo aquilo que entra em cena nele como uma relação vital particular, como uma existência econômica, como amizade, como mundo invisível. Ele é uma conexão de efeitos que é condicionada pelo seu posicionamento, por essa posição interior. Na vida existem ligações com aquilo em relação ao que ela toma uma posição, ao que há um comportamento relacionado: tais ligações são a estranheza, o retirar-se de uma relação vital, o isolamento, o amor, o recolhimento em si mesmo, a ânsia em uma direção, a contraposição, a necessidade de que algo esteja presente, a postulação desse algo, a veneração, a forma, a ausência de forma, a contradição da vida com a objetividade, a impotência da vida ante o elemento objetivo, a vontade, a suspensão do insuportável na objetivação existente para que a vida venha a ser uma vez mais gozo de si mesma, o ideal, a memória, a separação, a unificação.

Na própria conexão vital, a dor está acima da finitude, da tendência para a sua suspensão, da aspiração por realização e objetivação, da negação dos limites presentes e da suspensão desses limites, de cisão e ligação.

Predicações oriundas da vida são a desgraça, a pobreza, a beleza da vida, a liberdade, o modo de viver, a conexão, o desenvolvimento, a lógica interna, a dialética interna.

Contradições da posição: aquém e além, transcendência e imanência, reconciliação.

2. Por meio das articulações assim emergentes, a significância das partes singulares da vida é fixada. A significância é a determinação do significado de uma parte para um todo, uma determinação que surge com base na conexão de efeitos. Ela vem à tona no comportamento vital em relação à conexão de efeitos como uma relação entre seus elos. Essa relação projeta-se para frente como a vivência da conquista e junta os elos em uma ordem independente dessa conquista. A conquista suada constitui tudo aquilo que vem à tona na vida. A vida não contém senão aquilo que foi conquistado com suor por aquele que apreende; pois a atuação do si mesmo é desconhecida. No entanto, o comportamento e o posicionamento são algo mais profundo que é estabelecido pelo modo da conquista suada ao longo da vida; todos os conceitos que foram desenvolvidos anteriormente são *conceitos vitais* contidos na vida. Em cada unidade vital e em cada período, eles alcançam uma nova conexão. Eles atribuem a sua cor a tudo aquilo que está presente para a vida. As relações espaciais tais como largo, amplo, alto e baixo obtêm, assim, um acréscimo que provém do comportamento; o mesmo dá-se com o tempo...

3. De acordo com essas relações, então, é produzida na reflexão antropológica na arte, na história e na filosofia uma conexão na qual nunca se alça à consciência senão aquilo que está contido na vida.

A primeira é a reflexão antropológica. Sua conexão baseia-se em conexões de efeito tais como a paixão etc.; ela projeta tipos de conexões de efeito e enuncia a significância dessas conexões no todo da vida.

Na medida em que a consideração da vida própria opera com a consideração de pessoas estranhas, com a vivência e a compreensão do próprio si mesmo, a compreensão das outras pessoas e o conhecimento humano, surgem generalizações, nas quais o valor, o significado e a finalidade da vida ganham expressão de uma forma nova. Eles formam uma camada própria, que se encontra entre a vida mesma e a arte como a apresentação histórico-universal. Trata-se de uma literatura de uma abrangência quase ilimitada. É de se perguntar aqui, então, como as categorias históricas facilitam nela a compreensão.

Se limitarmos o nosso estudo do homem à ciência da psicologia, tal como ela se encontra hoje cunhada, então o curso histórico desse estudo não corresponderá a isso. Procuramos uma entrada nesse estudo a partir de aspectos totalmente diversos. A maior contradição que existe nessa área, porém, é efetivamente aquela entre aquilo que denominei certa vez psicologia de conteúdo, o que também podemos denominar psicologia concreta ou antropologia e a ciência propriamente dita da psicologia. Essa antropologia está próxima da questão acerca do significado da vida, acerca de seu valor, exatamente porque ela está muito próxima da própria vida. Assim, temos as tentativas de distinguir, nos diversos percursos vitais, certo tipo, níveis nos quais esses percursos concretizam a significância da vida sob um tipo determinado.

O tipo neoplatônico, o tipo místico da Idade Média, e os níveis em Espinoza [são exemplos disso].

Ocorre nesses esquemas uma concretização do significado da vida.

A poesia tem por base a conexão de efeitos da vida, o acontecimento. De algum modo, toda poesia está em conexão com um acontecimento vivenciado ou a ser compreendido. Ela configura o acontecimento, na medida em que, segundo a sua característica da formação livre, eleva à significância as suas partes na fantasia. Tudo o que é dito sobre o comportamento da vida constitui a poesia e a poesia dá expressão a essa relação com a própria vida. Por meio daí, cada coisa obtém uma coloração por meio da ligação com o comportamento da vida: amplo, alto, distante. Passado e presente não são meras determinações da realidade, mas o poeta produz com sua revivência a ligação com a vida, uma ligação que se retraiu no transcurso do desenvolvimento intelectual e do interesse prático.

4. A significância, que acolhe assim o fato como a determinação do elo significativo a partir do todo, é uma relação vital e não uma relação intelectual, não uma inserção de razão, de pensamento em uma parte do acontecimento. A significância é extraída da própria vida. Se designarmos a conexão como sentido de uma totalidade vital, tal como esta conexão é obtida a partir da significação das partes, então a obra poética expõe o sentido da vida por meio da criação livre da conexão significativa. O acontecimento transforma-se em símbolo da vida.

A partir da reflexão antropológica, tudo é esclarecimento, explicação da própria vida, e, assim, também a poesia. Aquilo que está contido nas profundezas da vida, profundezas que são inacessíveis à observação e ao raciocínio, é extraído delas. Desse modo, surge no poeta a impressão da inspiração.

O limite da Poesia é o fato de não termos aqui nenhum método para compreender a vida. Os fenômenos vitais não são inseridos ordenadamente em uma conexão. Sua força é a ligação direta do acontecimento com a vida, algo por meio do que o acontecimento se torna uma expressão imediata da vida; e a criação livre, que é expressa pela significância vista a partir daí nos próprios acontecimentos.

O reino da vida, concebido como a sua objetivação no transcurso temporal, como a sua construção segundo as relações do tempo e da conquista suada, é a história. A história é um todo, que nunca é passível de ser completado. O historiador configura o transcurso, a conexão de efeitos, a partir daquilo que está contido nas fontes, a partir daquilo que aconteceu. E ele está preso à tarefa de elevar ao nível da consciência a realidade desse transcurso.

Portanto, o significado da parte é aqui determinado por sua relação com o todo, mas esse todo é estimado como objetivação da vida e compreendido a partir dessa ligação.

Valores

Um amplo reino de valores expande-se como um fato de nossa vida espiritual. O fato mesmo designa uma ligação da vida própria com objetos, cujo caráter se expressa justamente em sua determinação valorativa. Portanto, o valor não é primariamente um produto da formação conceitual a serviço do pensamento objetivo. Ele pode se tornar algo assim, na medida em que esse produto representa, por um lado, o comportamento e, por outro lado, entra em relações objetivas. As coisas também se comportam da mesma forma com a avaliação dos valores. Essa avaliação pertence igualmente a um comportamento independente da concepção objetiva. Nesse sentido, a expressão "sentimento valorativo" precisa ser reinterpretada. Valor é a expressão abstrata para o comportamento indicado. É normal, porém, deduzir os valores psicologicamente. Esse fato corresponde ao procedimento geral da dedução na psicologia. No entanto, o método é questionável, porque depende do ponto de partida psicológico, aquilo que é considerado como valor e quais são as relações de derivação que são instituídas entre os valores. E é igualmente equivocada a dedução transcendental, que contrapõe valores incondicionados a valores condicionados. O procedimento também precisa ser aqui o contrário. É importante partir da expressão, na qual toda dotação de valor está contida, e se apoderar de todas essas dotações. Somente assim podemos perguntar pelo próprio comportamento que ocorre.

Na vida mesma relampeja junto às imagens alternantes um comportamento positivo e negativo, prazer, agrado, aprovação, satisfação; objetos construídos de maneira duradoura tornam-se portadores do conteúdo assim emergente da lembrança junto a sentimentos e passam a representar possibilidades múltiplas dos estados do ânimo. O pensamento cinde essa quintessência de tais possibilidades de afetar o ânimo do próprio objeto, e as articula com esse objeto; desse modo, surgem intuição e conceito de valor. Na medida em que o valor sempre possui em si essa ligação particular com o sujeito afetável, uma ligação que é cindida das propriedades que constituem a realidade do objeto, ele assume uma posição particular em contraposição às propriedades. Com a própria vida cresce a multiplicidade de possibilidades de o objeto afetar o ânimo. Cada vez mais a lembrança se mostra como preponderante em relação à afecção atual no interior desse construto. Cada vez mais autonomamente, portanto, o valor se desprende de todo relampejo e desvanecimento da afecção. Esse conceito pode abarcar em si mesmo junto aos objetos existentes a mera quintessência de possibilidades passadas. E é inicialmente a partir da relação prática, na qual a vontade avalia valores para uma determinação de finalidades, que surge, então, a avaliação comparativa dos valores uns em relação aos outros, uma avaliação na qual o valor conquista uma ligação com o futuro, como um bem ou uma finalidade. Com isso, ele conquista uma nova autonomia conceitual: seus momentos transformam-se em uma avaliação conjunta, eles são reunidos em um construto articulado; dessa forma, mesmo desprendidos da ligação com a vontade, eles continuam existindo com essa nova autonomia. Essa é a *performance* da vivência para o desenvolvimento paulatino do conceito de valor. É preciso afirmar ainda uma vez que não se trata senão de um isolamento da *performance* em um procedimento analítico e não em um nível temporal.

Na meditação, no aprofundamento do "eu" em si mesmo, surge a possibilidade ulterior de que o "eu" se torne o seu próprio objeto, e, como tal, portador de possibilidades, goze de si mesmo e ofereça aos outros um objeto de gozo. Nessa última referência, as coisas não se comportam de maneira diversa daquela que se dá com os objetos que têm a possibilidade de serem desfrutados, sem que digamos que eles mesmos gozariam daquilo que eles são e realizam. Todavia, onde quer que a essência multiplamente afetável se torne ela mesma objeto para si, na medida em que entra em cena, além disso, o orgulho, abrangendo tudo aquilo que ela produz e tudo aquilo que goza dessa produção, surge o conceito totalmente particular do valor próprio da pessoa, um conceito pelo qual essa pessoa se destaca de tudo aquilo junto ao que um tal gozo de si mesmo não nos é conhecido. Foi nesse sentido que o Renascimento formou o conceito de mônada, um conceito no qual coisa, gozo, valor e perfeição foram reunidos. E Leibniz preencheu a filosofia e a literatura alemãs com esse conceito e com o forte sentimento que ele traz consigo.

Outro tipo de *performance* no desenvolvimento do conceito de valor é levado a cabo pela compreensão. Aqui, o elemento primário, experimentado na própria vida, é a força com a qual esse indivíduo afeta a nós mesmos. E como a compreensão reconstrói esse indivíduo estranho, surge uma vez mais outro desprendimento da intuição e do conceito de valor em relação às afecções do ânimo. Pois essas afecções não são agora reproduzidas, elas são ligadas, antes, a um sujeito alheio. A consequência disso é o fato de as ligações entre as possibilidades de afetar e a autoestima do sujeito que vive nessas possibilidades serem apreendidas com uma clareza muito maior. O valor próprio da pessoa entra agora totalmente na objetividade exterior, mostra-se em todas as suas ligações com o mundo em torno dessa pessoa em uma calma objetividade. Não resta senão *uma* barreira, que só é suspensa pela distância histórica. Mistura-se ainda em tal compreensão uma comparação com nós mesmos, vaidade, inveja, ciúme, sofrimento com o peso da força alheia; e falta a medida que a visualização do passado oferece à avaliação.

O valor é uma designação objetiva por meio do conceito. Nele, a vida é extinta. Com isso, porém, o valor não perde a sua ligação com a vida.

Logo que o conceito de valor é formado, porém, ele se torna, por conta da ligação com a vida, uma *força*, uma vez que sintetiza aquilo que se acha dividido, obscuro e fluido na vida. Se valores são descobertos na história, se intuições valorativas são descobertas como expressões da vida nos documentos, então eles recuperam por meio da revivência de sua ligação com a vida aquilo que estava contido neles.

A parte e o todo

Essa vida que transcorre no tempo ou que é diversa locativamente em sua justaposição é articulada agora de forma categorial segundo a relação do todo com as suas partes. Vista em termos categoriais, a história como realização da vida no decurso do tempo e na coetaneidade é, além disso, um elo nessa relação das partes com o todo. As coisas não se dão como se os objetos se encontrassem juntos em um aposento e fossem apreendidos por aquele que entra; os objetos só possuem a sua copertinência na ligação com uma pessoa, com uma vida à qual pertencem; de outro modo, eles poderiam ser levadas embora: nenhuma relação recíproca os ataria. O quão diversamente isso se mostra no transcurso da história! Ou visto em termos científico-naturais, toda e qualquer figura é um resultado indiferente de massas móveis. Movimento e massa, porém, assim como a sua ligação segundo leis, não estão submetidos a nenhum tempo. A vida, em contrapartida, como parte, possui em cada figura uma relação interna com o todo, e, assim, essa figura nunca é indiferente, uma vez que...

Essa copertinência aparece em relações vitais totalmente diversas e em cada uma delas de outra maneira.

Desenvolvimento, essência e outras categorias

Aqui surgem duas novas categorias. A vida e o transcurso vital são conexões. Sobre a base das vivências mais antigas forma-se na aquisição constante por meio de novas vivências aquilo que denomino a conexão psíquica adquirida. [Há várias] formas dessa conexão. A natureza desse processo tem por consequência a duração e a continuidade da conexão em meio às transformações. Designo por intermédio da categoria da essência esse estado de fato comprovável junto a toda vida espiritual. A essência tem, contudo, a transformação constante por seu outro lado. Nisso já está contido o fato de a transformação, que também acolhe as influências de fora sobre a conexão vital una, ser ao mesmo tempo determinada por essa conexão. Assim, surge o caráter de todo percurso vital. É preciso apreender esse caráter de maneira totalmente livre. Precisamos abandonar todos os teoremas relativos a um desenvolvimento que progride incessantemente.

Qual é o transcurso que entra em cena por toda parte? A determinação da existência singular, de todo estado singular de uma tal existência, abarca os seus limites. Diferença em relação ao limite espacial. A natureza desse conceito no elemento espiritual. A existência singular é individualidade. Dessa delimitação oriunda da individualidade resulta um sofrimento por ela e uma aspiração por superá-la. Trata-se da tragédia da finitude e, ao mesmo tempo, o impulso para ir além dela. A delimitação exterioriza-se como pressão do mundo sobre o sujeito. Por meio do poder das relações e da natureza do ânimo, ele pode se tornar tão forte a ponto de impedir o movimento progressivo. Na maioria dos casos, porém, a natureza da finitude também atua aqui para superar a pressão da nova situação vital, das outras relações com o homem. E na medida em que todo novo estado porta em si o mesmo caráter finito, também surge nele a mesma vontade de poder, que se segue à condicionalidade, a mesma vontade de liberdade interior que resulta do limite interior. Tudo é mantido coeso, porém, pela força e pelo limite interior, que vem à tona na determinação da existência singular e na duração daí subsequente da conexão adquirida. Em tudo, portanto, a mesma essência está efetivamente em curso. Em tudo temos a mesma delimitação das possibilidades e, contudo, há a liberdade de escolha entre elas; além disso, o belo sentimento de poder seguir em frente e de concretizar novas possibilidades da própria existência. Denomino desenvolvimento essa conexão determinada internamente no transcurso vital, que define o avanço sem descanso em direção a transformações.

Esse conceito é totalmente diverso das fantasias especulativas de um progresso em direção a níveis cada vez mais elevados. Com certeza, ele contém em si um acréscimo de clareza, de diferenciação etc. no sujeito. Todavia, mesmo sem a concretização de um significado mais elevado, o transcurso vital pode permanecer ligado à base natural do crescimento vegetal, à altura e à decadência entre nascimento e morte, tal como nas regiões mais baixas da vida. Ele pode tender bem cedo para baixo ou seguir mesmo até o fim para cima.

IV. A biografia

I. O caráter científico da biografia

As opiniões dos historiadores sobre o caráter científico da biografia estão divididas. A pergunta sobre se, como uma parte da ciência histórica, ela precisa ser subordinada a essa ciência ou se ela deve assumir um lugar particular autônomo ao lado dela na conexão das ciências humanas é, em última instância, uma questão de terminologia; pois a sua resposta depende do sentido que damos à expressão ciência histórica. Não obstante, no ponto de partida de toda discussão sobre a biografia encontra-se o problema teórico-cognitivo e metodológico: é possível tomar a biografia como uma solução universalmente válida de uma tarefa científica? Suponho que sim: o objeto da história é dado na quintessência da objetivação da vida. Na conexão da natureza, as manifestações da vida do espírito que vão desde os gestos rapidamente desvanecidos e as palavras fugidias até as obras poéticas imperecíveis estão acomodadas sobre a ordem que entregamos à natureza e a nós mesmos, às ordens jurídicas e às constituições sob as quais vivemos. Elas formam a realidade efetiva exterior do espírito. Os principais documentos, sobre os quais uma biografia repousa, consistem nos resíduos que sobraram como expressão e efeito de uma personalidade. Entre eles, assumem uma posição própria as cartas dessa pessoa e os relatos sobre ela.

A tarefa do biógrafo é, então, compreender a partir de tais documentos a conexão de efeitos, na qual um indivíduo é determinado por seu meio e reage a ele. Toda história tem de apreender uma conexão de efeitos. O historiógrafo penetra mais profundamente nessa estrutura do mundo histórico, na medida em que isola as conexões particulares e estuda a vida dessas conexões. A religião, a arte, o Estado, as organizações políticas e religiosas formam tais conexões que atravessam incessantemente a história. O transcurso vital de um indivíduo no meio social, no qual ele sofre influências e ao qual ele reage, forma a mais originária dentre essas conexões. Essa relação já está dada para o indivíduo em sua memória: o seu transcurso vital, as condições desse transcurso e os seus efeitos. Temos aí a célula originária da história. Pois as categorias especificamente históricas emergem aqui. Assim como o transcurso vital é mantido coeso pela consciência da mesmidade em sua sequência, todos os momentos da vida têm a sua base nessa categoria da mesmidade. O discreto está associado à continuidade; na medida em que percorremos a linha das lembranças desde a pequena figura dos anos de infância que vive no instante, seguindo em frente em direção ao homem que se afirma ante o mundo em sua interioridade firme e em si serena, ligamos o transcurso das influências e das reações a algo que se configura e que, assim, enquanto algo de algum modo determinado interiormente, se desenvolve. Os processos externos, que atuam sobre esse si mesmo, possuem para ele um valor efetivo. Os estados particulares desse si mesmo, assim como as influências sobre ele, possuem um significado em sua relação com o transcurso vital e com aquilo que se configura nesse transcurso.

A expressão literária dessa meditação do indivíduo sobre seu transcurso vital é a autobiografia. No momento, porém, em que essa meditação sobre o próprio transcurso vital é transportada para a compreensão da existência alheia, a biografia surge como a forma literária da compreensão da vida alheia.

Toda vida pode ser descrita, tanto a pequena quanto a poderosa, tanto a vida cotidiana quanto a extraordinária. A partir de pontos de vista totalmente diversos pode surgir um interesse em fazer isso. A família conserva as suas lembranças. A justiça criminal e suas teorias podem fixar a vida de um criminoso, a patologia psíquica, a vida de um homem anormal. Tudo aquilo que é humano transforma-se em documento, que atualiza para nós de algum modo as possibilidades infinitas de nossa existência. O homem histórico, contudo, com cuja existência estão articulados efeitos duradouros, é digno em um sentido mais elevado de continuar vivendo na biografia enquanto obra de arte. E dentre esses homens, por sua vez, aqueles cujos efeitos provieram de profundezas da existência humana particularmente difíceis de serem compreendidas e que permitem, por isso, uma visualização mais radical da vida humana e de suas formas individuais atrairão para si de maneira especial a atenção do biógrafo.

Como poderíamos negar, então, que a biografia possui um significado eminente para a compreensão da grande conexão do mundo histórico! Afinal, é justamente a relação entre as profundezas da natureza humana e a conexão universal da vida histórica difundida que é efetiva em cada ponto da história. Aqui se encontra a conexão originária entre a própria vida e a história.

Com isso, tanto mais urgente se torna o nosso problema: a biografia é possível?

O percurso vital de uma <personalidade> histórica é uma conexão de efeitos, na qual o indivíduo recebe influências do mundo histórico, forma-se sob essas influências e reage, então, a esse mundo histórico. Trata-se da mesma esfera da conexão mundana da qual provêm as influências e que acolhe as influências constantemente formadas pelo indivíduo. É justamente sobre essa base que repousa a possibilidade da biografia como uma realização científica, sobre o fato de o indivíduo não se achar diante de um jogo ilimitado de forças no mundo histórico: a esfera na qual ele vive é o Estado, a religião, a ciência – em suma, um sistema próprio à vida ou uma conexão de tais sistemas. É a estrutura interna dessa conexão que atrai o indivíduo para si, que o forma e que determina a direção de sua atuação: as realizações históricas partem das possibilidades que estão contidas nessa estrutura interna em um momento histórico.

Se visualizarmos a vida de Schleiermacher em seu conjunto, sua biografia parece se dissolver na multiplicidade de sua atuação. Todavia, o estudo mais detido mostra como o caráter imponente dessa personalidade reside justamente na conexão interna, que mantém coesa a sua atuação na religiosidade, na filosofia, na crítica, na nova compreensão de Platão tanto quanto do apóstolo Paulo, na Igreja e no Estado. Um poder próprio à vivência e à compreensão, uma circunspecção tranquila e serena, que se encontra sobre ele em meio à vida e à atuação e que se faz objetiva, fundada sobre o domínio constante de uma consciência mais elevada na alma, uma alma que essa força eleva acima do destino, do sofrimento e do curso do mundo...

2. A biografia como obra de arte

A autobiografia é uma compreensão de si mesmo. Pois a vida como o transcurso vital de um indivíduo é aqui o objeto. Pois a vivência é aqui a base direta constante da compreensão para a determinação do sentido dessa vida singular. Como presente constante que se projeta para frente, a vivência possui elos de uma conexão na qual as partes particulares entram em cena com a conexão anímica adquirida. Ao mesmo tempo, as novas partes podem ser vivenciadas retrospectivamente como atuantes, com elos lembrados em uma conexão efetiva. No entanto, essa conexão efetiva não se constitui por si como um sistema de efeitos, mas temos em toda a atuação a partir do presente a consciência do estender-se ao encontro de finalidades. Essas finalidades formam uma conexão efetiva, na medida em que os desejos também encerram finalidades em si.

Assim, a conexão efetiva é vivenciada em primeira linha como realização de finalidades, pelo menos aquilo que se encontra na maioria das vezes no primeiro plano da consciência. A ela são subordinados objetos, transformações, vivências como meios. Das finalidades surge um plano vital, como uma conexão de finalidades entre si e de meios. Tudo isso pressupõe no presente que faz planos uma consciência valorativa, que completa aquilo que está presente por meio da sequência do passado com seus prazeres, ilusões etc. Desse modo, vem ao encontro dessa apreensão a apreensão do significado formado com base no passado. Nele reside a ligação de um acontecimento exterior e particular com algo interior, pois esse interior se acha na conexão dos acontecimentos entre si que *não é formada a partir do último elo*, mas que está centrada em um ponto médio, em relação ao qual tudo aquilo que é exterior *se comporta como em relação a uma interioridade*. Aquele acontecimento exterior é a linha infinita de efeitos que contém um sentido. Somente essa conexão (cria unidade).

O compreender realiza-se em todos os acontecimentos exteriores. Esses acontecimentos são plenos até a morte e só possuem um limite material naquilo que se mantém. Nisso reside a sua vantagem ante a autobiografia.

Ela pode, então, utilizar para a compreensão as declarações nas quais estão contidas um plano, uma consciência do significado. Cartas mostram em que esse indivíduo descobre o valor de sua situação; outras mostram em que ele percebe o significado de partes singulares de seu passado. Forma-se uma conexão que conduz a uma compreensão: um talento propaga-se, ele torna-se consciente dessas partes; circunstâncias, erros, paixões o desviam, ou um meio propício fortalece o seu poder de realização; tarefas oriundas de fora vêm ao seu encontro e o conduzem para além de si mesmo, para o bem ou para o mal etc. Por toda parte permanece aqui o privilégio do fato de um percurso vital manter materialmente a ligação de algo exterior com um interior, com o significado de uma vida: os testemunhos mesmos expõem essa ligação, tal como a célebre autoconfissão de Goethe (em meu ensaio). E o observador já tem a consciência do efeito histórico, dos limites etc.

As cartas mostram a constituição vital momentânea. No entanto, elas são influenciadas pelo direcionamento ao destinatário. Elas mostram relações vitais; cada relação vital, contudo, só é vista por um lado. Se a vida, porém, que se consumou, ou se tornou histórica, pode ser apreciada segundo o seu significado, então isso só é possível na medida em que a conexão pode ser fixada com o passado, com aquilo que é atuante nos seus arredores e alcançado arduamente no futuro por meio da interpretação dos documentos existentes. Esses documentos mostram o indivíduo como um ponto central de efeitos de forças que ele experimenta e exerce. Todavia, o significado desse ponto central na conexão histórica só é realmente constatável caso a tarefa de conquistar uma conexão universal, destacável desse indivíduo, seja passível de ser resolvida...

Assim, a biografia como obra de arte não pode resolver a tarefa de prosseguir, sem ser em direção à história da época.

Com isso, porém, realiza-se uma transformação do ponto de vista. As barreiras para a interpretação de um indivíduo repousam sobre o fato de esse indivíduo, assim como ele é o ponto central para si mesmo, também ser transformado em ponto central pelo biógrafo. A biografia como obra de arte precisa, então, encontrar o ponto de vista no qual o horizonte histórico-universal se expande e no qual, contudo, esse indivíduo permanece no ponto central para a conexão de efeitos e de significados: uma tarefa que toda a biografia só pode resolver aproximativamente. A biografia precisa indicar, por um lado, objetivamente, a conexão existente na multiplicidade de suas forças, na multiplicidade da determinação histórica dessas forças, dos valores dessas determinações e da conexão significativa: a consciência da ilimitabilidade para todos os lados sempre precisa estar presente e, no entanto, o ponto de referência precisa ser fixado nesse indivíduo. Daí resulta o fato de a forma artística da biografia só poder ser aplicada a personalidades históricas. Pois só nessas personalidades se encontra a força para formar tal ponto central.

A dificuldade de fazer valer o ponto de vista duplo do biógrafo nunca pode ser superada totalmente.

A posição da biografia no interior da historiografia experimentou uma intensificação extraordinária. Essa intensificação foi preparada pelo romance. Talvez Carlyle tenha sido o primeiro a perceber todo o seu significado. Ela baseia-se no fato de o maior problema a ter surgido depois do desenvolvimento da escola histórica até Ranke estar na relação da própria vida em sua universalidade com a historiografia. A história deve preservar a vida como um todo. Todas as questões derradeiras sobre o valor da história possuem finalmente sua solução no fato de o homem reconhecer a si mesmo na história. Não é por meio de introspecção que apreendemos a natureza humana. Esse foi o gigantesco engano de Nietzsche. Por isso, ele também não pôde apreender o significado da história. A tarefa mais abrangente que emerge daí para a história achava-se implicitamente em Hegel. Nós nos aproximamos dela quando estudamos a vida relativamente a-histórica dos povos primitivos, na qual a repetição uniforme do mesmo conteúdo vital vem ao nosso encontro. Trata-se de algo como a base natural de toda história. Do mesmo modo, as personalidades humanas mais elevadas evocaram um tipo totalmente novo de estudo, que torna visível os limites da humanidade para o outro lado. Entre os dois havia o estudo dos costumes. A biografia de Carlyle, a concepção de um todo cultural particular desde as suas bases até o elemento mais elevado por Jacob Burckhardt, a descrição dos costumes por Macaulay foram os pontos de partida. (Os irmãos Grimm). Essa é a base, sobre a qual a biografia conquistou como obra de arte um novo significado e um novo conteúdo.

Justamente aí, porém, residem as suas limitações: movimentos genéricos atravessam o indivíduo como seu ponto de interseção; precisamos buscar novas bases para a compreensão desses movimentos, bases que não estão postas no indivíduo para tal compreensão. A biografia não contém por si a possibilidade de se configurar como obra de arte científica. *Trata-se de novas categorias, figuras e formas da vida, para as quais precisamos nos voltar e que não despontam na vida singular*. O indivíduo é apenas o ponto de entrecruzamento de sistemas culturais, organizações, nas quais a sua existência está entretecida: como é que elas poderiam ser compreendidas a partir dele?

Segunda parte. O CONHECIMENTO DA CONEXÃO HISTÓRICO-UNIVERSAL

Observações introdutórias

1. A história

As ligações fixas na autobiografia desaparecem. Nós deixamos o fluxo do curso vital e o mar infinito nos acolhe.

1. A diversidade dos pontos de vista de valor, significação e meta persiste aqui. No entanto, o tipo de combinação altera-se.

2. O sujeito, no qual e para o qual a significação da vida está presente, tornou-se agora questionável. Será que a felicidade só está presente para os indivíduos (Lotze)?

3. Se inserirmos um sujeito, um sujeito particular, uma pessoa etc., então surge daí a cada vez um ponto de vista próprio, sob o qual a significação, o sentido e assim por diante são apreendidos. Quanto a isto, Simmel. Consequência falsa de verdades diversas. Todavia, justamente na história universal, estes diversos pontos de vista ganham a dimensão da objetividade por intermédio das ciências sistemáticas. O caráter plástico da história. Exterior e interior, coetaneidade, sequência. Além disso, há o problema da apresentação, igual à concretização plástica do transcurso temporal de uma série em si infinitamente divisível. Nós vivenciamos, apesar de não vivenciarmos...

A história torna-nos livre, na medida em que nos alça para além da condicionalidade do ponto de vista significativo que surge de nosso transcurso vital. Ao mesmo tempo, porém, a significação é mais incerta. A meditação vital aprofunda, a história liberta.

Para esse vasto mar, contudo, levamos conosco o auxílio da orientação que conquistamos com a vivência, a compreensão, a autobiografia, a obra de arte biográfica. Essas são as categorias históricas que provieram da reflexão sobre a vida como meio de pensamento para a sua apreensão. A categoria do todo já está dada na compreensão. O transcurso do tempo, o percurso vital é a relação das partes com um todo. Na biografia surge, então, a categoria da existência singular qualitativamente determinada. No entanto, na medida em que a existência singular é condicionada de fora e exerce uma reação sobre o fora, as categorias do atuar e do padecer aí estão dadas. Toda existência particular determinada na história é uma força e se encontra ao mesmo tempo em uma ação recíproca com outras forças. Uma vez que a existência singular transcorre em um curso vital, uma vez que a limitação experimentada provoca nos diversos momentos deste curso sofrimento, pressão, progresso em direção a um outro estado que agora lhe é mais apropriado, uma vez que ela possui a sua felicidade neste progresso e mesmo talvez que a sua felicidade consista neste progresso, fazendo, assim, com que ela se mantenha e ao mesmo tempo se transforme em todo estado, isso faz com que a lei atuante nela forme a regra interna dessas transformações e aquilo que é a cada vez adquirido determine o futuro de dentro: assim surgem as categorias históricas da essência e do desenvolvimento. A essência designa aqui apenas a duração na transformação e o desenvolvimento não significa outra coisa senão a forma do transcurso que é determinada pela lei de uma crescente conexão adquirida. A vivência ou a apreensão do homem singular não contêm nenhuma informação para nós sobre um desenvolvimento enquanto progresso.

2. A nova tarefa

Nós olhamos retrospectivamente. Existe uma conexão entre as categorias que eram particularmente características para as ciências humanas (cf. meu Hegel [*Gesammelte Schriften* IV]).

As ligações recíprocas entre tais categorias formam esta conexão, por meio da qual a existência singular qualitativamente determinada, o indivíduo, ganha a compreensão. Nessas ligações, nós apreendemos agora a conexão, na qual a compreensão apreende uma realidade dada segundo a sua significação. Essa significação é uma existência singular qualitativamente determinada. Essa existência mostra por toda parte, desde a expressão até o sujeito de todas as expressões, uma relação do todo com as partes. Essa relação é uma conexão. A conexão é uma estrutura. Dela resultam a essência e o desenvolvimento. E, então, na medida em que essa ligação existente em toda essência singular é aplicada a todas as expressões dadas, surge sob as categorias do valor, da significação e da meta a compreensão deste indivíduo. Nessa compreensão, a essência singular é reconstruída como uma conexão espiritual por intermédio dos conceitos indicados...

Primeiro projeto de um prosseguimento

1. A relação fundamental: a estrutura dos construtos históricos

Na medida em que nos defrontamos com os construtos históricos, nós encontramos empiricamente neles uma unidade e uma conexão. Por intermédio dessa conexão, eles se transformam para nós em objetos de uma ordem mais abrangente. Todo construto atua na conexão histórica por meio de uma força que lhe é intrínseca. Ele possui a sua própria essência. Nela realiza-se um desenvolvimento que porta em si uma nova lei, que se estende para além do desenvolvimento do indivíduo. Assim, surgem novas tarefas:

Como é possível a demarcação dessas tarefas por meio do conceito?

Círculo da formação conceitual.

Que formação contínua é experimentada na existência singular pelas categorias e pelos conceitos apreendidos?

Como é possível aqui um conhecimento objetivo?

Entrada na história mundial

Na medida em que passamos agora para a história, aquilo que se apresenta como próximo problema é a questão da relação entre vida e história. É para essa relação que conduz o curso tomado por nós. Em cada ponto no interior da propagação espacial ou temporal da história está presente uma alma viva, atuante, dotada de forças culturais e sensível a todas as influências. Todo documento de primeira classe é expressão de tal alma. O fato de esses documentos serem tão escassos para um presente qualquer é a consequencia da escolha que a história como memória empreende no caos daquilo que está escrito. Ela permite que tudo aquilo que não possui nenhuma significação se transforme em pó, cinzas e trapos. Aqui encontramos de novo essa categoria da significação. No fundo, porém, tudo possui significação, uma vez que, como expressão de algum coração humano que bate e encanta, <nos deixa inserir o olhar> naquilo que era uma *possibilidade* de uma vivência para um presente. Pois é disso que se trata, de inquerir a própria alma sobre o modo como ela está ligada a qualquer momento sob as condições de um presente e de um espaço a determinadas possibilidades – por assim dizer, um caso sob as possibilidades ilimitadas que o transcurso histórico produz.

Se olharmos para os historiógrafos, então eles têm, sob o conceito de representação, de apresentação de um tempo a certos homens, uma relação com a grande massa imersa na memória humana. Macaulay e alguns outros ingleses aproximam-se do problema.

A conexão lógica nas ciências humanas

O ponto de partida é o vivenciar. Esse vivenciar mostra-se, porém, como uma conexão estrutural e, em cada representação estabelecida nas ciências humanas, essa conexão vital está sempre presente. Ela está presente quando escuto uma narrativa, quando leio sobre um feito histórico, quando reflito detidamente sobre uma conexão conceitual como a conexão econômico-nacional do trabalho ou do valor, a conexão jurídica do código, a conexão política de uma constituição. Sempre existe na representação essa conexão vital e esta provoca a sua compreensão. Representações chamam de volta a conexão vital. Do mesmo modo, o fluxo do tempo, um fluxo que atravessa todas as coisas humanas, é sempre efetivo na apreensão. Ele é o mesmo tanto no mundo histórico quanto em mim, que o considero. E o artifício do espírito é reuni-lo, acelerá-lo e, contudo, possuir ele mesmo a medida da duração no transcurso vital. Assim, em uma ordem temporal ideal, o dramaturgo faz com que se passe em algumas horas aquilo que tinha durado anos.

O mundo histórico e a significação

Do vivenciar surgem as categorias históricas do valor e da meta. No entanto, já no sujeito que vivencia e olha para trás, a significação entra em cena no processo de sua compreensão e traz consigo coimplicada uma conexão como forma categorial.

Até o ponto em que as conexões vêm à tona na história o conceito de significação é simplesmente <empregado> por nós. O que importa é empregar o conceito de significação em toda a extensão da realidade. Onde quer que a vida tenha passado e tenha ganho a compreensão, há história. E onde há história, a significação se faz presente em sua multiplicidade. Ela está presente onde um indivíduo representa algo mais abrangente, na medida em que ele reúne em si esse algo e por assim dizer produz a sua visibilidade fechada no fenômeno particular. Ela está presente onde uma determinada transformação na conexão entra em cena por meio de um acontecimento ou de uma pessoa ou comunidade (nunca há na história uma mera suma conceitual de consequências como um somatório).

O valor e a história

1. Mesmo no mundo histórico, a ligação dos valores com a cintilância constante, com uma forte reluzência e com o desaparecimento da afecção nos ânimos permanece. Aqui também não há nenhum valor que possua realidade sem estar em conexão com isso. Uma multipli-

cidade infinda e desconcertante abre-se aqui, um horizonte infinito, mais ou menos como quando olhamos à noite para uma grande cidade estrangeira, cujas luzes começam a ser acesas, se intensificam, desaparecem e se perdem em uma distância não mais visível. Todo esse relampejar e cintilar pertence a um mundo que nos é totalmente estranho, um mundo objetivo afastado de nós mesmos no espaço e no tempo. Assim, desenvolvem-se um pouco mais o conceito de intuição e o conceito de valor no sentido histórico. A vida dos indivíduos particulares está concluída. Agora, o seu valor próprio pode ser totalmente visualizado. Uma nova avaliação dos valores entra em cena, uma avaliação que não tem nada mais em comum com o comportamento prático. O critério dos maiores valores próprios de que temos notícia está agora presente: a linha de gradação que vai dos homens medianos em diante; e quanto mais o nosso olhar se estende para trás no passado, tanto mais distante e objetivos eles são – o efeito da distância histórica é justamente o mesmo que produz a distância entre as pessoas na obra de arte. Mesmo a comparabilidade de nosso próprio destino e valor dissipa-se com este elemento histórico.

2. Nesta multiplicidade dos valores históricos vem à tona inicialmente a diferença das coisas que não são senão valores utilitários ante os de si mesmo ou os próprios, valores que estão associados à consciência de si. Esses valores são o material do mundo histórico. Eles são como sons, a partir dos quais provém o tecido das melodias do universo espiritual. Cada um deles assume uma posição determinada nesse tecido por meio da relação em que se encontra com os outros. Mas ele não tem apenas a determinidade do som segundo a intensidade, a altura e a duração, mas é, enquanto indivíduo, algo indefinível, único; e isto não apenas segundo a relação em que ele se encontra, mas em sua própria essência.

A vida é a plenitude, a multiplicidade, a ação recíproca daquilo que é uniforme em tudo o que estes indivíduos vivenciam. Segundo a sua matéria prima, ela forma uma unidade com a história. Em todos os pontos da história há vida. E a história é constituída a partir de todos os tipos de vida nas mais diversas relações. A história é apenas a vida apreendida sob o ponto de vista do todo da humanidade, um todo que forma uma conexão.

Estes indivíduos que, enquanto valor para si mesmos, formam vida e história, com suas metas, sua significação, são antes de tudo forças atuantes e conscientes preenchidas por valores que se ligam aos valores de uso das coisas, eles são formadores de metas. E, com isso, o mundo histórico é preenchido por metas, ele é – tomado puramente como multiplicidade de forças – um mundo preenchido por metas.

E desde o momento em que um sujeito olha para o futuro, pesa valores e se decide sobre os bens, as metas também percorrem um desenvolvimento. Aqui também a aparição das metas no interior da administração espiritual se destaca do processo, no qual a meta é estabelecida pelo sujeito; elas se tornam forças autônomas atuantes no interior dessa administração. O fenômeno mais imediato é aqui o fato de elas exercerem um efeito, sem se tornarem conscientes; e isso em amplas dimensões. No mundo histórico atuam paixões, estados de ânimo: eles permanecem ligados à interioridade da pessoa; de maneira diversa das metas.

Vivenciar, compreender, conexão de efeitos

O vivenciar e o compreender são os primeiros a abrir o espaço para a intelecção de que neles desponta uma conexão. Nós só compreendemos conexões. Conexão e compreensão são copertinentes.

Essa conexão é uma conexão de efeitos. Na unidade vital psíquica, na história, nos sistemas culturais e nas organizações, tudo se encontra em uma transformação constante e essas transformações são algo conquistado com suor por algo que atua, seja que essa relação tenha lugar em um indivíduo em função de sua estrutura, seja em estados de fato compostos. O fato de uma conexão de efeitos poder ter o caráter de uma teleologia imanente não altera nada quanto a isso; pois essa teleologia é apenas uma forma de atuação.

Na história e na sociedade subsiste por toda parte a relação entre todo e partes, e, por meio dessa relação, a forma mais próxima da atuação no mundo histórico é determinada. E, em verdade, nós nos deparamos aqui com componentes primários, cujas partes são desprovidas de autonomia, na medida em que não podem funcionar sem a ligação com o todo.

Agora, enquanto os corpos orgânicos neste sentido são igualmente totalidades cujas partes não funcionam autonomamente, mas só realizam a função que constitui a sua essência em sua relação com o todo, as unidades vitais psicofísicas humanas são um todo em um sentido particular. Tudo aquilo que é dado é efetivamente singular, quer ele seja orgânico, inorgânico ou espiritual. Mesmo o fato de apreendermos de maneira pensante ou reflexiva o processo psicofísico poderia acrescentar a esse processo uma característica, mas não designa de qualquer modo completamente aquilo que distingue essa conexão. A conexão psíquica é aqui estrutural. Ela é uma conexão de efeitos, na qual aquilo que trabalha para a obtenção de algo continua subsistindo como um estado de fato psíquico e se liga àquilo que foi conquistado com suor. Essa conexão de efeitos estende-se até as relações do pensamento com a apreensão do dado, da dotação de valor com esse dado, da instauração de metas com a dotação de valor e, no interior de cada uma dessas esferas, com as relações particulares do mesmo tipo contidas na ligação que as constitui. Toda essa conexão relacional atua teleologicamente na criação de valores e na realização de bens e metas. Entre os valores, o valor próprio da pessoa desempenha agora um papel particular. O seu caráter reside no fato de a unidade vital se alegrar com certas propriedades, possuir uma consciência própria que se articula com essas propriedades; e na medida em que essas propriedades estão vinculadas a um cerne individual que está fundado na conexão pessoal, o valor próprio é individual. Esse valor remonta sempre à conexão particular dessa pessoa singular, uma conexão graças à qual ela é tal como ela é, e se sente e desfruta dessa forma. Por meio da avaliação dos outros se intensifica essa relação. Com isso, o indivíduo é centrado em si mesmo. Por outro lado, contudo, toda comunidade desenvolve do mesmo modo valores, cada movimento histórico possui a mesma intenção e efeito, e, dessa maneira, surge na situação histórica e social a relação segundo a qual o sentido da própria existência entrega significação aos processos psíquicos singulares; e, por outro lado, a unidade psicofísica, particularmente na conexão de metas, conquista uma significação para o todo. É essa conexão significativa, então, a apreendida pelo historiador. Ela não é mais avaliada, mas é reconhecida como realidade. Como essa realidade, porém, ela constitui a significância, o interesse do singular, a conexão de momentos significativos entre si, em suma, a articulação no transcurso temporal.

Aquilo de que gozamos como valor da pessoa em sua consciência própria é...

Conexão histórica

Hegel colocou o problema de buscar uma conexão de conceitos que alçasse essa conexão à consciência. Essa mesma conexão do ponto de vista da metafísica, da filosofia natural e das ciências humanas. Trata-se aqui dos níveis ideais do espírito, nos quais o si mesmo se encontra como espírito, se objetiva no mundo exterior e reconhece a si mesmo como espírito absoluto.

Nisso reside a intelectualização da história. Ela não é apenas reconhecida em conceitos, mas esses conceitos são a sua essência: justamente sobre esse ponto repousa o seu conhecimento adequado. O espírito e a história são agora descobertos. Eles não possuem mais nenhum segredo.

O quão diversa é a posição do real historiógrafo em relação à história!

Mas ela também não é esgotada pela descrição da multiplicidade individual dos fenômenos históricos. Se só existissem esses fenômenos, então não haveria nenhum conhecimento deles. Indivíduos enquanto tais são cindidos uns dos outros. A essência mais profunda da história, uma essência segundo a qual ela objetiva o espírito da comunidade, permaneceria inconcebida.

Na compreensão de um produto histórico enquanto a expressão para algo interior não está contida ainda uma identidade lógica, mas, sim, a própria relação de uma mesmidade em diversos indivíduos. Esses indivíduos não se compreendem por meio de sua igualdade, só conceitos são iguais uns aos outros e podem ser, por isso, transpostos. Eles se compreendem por meio do fato de o indivíduo possuir em certos limites possibilidades de reviver a partir de expressões e efeitos de um indivíduo constituído de uma maneira totalmente diversa os estados e processos interiores desse indivíduo como o interior que lhe é pertinente. Pois ele possui em si possibilidades, que se estendem para além daquilo que ele pode realizar como a sua própria vida. Nós vivemos todos nas firmezas habituais adquiridas de nossa essência. Na medida em que, porém, justamente onde repousa a consciência da liberdade, residem em nós muitas possibilidades da vida na memória e no querer do futuro, talvez mesmo em uma vitalidade que nunca se torna firme, a nossa fantasia ultrapassa aquilo que vivenciamos ou podemos realizar em nosso próprio si mesmo.

Ceticismo histórico

1. Algo em relação ao que não há nenhuma compreensão não pode possuir significação ou valor. Uma árvore nunca pode ter uma significação.

A teoria de Simmel da história, uma teoria segundo a qual a formação histórica seria necessária porque nem todas as partes podem ser percorridas, é equivocada porque um número maior de partes pode ser representado por meio de uma síntese.

Em uma história das transformações do mundo, eu nunca me deparo na escolha com um momento que etc. Nesse ponto temos uma diferença entre a história dos objetos naturais em relação aos objetos humanos.

A razão fundamental para os céticos históricos é sempre o fato de a conexão de efeitos que transcorre por meio de motivos ser duvidosa; pois o singular não conhece os seus motivos senão de maneira duvidosa e os outros ainda teriam uma dose menor de intelecção. Aquilo que é coproduzido nas ações decisivas pelos interesses próprios, pela ambição, a necessidade de poder e a vaidade não podem ser constatadas senão com uma abrangência moderada. Mesmo declarações orais ou epistolares sobre isso permanecem questionáveis. Precisamente aqui reside, contudo, o campo propriamente dito daquilo que os conhecedores dos homens e os homens do mundo consideram a história verdadeira. Em particular os franceses fazem valer a sua lucidez, a sua superioridade em relação às coisas e aos homens no fato de imputarem motivos pequenos e egoístas a grandes efeitos. Eles estão habituados a isso por meio do método pragmático que persegue a ligação entre motivo, ação e efeito, lá onde eles não empregam uma teoria política ou uma avaliação de forças político-militares. Justamente a partir daí surge um farejar doentio dos motivos e uma mania de apequenamento das memórias. Por fim, reside no espírito francês uma clarividência quanto a motivos pessoais, dinheiro, posição social, para a qual o compromisso determinado pelas coisas que é próprio aos alemães e, com isso, a sua ingenuidade quanto às metas pessoais são incompreensíveis.

Natureza da historiografia pragmática que busca a conexão de efeitos, mas no interior dos limites da conexão entre motivo, ação e efeito histórico. Típico é o assim chamado moralismo de Schlosser, que é tal pragmatista histórico com o adendo de uma mania francesa de apequenamento, mas com a base do juízo moral.

2. O ceticismo histórico só pode ser superado se o método não tiver a necessidade de contar com a fixação de motivos.

3. O ceticismo histórico só é superado na medida em que a compreensão de construtos espirituais substitui refinamento psicológico. Es-

ses construtos acham-se presentes como algo extrinsecamente objetivado e, assim, podem ser transformados em objeto de uma compreensão artística.

4. Eles se decompõem em três classes. A compreensão tem o grau mais elevado de segurança no âmbito da interpretação do espírito científico. Possibilidade de troca.

Os produtos da sabedoria de vida, da religião, da arte e da filosofia possuem um segundo grau. Em parte, elas são expressão da própria conexão vital; em parte, elas apresentam uma conexão vital.

O terceiro e mais difícil caso é formado pelo âmbito do agir e da instauração de metas. A relação entre o estabelecimento de metas, a descoberta de meios e o agir é racional e transparente. Uma coisa diversa, porém, são os motivos que determinam os estabelecimentos de metas. As ações atuantes rumo ao cerne do universal que se tornam históricas não são acompanhadas pela consciência dos motivos. Elas encontram-se, contudo, em uma clara conexão com as necessidades objetivas que estão postas nos sistemas de metas e nas organizações exteriores; ao mesmo tempo, no entanto, os motivos são completamente indiferentes para os seus efeitos: esses efeitos só dependem das representações de metas e das possibilidades dos meios. Assim, as ciências humanas sistemáticas que se referem ao mundo que age formam a base para uma compreensão segura do mundo da ação.

Portanto, o método de compreensão complexifica-se aqui, na medida em que ele acolhe em si comparação etc.

A possibilidade de um conhecimento objetivo nas ciências humanas

O problema sobre como seria possível um conhecimento objetivo nas ciências humanas remonta à questão de saber como tal conhecimento poderia ser realizado na história. Como é possível história? Nessa problemática está pressuposto o seguinte: um conceito de história. Nós vimos que esse conceito é dependente do conceito de vida.

A vida histórica é uma parte da vida em geral. Essa vida, porém, é aquilo que é dado na vivência e na compreensão. Com isso, a vida entendida nesse sentido estende-se para toda a esfera do espírito objetivo, na medida em que ele é acessível por meio da vivência. A vida é agora o fato fundamental que precisa formar o ponto de partida da filosofia. Ela é aquilo que é conhecido de dentro, para além do que não se pode aceder. A vida não pode ser colocada diante do tribunal da razão. A vida é histórica, na medida em que ela é apreendida em seu avanço no tempo e na conexão de efeitos assim emergente. A possibilidade dessa apreensão reside na formação imitativa desse transcurso em uma memória, que não reproduz o particular, mas a conexão, os seus estágios. O que a memória realiza na apreensão do próprio transcurso vital é produzido na história por intermédio das exteriorizações vitais que o espírito objetivo abarca, por meio da associação desse avanço e dessa conquista suada. Isso é a história.

Por isso, a primeira condição para a construção do mundo histórico é a purificação das lembranças confusas e talvez degeneradas que a espécie humana possui de si mesma por meio de uma crítica que subsista em uma correlação com a interpretação. Desse modo, a ciência fundamental da história é a filologia em sua compreensão formal como estudo científico das línguas, nas quais a tradição está sedimentada, ou seja, a reunião do legado da humanidade até aqui, a purificação desse legado dos equívocos, a ordem cronológica e a combinação que coloca esses documentos em ligações internas. A filologia entendida nesse sentido não é um expediente do historiador, mas designa uma esfera primeira de seus modos de procedimento.

A objetividade da história só é possível se, entre os múltiplos pontos de vista sob os quais a conexão é realizada e os elos necessários para ela podem ser separados, um ponto de vista apreender essa conexão tal como ela teve lugar.

Introduzo inicialmente o conceito de significação. A conexão da história é a conexão da própria vida, na medida em que esta produz uma conexão sob as condições de seu meio natural. Um elo que pertence à conexão do todo possui uma significação em uma ligação com esse todo, porquanto realiza uma relação com esse todo contida na vida. Pois a relação do todo com a parte não implica necessariamente o fato de a parte possuir uma significação para o todo. Na primeira vista parece haver nesse ponto um enigma insolúvel. Nós precisamos construir o todo a partir das partes, mas nesse todo precisa residir o momento por meio do qual atribuímos significação à parte, um momento que confere à parte, de acordo com isso, a sua posição.

Já vimos, porém, que reside justamente aqui aquilo que coloca o trabalho histórico em movimento e que este movimento transcorre na dependência mútua das determinações conquistadas, neste caso, portanto, na dependência mútua do todo e da parte. Aquilo que a vida é deve ser ensinado pela história. E a história depende da vida, cujo transcurso no tempo constitui o que ela é. Por isso, ela possui o seu conteúdo na vida.

A partir desse círculo haveria um desvio simples, se houvesse normas, metas ou valores incondicionais, nos quais a consideração, a concepção histórica teria um critério.

A própria história realiza valores, cuja validade, contudo, emerge da explicação das relações contidas na vida. Tal relação é a obrigatoriedade que repousa sobre o contrato e o reconhecimento da dignidade e do valor em cada indivíduo considerado homem. Essas verdades são universalmente válidas porque elas tornam possível uma regulação em cada ponto do mundo histórico.

2. *A estrutura de toda conexão histórica*

O problema da história é: como é que, onde um si mesmo é cindido de outro si mesmo, onde só tem lugar a eficácia das forças uma sobre as outras, pode surgir a partir desses indivíduos um sujeito que age e sofre como um si mesmo? Sistemas culturais, direções, movimentos, organizações são tais elementos comuns, totalidades copertinentes, nas quais singulares atuam conjuntamente como partes de maneira diversa.

1. A natureza dessa atuação conjunta segundo os diversos modos do mesmo... A primeira diferença é que os indivíduos não entram em nenhum desses entretecimentos como uma totalidade, mas apenas como uma parte de seu si mesmo.

2. Todos eles se diferenciam... A conexão neles é diversa da conexão do si mesmo por meio do modo como tempo e espaço vêm à tona neles. Eles possuem um espaço para se expandir; cada vez mais pessoas são acolhidas nesses espaços em trechos cada vez mais amplos. Eles ignoram espaços intermediários, os indivíduos que estão assim ligados podem estar amplamente afastados uns dos outros; mas através de espaços intermediários, os indivíduos podem formar uma conexão (Cf. a parte sobre estrutura).

Do mesmo modo, eles se estendem por longos períodos e cada uma dessas conexões possui à sua disposição longos períodos para o seu desdobramento, sim, períodos ilimitados. O tempo, com a força formadora que lhe é intrínseca, consegue fazer a sua obra no interior desses períodos de maneira extremamente serena e, porém, intensa.

3. Como uma conexão na qual indivíduos que se tornaram agora partes atuam conjuntamente, eles são comparáveis à conexão psíquica; eles tampouco são dados como substâncias, mas as partes atuam conjuntamente tanto aqui quanto lá segundo uma lei que lhes é própria. E diferentemente do mundo inorgânico, essa conexão não é dada apenas de fora, e é, por isso, enigmática, mas a conexão é de algum modo vivenciada. A maneira como ela pode ser vivenciada certamente é diversa. Ela pode atuar como consciência de compartilhar com outras pessoas a mesma sensação fundamental, de ter em comum a mesma meta, de estar submetido conjuntamente a uma direção; a mesma consciência, na qual os singulares correspondem uns aos outros, está sempre presente. Assim, se fazem valer aqui as mesmas categorias que são próprias a toda conexão psíquica. Subsiste a relação de um todo com as partes; essa é a primeira determinação do modo como

conexões psíquicas estão presentes como conexões históricas. Ao mesmo tempo, porém, a diferença que vem à tona nessa relação precisa ser constatada.

Cada uma dessas conexões possui uma estrutura, segundo a qual suas partes formam um todo. O tipo dessa estrutura é diverso do tipo psíquico. E mesmo no interior de conexões históricas estão presentes aqui diversidades que precisam ser constatadas.

Daí resulta, então, o fundamento de direito para a crítica da razão histórica transportar o conceito de estrutura para esses construtos.

Todo indivíduo é uma força singular. Qual é a relação, na qual determinados lados ou partes dos diversos indivíduos que são homogêneos uns para os outros atuam conjuntamente rumo a uma força total? Isso pressupõe o fato de uma conexão estar constitutivamente contida nas partes homogêneas dos indivíduos (Cf. minha introdução).

4. Na medida em que as partes homogêneas portam em si, em sua conexão com a vida das pessoas singulares, a direção para algo que deve ser realizado no futuro, tal conexão histórica realiza algo que se acha no futuro. Aqui, em um sentido bastante diverso, e, comparado com a essência individual, transformado, a categoria da meta pode ser transportada do ser singular para essa conexão.

5. Ainda mais difícil é em que sentido uma conexão histórica é geradora de valores.

6. Em toda conexão que se forma no tempo, há uma lembrança do transcurso. O transcurso é uma propriedade fundamental de toda conexão histórica e o transcurso psíquico encerra a lembrança de seus estados em um grau qualquer. Categoria da significação.

3. *Os sujeitos dos enunciados históricos*

Novos sujeitos entram então na existência singular. Em que sentido eles são visados? Em que consiste o direito crítico de tratá-los como portadores de enunciados?

Surgimento da consciência de conexão e comunidade por meio da história

Se a comunidade é agora sujeito, se surge a capacidade de fixar aquilo que é visto novamente pelo mundo espiritual sob esse ponto de vista, então vem à tona em primeiro lugar a questão: como é que uma tal comunidade se transforma em um sujeito, que atua de maneira uniforme como um indivíduo?

Para tanto contribuem o passado, a atuação conjunta presente e o futuro.

Aqui se vê como a história, sobre cuja utilidade já tanto se discutiu, atua produtivamente como consciência das comunidades em relação à sua história de vida e como memória dessas comunidades quanto ao seu percurso vital para a vida comunitária da humanidade. Quando estudamos a vida das comunidades, devemos pensar no fato de ser inversamente essa história como memória da humanidade que atua de maneira formadora de comunidades. E, em contrapartida, a consciência comunitária cria a partir do sentimento da unidade heróis dos povos, fundadores de Estados, instituidores de religiões. O poder de nossa relação com o passado é tão grande, a transposição de nosso próprio percurso vital para a vida conjunta dos indivíduos nas formas da comunidade é tão intensa.

4. Os sujeitos históricos concretos da raça, do povo etc.

[...]

5. Os sistemas culturais

Círculo de sua determinação.
Em que reside sua unidade?

A conexão neles.
Relação dos sistemas culturais e das organizações.
Eles só podem ser isolados uns dos outros por meio da abstração.

A hermenêutica da organização sistemática

Assim como no caso das obras singulares, também é necessária, no caso das organizações, uma interpretação acurada e rigorosa. Trata-se de uma interpretação, não de uma explicação das organizações a partir de seus momentos iniciais, de uma recondução às causas produtoras. A luta entre as escolas é travada em torno de uma explicação racional ou psicológica ou histórica. Aquilo que é possível em relação a tal explicação pressupõe a hermenêutica das organizações singulares e a comparação entre as relacionadas. No entanto, ela permanece uma questão transcendente.

A hermenêutica é aqui possível porque tem lugar uma ligação entre povo e Estado, crente e igreja, vida científica e universidade, de acordo com a qual um espírito comum e uma forma de vida una encontram uma conexão estrutural, na qual eles se expressam. Portanto, há aqui uma relação das partes com o todo, na qual as partes obtêm significação do todo e o todo, sentido das partes; e essas categorias da interpretação possuem o seu correlato na conexão estrutural da organização, uma conexão segundo a qual essa organização realiza teleologicamente uma meta.

No que reside, porém, o elemento específico na estrutura das organizações e nas categorias de sua compreensão? A mera existência de uma organização como tal não possui valor algum. Na conexão estrutural, a *performance*, a função etc. correspondem à meta.

6. A vida econômica

[...]

7. O direito e sua organização na comunidade

[...]

8. A articulação da sociedade

[...]

9. Hábitos, ethos *e ideal de vida*

[...]

10. A religião e sua organização

Religiosidade

Entre todas as vivências sobre as quais a objetivação e a organização do espírito estão fundadas, a religiosidade assume uma posição particular, central. É isso que nos mostra a história. Esse fato também vem à tona a partir da meditação antropológica. Nós estamos aqui na raiz, na qual a vivência e a compreensão do poeta, do homem religioso e do filosófo se encontram conectadas. Em todas essas vivências e compreensões surgem..., a partir das quais são formadas experiências da própria vida que vão além dela. E a cada vez está estabelecido na própria vida o momento que conduz para além dela. É o traço próprio à religiosidade que a vida experiente entra em ligação com o invisível. Enquanto está na própria vida, esse invisível exerce efeitos por cima dela e no interior dela. Essa ligação, porém, surge a partir da realidade da experiência da vida intensificada nos grandes indivíduos religiosos. O que estava presente no gênio religioso não era um sonho de além. Ao contrário, a própria vida, experimentada segundo a sua natureza, verdadeira, composta de maneira tão estranha em sua rigidez inteiramente formada de sofrimento e alegria, aponta para algo que penetra de fora, que vem de profundezas próprias, <inserindo-se> de maneira estranha na vida, como se ele chegasse de âmbitos invisíveis. Nenhuma produção artística atenua nessas naturezas totalmente avessas à arte a pressão da vida, da realidade, uma pressão que penetra em toda a existência. A morte acompanha como uma sombra cada momento da vida de Calvino. Para o protestante, por detrás da experiência da bem-aventurança oriunda da crença de ter sido um escolhido de Deus, se encontra sempre a ideia terrível que provém da condenação sem razão das outras almas. E transformar então a si mesmo em um instrumento de Deus pode dar a naturezas ativas uma quietude interior. Os indivíduos contemplativos e pacíficos, contudo, no período da Reforma, procuraram outro caminho. E quanto mais intensamente um homem vive em sua essência própria, quanto mais ele se libertou do funcionamento do mundo, dos entrelaçamentos sociais, tanto mais o assustam as regiões abissais em cada um de nós. Ele se sente mais sozinho e mais cindido dos outros homens. Ele gostaria de superar essa separação. Assim, a própria vida em sua essência fundamental leva para o alto, para dentro, para baixo em direção ao cerne do invisível, amando e compreendendo as almas, a fim de unificá-las consigo.

O decisivo é sempre o fato de não haver no gênio religioso nenhum desvio para o interior da superficialidade da vida modorrenta, do esquecimento cotidiano daquilo que foi lembrado e do futuro, assim como nenhuma fuga para o interior da fantasia. E nenhuma satisfação com a atividade mundana das forças que também encerra, porém, um esquecimento da morte e da salvação da alma.

1. Agora que os objetos religiosos sempre são pressupostos para a vivência e que a religião se encontra na rede da tradição...

2. Se isso é quebrado, então permanece de qualquer modo contida na natureza da vivência e da compreensão a significação da vida, o prosseguimento das metas em direção ao invisível, o complemento dos valores.

A religião emerge do trânsito com o invisível. No entanto, não é a partir desse trânsito por si que emergem as formas da religiosidade. Ao contrário, esse trânsito acompanha a configuração da pessoa em direção a uma unidade satisfatória e somente isso se mostra como a realidade efetiva. As partes experimentadas dessa configuração, que é vivenciada na experiência religiosa. Suas vivências não são apenas doutrinárias, tampouco apenas ânimo, mas surgem em pessoas que realizam de maneira própria a tarefa da vida. As tentativas de estabelecer metas para si são ilusões quanto aos valores realizados nelas, enquanto a nova descoberta dos valores, a determinação da significação das relações vitais funciona por toda parte como a base da figura determinada de uma religião.

Reconhecer o que é a religião é tão difícil porque todos os seus modos de expressão e todos os produtos duradouros nos quais ela se apresenta ao seu estudo como dogma, crença, superstição, arte religiosa e visão de mundo religiosa, carecem primeiro de uma interpretação que apreende os movimentos anímicos que estão por detrás daí.
1. Tudo aquilo que a vida e o seu correlato, o mundo, contêm objetivamente pode receber uma valorização religiosa.
2. A valorização religiosa, contudo, nunca é algo originário. O valor religioso não é, como o valor vital etc., uma suma conceitual valorativa totalmente independente. Ao contrário, ele pressupõe muito mais experiências no interior da valorização da vida que, com base em uma determinada tonalidade ou coloração da vida do ânimo, acentuam a pressão do mundo circundante (Pascal), a impossibilidade de superar tal pressão por meio da intervenção, a irrealidade deste mundo, a fragilidade, a corruptibilidade, a intangibilidade e, todavia, positiva-

mente, uma necessidade de firmeza do mundo, uma possibilidade de confiança, de paz. Nada disso já se mostra como uma disposição religiosa do ânimo. Pois uma disposição do ânimo só é religiosa se encontramos no invisível os meios para construir adequadamente o mundo do ânimo com base nesses sentimentos. Assim, surge inicialmente o conceito de *necessidade religiosa*; em verdade, o conceito de uma necessidade por encontrar satisfação na religião, em que essa necessidade não antecede à religião ou é condicionada na vida religiosa do ânimo como um momento constitutivo; a religião é apenas tradição, hábito. E toda natureza religiosa possui de algum modo, na constituição do ânimo que condiciona a valoração da vida, a força para as suas concepções originais.

11. A arte

[...]

12. As ciências

[...]

13. Visão de mundo e filosofia

A interpretação de sistemas filosóficos

1. O caso mais simples: um escrito central. Problema: a relação da apresentação sistemática com o sentido segundo a significação das partes, o valor próprio das verdades etc. Recurso: história do desenvolvimento.

2. Platão e Leibniz: aqui, a apreensão do sentido dos escritos e da relação significativa deles com o todo pressupõe, na medida em que não se trata aqui de partes adaptadas ao todo, uma história de desenvolvimento que possibilita avaliar a significação dos escritos particulares para o todo.

As ciências humanas e uma filosofia da vida

I.
1. No intelecto e no impulso há uma aspiração intrínseca à vida psíquica. A ativação dessa aspiração é a alegria.
2. A estrutura da vida anímica atua teleologicamente, isto é, para a aspiração a um desenvolvimento contínuo.
3. Uma satisfação duradoura, independente da vida própria, só surge na concordância entre essa aspiração e as grandes objetividades que concedem uma satisfação.
4. Essa conexão vital encontra-se sob a condição da probidade e da moral. Essa condição consiste no fato de estarmos conscientes da manutenção da amabilidade recíproca como um dever. Investigações transcendentais sobre o *a priori* deste dever são sem resultado.

II.

O pensamento filosófico do presente tem sede e fome de vida. Ele quer o retorno para a elevação da alegria vital, para a arte etc.

A conexão da história da metafísica e da religião com a cultura

Ciência comparativa da cultura
1. Uma cultura tem a sua característica no fato de, suportada por organizações dadas, alcançar um ápice duradouro, sobre o qual os sistemas particulares estão ligados em uma estrutura harmônica, com vistas à qual, então, graças a relações a serem investigadas, se dá a dissolução.

Não se pode cindir o conteúdo da forma, na qual a estrutura harmônica alcança o seu ápice. Os conceitos vitais como vinculação, missão, apresentação artística da vida por meio de proporção, por meio de luz e sombras, gozo da ordem sonora na melodia, na harmonia, ligação trágica entre personagens, trama, culpa e destino contêm todos uma formação dos conteúdos vitais. Teoria dessa formação.

Os conteúdos, isto é, as realidades ou qualidades, são apreendidos na própria vida segundo a sua significação. Essa apreensão ganha expressão na arte etc. Qual é, então, esta ligação?

2. No ápice do qual precisamos sempre partir (esse é o mais importante ponto de vista metodológico), desenvolveu-se uma posição da consciência, na qual os valores, a significação e o sentido da vida conquistaram uma expressão determinada a partir da ligação dos elementos da cultura segundo a sua estrutura. Esses elementos encontram a sua expressão na poesia, na religião, na filosofia, por meio de uma conexão interna de uma reflexão antropológica com os construtos construídos sobre ela. Nela estão mutuamente ligados o sentimento do presente, a memória e o futuro. Ela contém sentido na lembrança, sentimento de vida como sentimento dos valores no presente e como ideal (bem). A limitação de toda cultura já evoca sobre o ápice da mesma exigência de um futuro.

14. A conexão das organizações no Estado

[...]

15. As nações como os portadores do poder, da cultura etc.

[...]

16. A humanidade e a história universal

Ação recíproca entre as nações. Movimentos espirituais. Época.

Revolução

As transformações que entram em cena no mundo histórico podem ser distintas de acordo com tipos fundamentais. Elas podem ser apreendidas, na medida em que vêm à tona em um círculo mais estreito no interior de um sistema cultural e das organizações de uma nação particular ou em uma totalidade mais abrangente, a saber, no interior dos diversos lados de sua vida. Por outro lado, elas podem ser apreendidas, na medida em que se estendem por um período de tempo maior ou menor. Esses diversos modos de apreensão são condicionados pela natureza do movimento que apreendemos. Esse movimento propaga-se em círculos de uma extensão diversa e realiza-se em diversos espaços de tempo.

Precisamos nos deter, porém, sobre o modo diverso de tal transformação una, a fim de tornar concebível por meio daí uma extensão espacial e temporal.

E, então, faz-se valer aí o seguinte: o isolamento só é possível por meio do fato de uma *unidade significativa* reunir séries de transformações. Pois em si todas as transformações estão efetivamente articuladas umas com as outras de maneira causal, e, de maneira causal, a fundação do reino alemão e da Revolução Francesa não é delimitada em relação àquilo que aconteceu antes ou depois no círculo correspondente. No entanto, mesmo a partir dos conteúdos e de suas ligações puramente objetivas, tal agrupamento não é possível.

Para resolver a questão, parto de sistemas de transformação, que podemos designar como revoluções. O seu traço comum é o fato de um movimento, obstruído por muito tempo, repentinamente irromper e se estender sobre vastos círculos segundo a força que lhe é intrínseca.

E aqui se distinguem uma vez mais aquelas revoluções, nas quais os interesses repelidos estão ligados com uma massa de ideias há muito acumuladas, por meio da qual essas revoluções obtêm um tipo próprio de significação. Elas não apenas atingem em seus efeitos até o ponto em que os interesses como tais estão aparentados e articulados, mas elas também atuam para além disso como realização da massa de ideias e dos ideais.

Os dois fenômenos descomunais da Reforma e da Revolução Francesa são dessa natureza. A realização de ideias neles exerce como tal um amplo efeito, onde quer que dormitem interesses aparentados quaisquer. Assim, a sua significação não é esgotada por suas consequencias fáticas no interior da região de interesses, a partir das quais eles surgiram.

Nos dois casos, uma massa de ideias que se desenvolve lentamente por um lado e uma longa obstrução no interior de uma organização por outro precedem à irrupção. O poder dessa organização reprime as tendências para a transformação que residem nela. No primeiro caso, temos a organização da Igreja, no segundo caso, a organização do Estado.

Quando a revolução entra em cena, ela pertence, em meio a um rico desenvolvimento cultural, a um sistema determinado, apoderando-se exclusivamente dos espíritos, de modo que os outros interesses se retraem, todos os interesses que...

Teoria da história

O espírito como produto da interiorização e a sua objetivação na história

1. O erro de Hegel foi ter construído de maneira imanente os níveis do espírito. Esses níveis provêm muito mais da atuação conjunta deste momento com a conjuntura histórica. Em sua interioridade pensante,

ele já é o produto do movimento regulado por leis que é próprio ao mundo histórico.
2. Daí resulta o parentesco interno entre os dois.
3. A objetivação é o outro grande problema da ciência histórica. Ela realiza-se:
a) na expressão, como arte e livre literatura;
b) na representação pelo pensamento;
c) nas organizações em que a transformação conquista duração e um modo de efetivação regulado, ordenado, contínuo, incessante;
d) no direito. O direito é a suma conceitual das regras passíveis de serem impostas, por meio das quais as ações exteriores são determinadas. De acordo com isso, objetiva-se no direito a apreensão: a) dos valores que a sociedade necessita, de sua gradação em direito criminal etc.; b) de uma forma regular, que é condicionada por meio da vida social e econômica etc.
e) Objetivação no ensino. Posicionamento particular desse ensino. A partir de um ideal de vida dado, o educador e o sistema produzem aqui um estado naqueles que estão crescendo. Não se trata de ações, mas de algo que fica para trás como hábito, quando a formação é consumada. Pois o ideal de um tempo dado e de um povo está vivo na classe de seus educadores. Portanto, ele não é racionalmente apresentável. Ele só é realizado por meio da arte do educador.
f) Objetivação nas organizações eclesiásticas. O que é objetivado é aquilo que é desenvolvido no trânsito com o invisível: experiência religiosa, dogmas surgidos daí, formas do trânsito religioso.

Resumo. A pesquisa histórica tem de apresentar 1. o processo de interiorização a partir do mundo histórico dado com base no grau anterior; 2. o processo da exteriorização.

A força impulsionadora na história

Este problema surge nos períodos mais antigos de Hegel. Faltam, porém, a fundamentação e a execução psicológicas. Sempre há uma insatisfação em uma conjuntura cultural. Com isso, surge o ímpeto para ir além dessa conjuntura.

A compreensão histórico-universal

Ela tem por seu pressuposto a autobiografia, a biografia, a história das nações, dos sistemas culturais, das organizações. Cada uma dessas histórias possui um ponto central próprio, em relação ao qual os processos assumem um comportamento, e, com isso, valores, metas e uma significância que se derivam dessa relação.

Repousa sobre a ligação desses momentos entre si a possibilidade de uma aproximação em relação à história universal objetiva.

Isso precisa ser inicialmente indicado a partir da história da historiografia; assim a historiografia alcança uma meditação sobre si mesma.

Um primeiro corte é Tucídides. Ele considera o seu objeto como uma conexão de efeitos, na qual a arte da guerra, a arte interna e externa do Estado, a cultura, a política e as lutas constitucionais atuam conjuntamente na direção de uma decisão sobre o poder na Grécia. Portanto, aqui temos, segundo a apreensão de Eduard Meyer, que vê em Tucídides o seu ideal, a reconstrução retrospectiva a partir do último ponto alcançado, da série de causas que determinaram esse estado final. Nele reside o princípio da escolha e da formação (tendência de direcionamento) e os discursos contêm o conceito de motivação junto aos pontos importantes e decisivos – como se fossem monólogos em um grande drama. Do mesmo modo, as missões dos emissários.

O próximo corte acha-se em Políbio. Nele unifica-se o pensamento sobre a organização política com o pragmatismo tucididiano. A significação dos momentos é aqui determinada pelas ligações entre a organização política de Roma, o seu domínio mundial e o peso... para atingir esse domínio. Raramente um historiógrafo pôde dar a uma matéria-prima tão universal uma unidade significativa tão consistente.

A teoria histórico-universal da Idade Média não pode ser deduzida simplesmente de Otto von Freising. Já Dante leva a interpretação mais além, na medida em que permite que vejamos a conexão com São Tomás. A base é a relação estabelecida no interior do par teologia-filosofia entre Deus e a conexão de metas do mundo etc. Aqui, portanto, é estabelecido pela primeira vez o princípio de uma conexão histórico-universal e essa conexão é apreendida como uma conexão de significações e de metas. Nessa conexão é inserida ordenadamente toda a doutrina aristotélica, assim como a doutrina do Império Romano, a doutrina do reino de Deus, e, com isso, temos uma conexão sistemática completa.

Com isso, o pensamento histórico-universal entra uma vez mais em um estado mais elevado. É uma deficiência o fato de essa teoria estar fundada em uma metafísica religiosa e de os sistemas culturais estarem subordinados às duas organizações.

Outro estado agregado do pensamento histórico surge, na medida em que são desenvolvidos paulatinamente a) uma teoria das constituições e da relação interna entre constituição e poder da organização (Maquiavel, Guicciardini), b) um estudo das conexões de metas (diferenciação crescente entre essas conexões e o sistema natural), a cultura inicialmente como florescimento das artes e da literatura, em seguida como linha do desenvolvimento religioso, por fim, como progresso das ciências, solidariedade, e finalmente c) um desdobramento das nações como portadoras da história e suas ligações recíprocas (escola histórica).

O estado mais elevado de agregação do pensamento histórico repousa, então, sobre o fato de a ligação mútua entre esses momentos analiticamente separados e teoricamente desenvolvidos ser apreendida.

A conexão de efeito na coexistência e na sucessão do acontecimento humano não é a conexão histórico-universal. Tomemos um exemplo. Nessa conexão de efeitos, o fato do número e da habilidade dos herdeiros de Lutero ou de Schiller não poderia ser desconsiderado, e, caso apliquemos o conceito de valor dos fatos para a vida desses dois, então esses fatos precisariam ser reconhecidos como muito valiosos.

Suplemento sobre a história da historiografia

É preciso acrescentar nas passagens correspondentes:

1. O ponto de partida da ideia do progresso está no interior da vivência histórica do progresso das ciências e do domínio sobre a natureza. Essa vivência precisou entrar em cena na época das descobertas. De repente, a relação com a Antiguidade foi invertida. Ela foi ultrapassada. Todo o conhecimento próprio àqueles dias se mostrou minúsculo; formas dão lugar a leis, leis etc. Em Bacon, essa vivência histórica foi elevada à consciência filosófica. Para ele, considerados historicamente, os antigos mostram-se agora como os pequenos jovens infantis da humanidade. Os seus contemporâneos, contudo, são agora os verdadeiramente antigos, aqueles que ampliaram as experiências, suspenderam os preconceitos e levaram a termo a generalização como lei. Efeito em muitos países. Leibniz.

Até que ponto isso parece agora absorvido no sentimento vital do tempo? Até que ponto ele altera a consciência histórica? Não há pontes. Ruptura da relação com o passado. Descartes: "Aqui está minha biblioteca!"

2. Outra vivência histórica do progresso foi o esclarecimento religioso. Pois não se experimentou apenas negativamente a dissolução da antiga crença, mas surgiu ao mesmo tempo positivamente um novo conteúdo da crença. Um aperfeiçoamento do cristianismo.

Leibniz é o primeiro pensador no qual essa ampliação da consciência histórica se realizou. O documento disso é a sua introdução à teodiceia. Há outros testemunhos em sua correspondência com Bossuet e com os eruditos católicos. Ele declara todo recurso à Bíblia ou mesmo uma confissão católica como insuficiente. Tal como mostrei, a isso corresponde a dissolução do dogma pela justificação. Lessing.

Em Leibniz, portanto, alia-se ao progresso no sistema cultural do saber sobre a natureza o progresso no sistema da religiosidade. É impossível olhar para a alma de Leibniz. Ele nunca teve um trânsito com as suas próprias profundezas. Ele viveu na objetividade multiplamente legal do mundo. Mesmo as suas tentativas de fundamentar os dogmas seriam defendidas por ele apenas como uma possibilidade. Aquilo que ele vivenciou em si religiosamente estava em conexão com o esclarecimento – algo novo.

Aqui, porém, residia o limite da época. Seria impossível para um espírito livre, que tivesse algo em comum com os Estados-anões de Hannover e de Brandenburgo, ver neles, comparados com a Antiguidade e tendo o Império Romano diante dos olhos, um grau mais elevado de desenvolvimento.

Em declarações casuais, sempre vem à tona cada vez mais no sentimento vital de Leibniz algo assim como um sistema: viver significa ser ativo, progredir. E a felicidade é o sentimento desse progresso. Já Hobbes, que ele tinha estudado de maneira tão fundamental, tinha expresso a mesma sentença. Essa sentença sempre atuou conjuntamente em Leibniz com a grande consciência do mundo multiplamente organizado segundo leis. Ele teve a sua existência na articulação entre os dois. Desse modo, a consciência de si mesmo foi uma consciência de progresso e desenvolvimento. Mas o próprio mundo, esta suma conceitual de desenvolvimentos monádicos, permaneceu para ele, segundo a metafísica do tempo, algo subtraído ao curso do tempo por meio da conexão entre as leis.

3. Dois acontecimentos suspenderam as barreiras, que mantinham preso o conceito de um desenvolvimento que abarca todas as regiões, um conceito que se encontrava, por assim dizer, há muito tempo no limiar da consciência histórica: a luta norte-americana por independência e, duas décadas depois, a Revolução Francesa. Em uma nova circunscrição do espírito, em sua circunscrição mais importante, na circunscrição da realização das ideias na economia, no direito e no Estado, um progresso tinha se concretizado para além de todas as

coisas passadas. A humanidade alcançou a consciência de suas forças interiores. O direito natural foi concretizado na América do Norte, toda a suma conceitual das ideias modernas, na Revolução Francesa. Agora se mostrou que o movimento, que parte das ideias mais elevadas para as formas maiores de vida, não possui barreiras.

Schölzer com o seu desprezo pelos Estados-anões gregos etc.

17. Natureza do sistema. Finalidade do livro

A relação entre as ciências naturais e as ciências humanas

Na medida em que reunimos agora estas determinações das ciências humanas, nós obtemos por fim a diferença fundamental entre as ciências naturais e as ciências humanas segundo os seus métodos, a sua força e os seus limites. As ciências naturais são constituídas a partir de enunciados exatamente constatados, entre os quais subsiste a relação de complementação em direção ao todo do mundo físico. O progresso, que existe aqui entre as sentenças, está colocado, ou bem na extensão da envergadura deste mundo, ou bem na universalidade de seu conhecimento. No entanto, ele nunca reside na correção da base das verdades conquistadas em primeiro lugar por meio de verdades posteriores. Ao contrário, as primeiras verdades como as expressões mais imediatas para um fato são ao menos hipotéticas; quanto mais a universalidade segue em frente, tanto mais forte é o momento do elemento hipotético nela. Trata-se sempre de sentenças que expressam um estado de fato.

Sua base, que reside antes da própria ciência da natureza, são as imagens, que aparecem nos sentidos e que são como tais claras e distintas, e a construção logicamente comprovável da representação geral dessas imagens. A expressão da representação universal no pensamento é o objeto. Neste reconhecemos o quão próximos a representação universal e o objeto do pensamento estão um em relação ao outro. O pesquisador da natureza acolhe sem exame a realidade do objeto, tal como ela nos é dada em uma resistência etc. Se ele se alça à consciência crítica, então ele designa o objeto em referência ao presente sensível como fenômeno e toda retirada desse presente conserva sempre o caráter fenomenal.

Assim, a tarefa natural do pesquisador da natureza não é a apreensão de leis, mas muito mais: 1. É preciso enunciar um estado de fato em uma delimitação qualquer, o curso de Marte etc. 2. Justamente essa tarefa leva a resolvê-la por meio da análise, na medida em que apreendemos o caráter legal do homogêneo. 3. Por fim, é importante conquistar uma síntese.

As ciências humanas, em contrapartida etc.

O posicionamento do estudo das ciências humanas e a sua teoria em relação aos problemas do presente

Nós não chegamos mais por meio do sistema à vida, mas partimos da análise da vida. No entanto, esse problema tem por sua realidade toda a extensão do mundo histórico-social na intensidade total do saber antropológico.

Esse problema surge ao lado do conhecimento científico-natural. Ela [a relação das ciências naturais e das ciências humanas] não é nem uma relação de realidades, nem uma relação de métodos.

Das duas juntas surge a pergunta da Filosofia sobre que comportamento vital é obtido a partir da verdade assim compreendida da vida que seria realizável.

A resposta depende da reunião das ciências naturais e das ciências humanas. Portanto, o meu livro não pode abdicar de tal reunião, se é que ele deve portar consigo um resultado para o presente. Isso não exige, porém, senão um debate principial. Ele não possui nada em comum com um sistema.

Todo sistema pressupõe a completude e a objetividade do elemento lógico-epistemológico. Se não resta possível senão um comportamento combinatório tal como em Leibniz, então o sistema é uma hipótese.

Todos os mais recentes sistemas não fornecem senão a demonstração escolar de que, para além do vivenciado, um pensador adquiriu para si uma bela plenitude de ocupações. Eles não influenciam mais a vida.

Segundo projeto de um prosseguimento

1. O problema da história

O homem histórico

a) *A significação das ciências humanas e de sua teoria* não pode residir em outra coisa senão no fato de elas nos ajudarem a realizar aquilo que temos de fazer no mundo, aquilo que podemos fazer conosco, aquilo que conseguimos levar a termo com o mundo e ele conosco. A resposta a essas perguntas pressupõe as duas coisas: por meio de suas categorias, as ciências naturais criam um mundo, as ciências do espírito (ciências humanas), outro. É impossível que o espírito permaneça em sua dualidade. Os sistemas filosóficos procuram superá-la, em vão! A sua essência repousa justamente sobre o fato de eles, ou bem construírem a natureza, tal como acontece desde Descartes, ou bem determinarem a partir dela a natureza do espírito. Desse modo, o espírito não pode se mostrar senão como conexão funcional ou legal de partes. Nos dois casos temos diante de nós uma falsa separação entre conteúdo e forma do espírito. Os conteúdos são o elemento contingente que o atravessa. O espírito, porém, é um ser histórico, isto é, ele é preenchido por toda a espécie humana, que vive nele em abreviaturas, e ele pode ser preenchido por ela porque pôde justamente gerá-la a partir de si.

Ou partimos de nós mesmos, considerados desde Kant como um eu etc. E também neste caso não chegamos ao ser histórico chamado homem, um ser que é justamente interioridade etc.

Estes sistemas não possuem nenhuma utilidade. O que precisamos é apreender em nós a ligação interna entre esses dois mundos. Assim como atravessamos visões alternantes do mundo, sentindo-nos logo como natureza, obscuros, cheios de instintos, vinculados à terra etc.

De acordo com isso, o problema da história é o seguinte: como é que a compreensão pode apreender os fenômenos históricos? Como é que a inteligência pode se apoderar neste campo do elemento objetivo? A relação é totalmente diversa da que se dá no conhecimento natural: tomar consciência. Como pequenos espíritos, os grandes construtos históricos do espírito estão em nós...

b) *Como é possível o conhecimento histórico?* 1. Compreensão. A transferência nesse caso do sujeito para o objeto não pode ser compreendida simplesmente como um preenchimento mediado pela semelhança do dado com interioridade.

2. O problema fundamental é:

a) Como os pequenos espíritos, as abreviações de conteúdo são... Eles obtêm na história o seu preenchimento. Aqui eles se encontram em sua grandeza natural; mas o problema é mais profundo.

b) Não importa de onde provenham, sempre há categorias históricas e sociais efetivas na vida do sujeito: vínculos mútuos, dever, direito e organização. Nessas categorias estão presentes conteúdos e é apenas junto a esses conteúdos que elas possuem existência. Assim, cumpre-se aqui a exigência de não cindir formas de conteúdos. Suspensão de toda essa falsa contradição. Essas categorias, formas e conceitos são realizados em geral no mundo histórico da história.

Começo: o mundo histórico está sempre presente e o indivíduo não o considera apenas de fora, mas está entretecido nele. (Quanto a este ponto cf. as sentenças de minha *Introdução às ciências humanas*.) Não é

possível isolar essas ligações. O que restaria não seria outra coisa senão a condição inconcebível a partir da qual, abstraindo-nos do transcurso histórico, teríamos de tomar para todos os tempos as condições deste transcurso com aquilo que é dado. O mesmo problema insolúvel que se dá com a possibilidade do conhecimento anterior ou independentemente do próprio conhecer. Antes de nos tornarmos observadores da história, somos seres históricos e é somente porque somos seres históricos que nos tornamos tais observadores.
Espírito objetivo: todas as ciências humanas repousam sobre o estudo da história decorrida até o que existe no presente enquanto o limite daquilo que cai em nossa experiência acerca do objeto "humanidade". Aquilo que pode ser vivenciado, compreendido e alçado à consciência a partir do passado está concebido aí. Em tudo isso procuramos o homem, e, assim, mesmo a psicologia não é senão um estudo do homem naquilo que é vivenciado e compreendido, nas expressões e efeitos que dele estão presentes. Desse modo, designei como a tarefa fundamental de toda meditação sobre as ciências humanas uma crítica da razão histórica. O que importa para a razão histórica é resolver a tarefa que ainda não tinha se inserido completamente no campo de visão da crítica kantiana à razão. O problema dessa crítica foi inicialmente definido por Kant em conexão com Aristóteles: o conhecimento realiza-se no juízo...

Nós precisamos sair do ar puro e fino da crítica kantiana à razão, a fim de fazer frente de maneira suficiente à natureza totalmente diversa dos objetos históricos. Aqui vêm à tona as seguintes questões: eu vivencio meus próprios estados, eu estou entrelaçado com as ações recíprocas da sociedade como um ponto de cruzamento dos diversos sistemas dessas ações. Esses sistemas provieram da mesma natureza humana que vivencio em mim, que compreendo nos outros. A língua em que penso emergiu no tempo, meus conceitos cresceram nessa língua. Eu sou um ser histórico até as profundezas não mais sondáveis de meu si mesmo. Assim, surge agora o primeiro momento significativo para a resolução do problema do conhecimento da história:

a primeira condição para a possibilidade da ciência histórica reside no fato de eu mesmo ser um ser histórico, no fato daquele que investiga a história ser o mesmo que faz a história. Os juízos sintéticos universalmente válidos da história são possíveis. Os princípios da ciência histórica não podem ser apresentados em sentenças abstratas que expressam equivalências. Pois, de maneira correspondente à natureza de seu objeto, eles precisam repousar sobre relações que estão fundadas na vivência. A totalidade de nossa essência está na vivência. Justamente essa totalidade é formada por nós de modo mimético na compreensão. Aqui é dado inicialmente o princípio do parentesco dos indivíduos entre si.

O conceito histórico

O homem só se conhece na história, nunca por meio de uma introspecção. No fundo, nós todos o procuramos na história. Ou ampliamos essa busca e também procuramos o elemento humano nela, tal como a religião etc. Nós queremos saber o que seria o humano. Se houvesse uma ciência do homem, então ela seria a antropologia, que procura compreender a totalidade das vivências segundo a sua conexão estrutural. O homem particular nunca realiza senão uma possibilidade de seu desenvolvimento que sempre poderia ter tomado outra direção a partir das estações de sua vontade. O homem em geral só está presente para nós sob a condição de possibilidades reais. Mesmo nos sistemas culturais, nós buscamos uma estrutura antropologicamente determinada, na qual um x se realiza. Nós o denominamos a essência, mas essa é apenas uma palavra para um procedimento espiritual que constitui uma conexão nesse campo. As possibilidades nesse campo também não são esgotadas aqui.

O horizonte amplia-se. Sim, mesmo que o historiador tenha diante de si uma matéria-prima limitada, mil fios levam além e sempre mais além até o cerne do âmbito ilimitado de todas as lembranças da espécie humana. A historiografia começa no momento em que é apresentada retrospectivamente a partir do presente e do próprio estado aquilo que quase só continua vivendo na memória da geração atual; ainda se trata aqui de lembrança em uma compreensão própria. Ou anais traçam aquilo que justamente acabou de acontecer, progredindo com os anos. Assim como a história prossegue, a visão se amplia para além do próprio Estado e se inserem cada vez mais elementos do passado neste reino dos mortos da memória. Restou de tudo isso uma expressão, depois que a própria vida passou. Uma expressão direta, na qual almas enunciaram aquilo que elas eram, e, então, temos narrativas de ações e situações dos indivíduos, das comunidades, dos Estados. E o historiógrafo encontra-se no meio desse campo em ruínas composto de restos de coisas passadas, de exteriorizações das almas em atos, palavras, sons, imagens – almas que há muito não existem mais. Como é que ele deve evocá-las? Todo o seu trabalho em chamá-las de volta é interpretação dos restos que foram deixados para trás. Imaginemos um homem que não possuísse nenhuma memória de seu próprio passado, mas pensasse e agisse constantemente apenas a partir daquilo que esse passado tivesse produzido, sem estar consciente de uma parte qualquer desse passado. Esse seria o estado das nações, das comunidades, da própria humanidade, se elas não chegassem a completar os restos, a interpretar as expressões, a realçar a narrativa dos feitos a partir de seu isolamento na conexão em que surgiram. Tudo interpretação, uma arte hermenêutica.

O problema é que forma ela assume, quando ela se liberta totalmente da existência singular, quando devem ter lugar enunciados sobre sujeitos que são conexões de pessoas em um sentido qualquer – sistemas culturais, nações ou Estados.

Primeiro surge a questão do método, de encontrar demarcações fixas nesta ação recíproca ilimitada da existência singular, lá onde uma demarcação na unidade pessoal da vida não é dada. Tudo se dá como se linhas devessem ser traçadas em um rio que flui constantemente, como se devessem ser desenhadas figuras que resistissem. Entre essa realidade e o entendimento não parece haver nenhuma relação possível de apreensão, pois o conceito cinde aquilo que está ligado na vida do rio, ele representa algo que é válido independentemente da cabeça que o expõe, ou seja, que sempre vige universalmente. O rio da vida, porém, está por toda parte apenas uma vez, todas as suas ondas surgem e perecem. Essa dificuldade é, desde que Hegel contrapôs o conhecimento próprio ao entendimento, um conhecimento que constituía para ele o caráter da época do esclarecimento, à essência do mundo histórico-humano, o problema propriamente dito do método histórico. No entanto, esse problema é solúvel; nós não precisamos fugir para a intuição e recusar os conceitos. No entanto, o importante é transformar os conceitos históricos e psicológicos. Foi a intuição genial de Fichte que formou tais conceitos para a vida anímica, e, em geral, para o espírito. Neles, a energia ganhou o lugar da substância; atividades, que entram em cena no espírito, encontram-se em ligação com atividades anteriores e em contraposição a atividades coetâneas. Assim, surge um movimento progressivo que se torna possível através do tempo, da energia que atua nele, da unidade que se diferencia. Todavia, a realização fichtiana restringiu-se a esse esquema como que de uma dinâmica anímica, enquanto a própria execução manteve-se presa a conceitos kantianos ao invés de à realidade. Tanto Herbart quanto Hegel não alcançaram o espaço livre do mundo histórico real. O que se deu, contudo, foi o começo de uma revolução de todo o pensamento acerca do mundo histórico – em uma conexão interna que vem à tona da maneira mais distinta possível no romantismo, com Niebuhr, e, mais tarde então, com Ranke, por meio de Hegel – em suma, com o nascimento da historiografia moderna. Nós nos livramos, porém, da confusão conceitual com a qual esta antítese entre realidade histórica e conhecimento próprio ao entendimento por meio de conceitos e segundo o princípio de identidade envolveu aquela época, na medida em que consideramos a natureza dos próprios conceitos históricos. O seu caráter lógico aponta para uma independência do enunciado em relação ao sujeito, no qual eles entram em cena, <assim como> em relação ao momento, no qual isso acontece: com isso, sua validade é independente do lugar psicológico e do tempo. O seu conteúdo, porém, é um acontecimento, um transcurso de algum tipo; o enunciado é independente do tempo: *aquilo* que é enunciado é um transcurso no tempo. Eu prossigo: nem todos os conceitos históricos são corretamente formados sob esse ponto de vista. No entanto, é somente na medida em que eles o são que têm o direito de possuir um lugar na apreensão do mundo histórico. Ao mesmo tempo, contudo, os conceitos existentes precisam ser reformulados multiplamente, de tal modo que o elemento transformável e dinâmico seja expresso neles.

No fundo, o problema é similar ao problema da matemática superior que busca dominar as transformações da natureza. Nenhuma parte da história, por exemplo, uma época, pode ser apreendida por meio de conceitos que dão voz a algo fixo nela – ou seja, não pode ser apreendida em um sistema relacional de qualidades fixas. Para a época do Esclarecimento, tais qualidades seriam no Estado a autarquia e no mundo espiritual o Esclarecimento. Desse modo, porém, não se concebe de maneira alguma a sério a natureza diferenciadora do tempo. Ao contrário, trata-se aqui de um sistema de ligações, cujas partes são dinâmicas e mostram transformações qualitativas constantes em meio a uma ação recíproca. As próprias ligações, uma vez que repousam sobre uma ação recíproca entre forças, são passíveis de alteração, isto é, cada uma delas contém uma regra de transformações em si. Aplico esse fato ao período do Esclarecimento. A ordenação social tornou-se impossível até o final do século XVI e o começo do século XVII porque as contradições dos interesses particulares à nobreza, às camadas sociais e ao governo, e, em seguida, às províncias entre si e em sua relação com o todo, não deixaram surgir uma unidade estável da vontade estatal, um cuidado comum pelo todo, o perseguimento constante da meta do Estado na Alemanha. São diversos os períodos, na Inglaterra, na França e na Itália, em que a mesma insuficiência da existência política se fez valer. Para fora, essa insuficiência era insuportável porque a aspiração por poder se fez valer nesses Estados concorrentes de uma forma totalmente diversa da de qualquer outro período livre anterior. Eles ascenderam um ao lado do outro. Herança e guerra condicionaram preponderantemente a sua figura. Eles ainda não tinham sido reunidos por meio de nenhuma literatura una e por nenhuma língua comum desenvolvida nessa literatura. Tal literatura só foi criada pela primeira vez por Dante para os italianos. Com isso, surgiu o anseio por unidade nacional, mas esse anseio não encontrou nenhuma possibilidade de satisfação no interior da política antagônica dos tiranos e da república segundo a conjuntura das forças. O desenvolvimento deu-se inicialmente de outra forma na Inglaterra, onde havia uma literatura una etc. E, então, na França. E isso foi decisivo para a Alemanha, uma vez que Estados tão grandes, por exemplo, a monarquia mundial hispânica e o poder francês, exerceram uma terrível pressão sobre um país que, por fim, se sentiu compelido a se constituir como uma unidade...

Levanta-se agora a questão: como uma conexão, que não é produzida como tal em uma cabeça e que, portanto, nem é vivenciada diretamente, nem pode ser reconduzida à vivência de uma pessoa, pode ser formada como tal no historiador com base em suas expressões e de seus enunciados sobre elas? Isso pressupõe a possibilidade de que sejam formados sujeitos lógicos que não sejam sujeitos psicológicos. É preciso que haja meios de destacá-los, é preciso que esteja presente um fundamento de direito para apreendê-los como unidades ou como uma conexão.

Nós buscamos a alma; esse é o elemento derradeiro, ao qual acedemos depois do longo desenvolvimento da historiografia. E aqui surge, então, o grande problema: com certeza, tudo é uma ação recíproca de unidades anímicas, mas sobre que caminho encontramos agora uma alma presente, onde não se tem uma alma singular? A base mais profunda é a vida e aquilo que dela provém, o alcançar da vitalidade, por assim dizer da melodia da vida anímica na redenção de toda e qualquer rigidez das regras.

Passagem, no século XVIII, da vida da alma para a psicologia.

2. *As nações*

História nacional

Aqui está, então, o sujeito que vivencia a unidade, a significação dos processos externos – como significativa e valiosa para algo interior – ou a meta como não estando simplesmente presentes da mesma maneira que junto ao indivíduo, e não é ao mesmo tempo o mesmo sujeito que vivencia e apreende isso. Todavia, como observador, o indivíduo se contrapõe de qualquer modo ao povo; e isso mesmo onde ele pertence a ele. Por meio daí, a compreensão torna-se algo diverso por intermédio das categorias que lhe são próprias.

A questão sobre como seria preciso determinar o sujeito, o povo, a nação como realidade – uma questão que é completamente diversa da questão acerca do modo como o sujeito é vivenciado –, só pode ser esclarecida até o ponto em que *os próprios conceitos e a sua determinação* são *histórico-relativas*. A unidade do sujeito povo é totalmente variável segundo os momentos que a constituem. Quando se formou a unidade nacional que foi em seguida constituída politicamente na Alemanha sob o domínio de Ludwig? Em função da diversidade dos dialetos próprios às linhagens na Idade Média, a unidade da língua não é senão relativa. Por nação compreende-se uma ligação fixa, econômica, social e política das partes.

Agora, porém, é justamente na ligação da unidade do sujeito, uma ligação que repousa sobre momentos reais, com a consciência da copertinência, com a consciência nacional, com o sentimento nacional, que reside finalmente a unidade do sujeito.

A consciência da copertinência é condicionada pelos mesmos momentos, que se fazem valer na consciência do indivíduo a partir dela mesma.

As vivências são sentidas como dizendo respeito a todos. Esse é o caso mesmo no interior de uma conexão de metas, mesmo, por exemplo, no interior de uma organização religiosa. Esse sentimento comum, contudo, não consiste senão em uma classe determinada de vivências. Em uma nação, porém, todos os tipos de vivências comuns encontram-se em uma ligação consciente com a comunidade nacional. Essa comunidade liga-se em todos os lados da vida aos indivíduos, que lhe pertencem. Assim, vem à tona o fato de toda vivência forte ser vivenciada como uma transformação valorativa da comunidade. No entanto, a mesma consciência de copertinência faz-se valer agora no fato de serem apreendidas metas que pertencem a essa conexão nacional. Todos esses indivíduos que perseguem as suas próprias metas, contudo, cada um por si, com frequência em concorrência mútua ou em concorrência com as metas da família e de outras associações, têm ao mesmo tempo na conexão nacional uma região de instauração própria de metas. Nessa região, eles agem como um sujeito singular. Eles realizam a meta, que lhes é prescrita pela conexão nacional, na consciência da copertinência. Nesse todo forma-se a consciência de um bem atualmente supremo para essa consciência. Isso acontece sob a influência de um afeto conjunto ou sob a condução de um grande homem, como no tempo de Lutero ou de Bismarck. Nesse caso, então, a copertinência é sentida na instauração conjunta de metas. Os processos externos, os destinos e as ações são medidos a partir da meta que constitui atualmente o interior na vida da nação. Como nenhuma nação conta com a sua morte, os planos e as metas têm aqui uma posição totalmente diversa da que eles têm na vida do indivíduo. Eles nunca possuem senão uma relação temporal e relativa com a interioridade da nação. Esta é capaz de possibilidades ilimitadas.

Dessa forma, toda configuração também é passageira. A partir da consciência da insuficiência, o complemento de um determinado direcionamento configurador por meio de seu contrário está sempre batendo à porta.

Com isso, o conceito de desenvolvimento também obtém aqui um sentido muito mais abrangente, mas também muito mais indeterminado. As normatividades que a antropologia associa acima de si mesma com a relação entre paixão, ilusão, razão, ideia ou domínio desaparecem aqui completamente. Toda geração esquece as experiências das gerações anteriores.

De início, esses fatos são de qualquer modo suficientes para retirar *uma* consequência decisiva. Os filósofos levantam o problema de saber se a finalidade de todo homem singular não estaria nele mesmo, se o valor da vida não se realizaria sempre apenas na existência singular. Nesse questionamento reside um ultrapassagem de toda experiência, a transição para o interior de uma metafísica da história vazia; é isso que significa efetivamente o meu repúdio à filosofia da história: o fato de nem essa afirmação, nem a afirmação contrária permanecerem ainda no âmbito de uma ciência da finalidade determinável do desenvolvimento das nações ou da humanidade. Vivências comuns de uma nação, metas comuns e lembranças são a realidade. Elas constituem uma instauração de metas dos indivíduos etc., nos quais essa instauração é determinada por uma copertinência. Trata-se de uma obviedade morta o fato de tudo isso ter lugar nos indivíduos singulares. Igualmente morto e óbvio é o fato de a satisfação em relação a uma meta realizada, a consciência da comunhão da vivência, o ser suportado e preenchido pelas lembranças comuns só poderem ter lugar nos indivíduos. Mas daí não se segue que aquilo que acontece nos indivíduos só estaria presente para a sua satisfação. O fato é muito mais precisamente o seguinte: ao buscar metas nacionais como as suas, ao experimentar vivências nacionais como as suas e ao reconhecer as lembranças de tais vivências como as suas, um indivíduo é preenchido e suportado por elas. Não se pode remontar por meio de um raciocínio psicológico problemático a um ponto por detrás dessa realidade que consiste justamente na consciência de um valor, de uma significação, de um bem. Não nos é dado como realidade o modo como acontece de encontrarmos a significação da vida justamente aqui, assim como na realização de uma significação cujo sujeito é o nosso próprio transcurso vital. Pertence às muitas ultrapassagens da psicologia explicativa que ela se ocupe com suposições desorientadas quanto a isso. Essas suposições encontram-se totalmente na mesma linha daqueles que, ao invés de descrever vivências religiosas tal como a história o mostra, derivam hipóteses a partir da fraqueza da própria vivência religiosa, hipóteses que reconduzem essa vivência ao egoísmo e à satisfação própria.

Mas também existem passagens igualmente reprováveis lá onde são formadas hipóteses positivas de uma ligação da própria consciência com uma unidade real que se estende para além dessa consciência, por mais que essa unidade possa ser determinada em termos de psicologia popular ou em termos transcendentes. Mesmo essas hipóteses são exatamente tão inaceitáveis quanto as que afirmam uma atuação real da divindade na consciência singular.

A dedução de um sujeito supraempírico que se manifesta na consciência individual a partir dos fatos intrínsecos à consciência da copertinência e da validade universal no pensamento e no dever designa o ponto de virada da especulação kantiana para o método construtivo transcendental. Esse método submete aos fatos da conexão, da copertinência e da possibilidade de troca de posição entre os conceitos e da conexão com base na obrigatoriedade uma conexão real que deve tornar essas ligações explicáveis. A criação desse método transcendental é a morte da história, na medida em que essa criação exclui justamente o entricheirar-se nas realidades indicadas por meio de conceitos históricos passíveis de serem frutificados. Igualmente reprovável é a ultrapassagem que submete sujeitos reais às copertinências de um tipo histórico em um sentido qualquer, ao invés de transformá-los de sujeitos lógicos em suportes de enunciados que são diversos daqueles da psicologia singular. Herbart, que concebeu pela primeira vez a ideia da busca por relações normativas nas comunidades, relações estas que seriam diferentes daquelas existentes nas almas singulares, estava muito longe de tal suposição.

Conexão do espírito alemão

1. Conexão política com a Idade Média por meio de Lutero. O ofício, a divisão profissional na cidade e no campo... Semelhança com Frederico, o Grande. Contraposição em relação à França e à Itália: o conceito romano de domínio; a pólis e os cidadãos dominantes como corpo de dominação.

Assim se forma precisamente na Alemanha protestante a consciência de um ofício, de uma obrigatoriedade, de uma tarefa concreta. Todo funcionário de um empreendimento industrial, chegando até o funcionário das linhas férreas, são sustentados por um dever ligado ao seu ofício, um dever concretamente determinado. Surgimento de tal composição estrutural administrativa. As cidades também se enquadram. Aqui se encontra o poder próprio ao espírito alemão. Aqui também Lutero é o suporte da tradição. Oposição: as corporações das comunas, dos parlamentos como unidades autônomas, os arrendatários com seu funcionalismo, mas tudo isso sob o conceito de domínio imperial.

2. A arte por força, não por beleza, o caráter vinculado, mantido em si das figuras, o elemento musical que retira da profundeza, o pensar a partir da totalidade.

Contradição: o espírito racional francês. Ele encontra uma expressão brilhante no século XV, enquanto na Alemanha a filosofia da vida burguesa não consegue se explicitar. As grandes correntes contrárias, que se aproximam ao máximo do espírito alemão no Jansenismo.

3. De Lutero a Zwinglio há uma linha para a expressão da personalidade una (Diderot como tipo francês), a construção de nossa vida espiritual desde o luteranismo até hoje se dá em uma linha.

As eras

O problema é, então, o seguinte: qual é a ordem das categorias, por meio da qual o conhecimento de uma grande conexão histórica é possível. Que conceitos vêm à tona com o novo objeto, até que ponto os conceitos de valor, de significação e de meta entre outros, conceitos que foram conquistados com os indivíduos, também são aqui diretrizes, em suma: como é possível alcançar nesta área ampliada de juízo, cujos sujeitos não são mais pessoas particulares, uma aproximação em relação a conhecimentos objetivos.

1. Os sujeitos recém-emergentes de enunciados. Eles expressam uma realidade. Método de sua delimitação. Agora a partir das ciências humanas. Outras classes: movimentos, eras.

2. Conceito da estrutura. A estrutura de uma era histórica.

Exemplos: os germanos antes do período da migração.

Eu busco uma entrada no fenômeno complexo do esclarecimento alemão...

Nenhum tempo é tão simples de apreender. O método é sempre formar conceitos que representem a sua essência própria. A série de fatos precisa cair sob cada um de tais conceitos e nenhum deles pode ser contraposto a essa essência. Se eles abarcam o todo do tempo, então nós os denominamos categorias históricas. No interior da estreita extensão deste tempo, eles sempre se comportam por toda parte em relação à vida como se fossem as suas categorias universais. Eles formam uma conexão que expressa a conexão da própria vida. Eles surgem por meio de intuição.

Um dos problemas mais profundos é a ligação na qual afetos se condicionam e se completam em uma nação. Assim, temos no século XVI o realismo, a sátira, o grotesco, a força da fantasia; no século XVII, o realismo, o sentimento trágico da vida, crítica e sátira.

O progresso

Se falamos agora de história, então a pressuposição da compreensão histórica reside no fato de haver uma significação dos momentos históricos e um sentido do transcurso histórico. Segundo essa pressuposição, mesmo que resida no próprio indivíduo a meta de sua existência, precisa haver de qualquer modo ao mesmo tempo na história um progresso da felicidade individual, um progresso da extensão da felicidade para os muitos. No todo, essa é a concepção dos historiadores ingleses mais recentes. Mas essa concepção aponta para além de si mesma. Se a elevação da vida individual de geração para geração é apreendida aqui como o efeito por assim dizer mecânico do acúmulo de valores, então se posiciona de qualquer forma com isso um tipo de efeito, em cuja natureza está estabelecida uma elevação. E justamente por meio daí é efetiva na história uma relação, segundo a qual o seu transcurso possui um sentido; pois essa palavra só designa a pressuposição, sob a qual um transcurso histórico pode ser compreendido, mas não uma afirmação qualquer sobre uma força distinguível do modo de seu efeito, uma força que atribui às partes singulares do transcurso a sua significação como uma essência imanente a esse transcurso.

Não reside aí senão a condição, sob a qual a história precisa ser compreendida e a história universal é o seu produto e o seu resultado. Não reside aí, porém, outra pressuposição acerca de um agente uno qualquer na história como a sua condição imanente ou real, um agente que pode ser desenvolvido na filosofia da história como providência, meta imanente ou força histórico-formadora.

A conexão histórico-universal

a) O caminho da facticidade para o ideal, no qual o acontecimento conquista uma conexão.

As eras são em sua estrutura distintas umas das outras. A Idade Média... contém uma conexão de ideias aparentadas, que regem nas diversas áreas. Ideias de fidelidade no feudalismo, sucessão de Cristo como uma obediência, cujo conteúdo é o caráter transcendente do espírito ante a natureza com base no fato da abnegação. Uma série de níveis da teleologia na ciência. Agora, contudo, precisamos reconhecer que o pano de fundo dessas ideias é a violência, que não pode ser superada por esse mundo mais elevado.

E isso é assim por toda parte. A facticidade da raça, do espaço, da relação entre as forças violentas forma por toda parte a base que nunca pode ser espiritualizada. Trata-se de um sonho de Hegel que as eras representem um nível do desenvolvimento racional. Apresentar uma era sempre pressupõe a visão clara dessa facticidade.

Há, então, contudo, uma conexão interna que conduz das relações condicionantes, das facticidades, da luta entre as forças violentas, para o desenvolvimento de ideais etc.

1. Cada estado dado na série infinita condiciona uma transformação *porque as necessidades que desencadeiam as energias presentes em atividade* nunca podem ser satisfeitas, a ânsia por um tal tipo de satisfação jamais pode ser saciada.

2. Cada figura da vida histórica é finita e contém uma distribuição de força alegre e de pressão, de ampliação da existência e de estreitamento da vida, de satisfação e falta, que desencadeia do mesmo modo tensões e uma nova distribuição, de onde surgem constantemente ações.

Sintetizando: só há um descanso temporário em poucos pontos da vida histórica. Suas causas são diversas: equilíbrio, forças que atuam umas contra as outras etc. História é movimento.

3. Mas também reside no próprio progredir uma felicidade. A tensão dissolve-se aí. Um ideal é realizado etc.

Entre as necessidades fáticas mortas e a vida espiritual suprema acha-se o constante prosseguimento da formação da organização, da instituição, da atividade regulada das forças. A razão cria por assim dizer mecanismos, que servem à satisfação das necessidades. Ele os aperfeiçoa constantemente. A meta estabelecida pela razão produz esses mecanismos. Tais mecanismos são linhas férreas tanto quanto exércitos; fábricas tanto quanto aprimoramentos de constituições. Esses mecanismos compõem o campo propriamente dito da razão, que busca meios para fins e calcula efeitos como causas.

E aqui se mostra uma combinação, que descerra de maneira bastante própria a essência da história. Seu fundamento é a facticidade irracional, da qual provém por um lado a distribuição da tensão que se estende até os mecanismos, e, por outro lado, da qual parte a diferenciação segundo nações, costumes e o pensamento em relação ao individual, sobre o qual repousa a história espiritual propriamente dita.

b) Realidade efetiva, valores e cultura

Acontecimentos tornam-se significativos, na medida em que são articulados com uma conexão para a qual eles o são. Se forma agora o conceito de uma conexão valorativa que, como supraindividual, é fundada de maneira transcendental – pois toda determinação que possui a sua base no supraindividual é transcendental –, então a única coisa que restaria perguntar é se o procedimento seria possível, mesmo que não tivéssemos em vista senão pontos de referência de um caráter incondicionado para o âmbito empírico. Se riscarmos, porém, a fundamentação da filosofia transcendental, então não há nenhum método de constatar normas, valores ou metas incondicionados. Nesse caso, não restaria senão os métodos que apresentam uma reivindicação de validade incondicionada, mas que estão marcados, devido a sua origem, pela relatividade.

Mas nós medimos de fato a significação por uma conexão qualquer de tipo real ou ideal, uma conexão em relação à qual um homem ou um acontecimento obtêm o seu caráter. Se considero agora, como Meyer, a posição na conexão de efeitos como tal e a avalio consequentemente pelo presente, então precisaria ter primeiramente para esse presente um critério que determine aquilo que há de significativo nele, pois, de outro modo, tudo aquilo que causasse a série infinita dos estados presentes seria significativo. E um momento ao menos está claro: eu acho significativo no presente o que é frutífero para o futuro, para o meu agir no futuro, para o progresso da sociedade em direção a ele.

E aqui, então, vejo da maneira mais clara possível em meu posicionamento prático que parto de juízos universalmente válidos sobre aquilo que precisa ser realizado, quando o que está em questão é regular o futuro. O presente não contém estados, mas processos, conexões de efeito. Essas conexões e esses processos contêm, portanto, algo que se lança para o futuro de algo passível de ser conquistado com suor. A frase de Bismarck de que ele teria sido colocado por sua religião e por seu Estado em uma posição na qual o serviço ao Estado seria mais importante do que todas as tarefas culturais teve a sua validade universal para ele por meio da fundação religiosa. Daí resulta, então, o fato de nós também precisarmos supor retrospectivamente a mesma relação. Em uma era desenvolvem-se normas universais, valores e metas, em referência aos quais é preciso apreender inicialmente a significação das ações. Se essas normas, esses valores e essas metas só podem ser constatados em meio a uma limitação ou se eles são incondicionados é outra diferença. As coisas dão-se agora como se subsistisse um antagonismo entre os próprios valores em uma nação.

Assim, aprofundamo-nos mais na sentença segundo a qual o desenvolvimento de tais ideias se movimenta em contraposições (Kant, Hegel), que estão contidas e são formuladas no processo de formação de instituições etc. e cuja ligação mútua sempre torna possível uma vez mais outra posição mais livre. Não há inicialmente para as nações nenhum valor vigente para todas elas. No Império Romano desenvolve-se uma síntese aristocrática da humanidade como portadora da *humanitas*.

No cristianismo, do mesmo modo, temos a humanidade como sujeito valorativo. Transformação no esclarecimento. A história passa a ser ela mesma a força produtiva para a geração das determinações valorativas, dos ideais, das metas, junto às quais a significação de homens e acontecimentos é medida.

Em sua continuação temos a dupla direção dessa ligação com a era ou com o progresso na humanidade.

c) O problema do valor na história

Diz-se que, desse modo, não surge outra coisa senão a consciência da relatividade na história. Sem dúvida alguma, a relatividade de todo fenômeno histórico está vindo ao nosso encontro, na medida em que ele é finito. Mas já na relação do finito com o absoluto reside (a ligação)... Expresso de outra forma: será que aquilo que é expresso nas categorias históricas só pertence como momento ao movimento histórico? Isto significa: será que algo valioso etc. só está presente na história até o ponto em que emerge, atua e sucumbe nessa conexão?
Há uma determinação valorativa destacada desse transcurso?

O último problema de uma crítica da razão histórica na linha indicada é, então: há por toda parte na história formação e escolha na busca da conexão interior. Há por toda parte um movimento contínuo segundo as relações de finitude, dor, força, contradição, acumulação, o que articula uma parte da história com a outra, e força, valor, significação e meta são por toda parte os elos, aos quais se liga a conexão da história. Mas será, então, que a conexão experimentada, o valor experimentado, a significação e a meta experimentadas são a última palavra do historiador?

O caminho que sigo é determinado pelas seguintes sentenças:
1. Da vida provém o conceito de valor.
2. O critério de medida para todo juízo etc. é dado nos conceitos de valor, de significação e de meta de uma nação e de uma época.
3. A tarefa é apresentar o modo como esses conceitos se ampliaram e se transformaram em algo absoluto.
4. Em resumo, isso significa o reconhecimento completo da imanência na consciência histórica mesmo dos valores e normas que emergem incondicionadamente.

Conclusão do ensaio

A *consciência histórica* da *finitude* de todo fenômeno histórico, de todo estado humano ou social, da relatividade de todo tipo de crença é o último passo para a libertação do homem. Com esse passo, o homem alcança a soberania de conquistar para toda vivência o seu conteúdo, de se entregar totalmente a essas vivências, candidamente, como se não houvesse nenhum sistema de filosofia ou crença que pudesse atá-lo. A vida torne-se livre do conhecimento por meio de conceitos; o espírito torna-se soberano em relação a todas as teias de aranha do pensamento dogmático. Toda beleza, toda sacralidade, todo sacrifício, revivenciadas e interpretadas, abrem perspectivas que descortinam uma realidade. Do mesmo modo, então, acolhemos em nós o que há de ruim, terrível, feio como algo que assume uma posição no mundo, como algo que encerra em si uma realidade que precisa ser justificada na conexão do mundo. Algo que não pode ser simplesmente alijado de maneira ilusória. E ante a relatividade faz-se valer a continuidade da força criadora como o fato histórico nuclear.

Assim levanta-se a partir da vivência, da compreensão, da poesia e da história uma intuição da vida. Essa intuição está sempre presente nelas e com elas. A meditação eleva-a apenas à clareza e distinção analíticas. A consideração teleológica do mundo e da vida é reconhecida como uma metafísica, que repousa sobre uma visão unilateral, não casual, mas parcial da vida. A doutrina de um valor objetivo da vida é tomada como uma metafísica que ultrapassa o experimentável. No entanto, nós experimentamos uma conexão da vida e da história, na qual cada parte possui uma significação. Assim como as letras de uma palavra, a vida e a história possuem um sentido. Tal como uma partícula ou uma conjugação, há momentos sintáticos na vida e na história e eles possuem uma significação. Todos os tipos de busca do homem <a> perseguem. Outrora, buscava-se apreender a vida a partir do mundo. Todavia, só há um caminho da interpretação da vida até o mundo. E a vida só está presente na vivência, na compreensão e na apreensão históricas. Nós não portamos nenhum sentido do mundo para o interior da vida. Nós estamos abertos para a possibilidade de que sentido e significação só surjam no homem e em sua história. Não no homem particular, porém, mas no homem histórico. Pois o homem é um (ser) histórico.

A demarcação das ciências humanas

Terceiro estudo sobre a fundamentação das ciências humanas

Primeira versão

1. A tarefa

Parto de uma conexão de ciências que é dada na experiência. Para essa conexão, busco a sua essência e a sua fundamentação. A história, a economia nacional, a ciência do direito e do Estado, a ciência da religião, assim como o estudo da literatura, da poesia, da arte e da filosofia encontram-se em uma relação próxima uns com os outros: pois todos eles destacam vivências a partir da realidade efetiva que entra em cena na experiência, sentimentos, aspirações, atos volitivos, processos de representação, de fantasia, de pensamento; eles buscam apreendê-los e submetê-los ao conhecimento. E como essas vivências estão ligadas umas às outras, o conhecimento se vê obrigado a apreender suas ligações. Parto dessa conexão faticamente subsistente que se formou entre essas ciências experimentais. *Ela forma o fato com o qual o lógico e o teórico do conhecimento se deparam*. Pode ser que ele se ache obrigado a substituir essa conexão por outro agrupamento moderno. Nesse caso, o que passa a estar em questão é a pergunta sobre a razão de direito para preferirmos esta conexão a outros agrupamentos possíveis: uma pergunta que só poderá ser discutida com base na conexão fática presente. A expressão ciências humanas não deve designar outra coisa senão essa conexão fática. Não deve estar contida aí nenhuma suposição sobre o modo como essa conexão é dada. E se a psicologia encontra-se em uma relação com essas ciências, segundo a qual ela por um lado as fundamenta, e, por outro lado, se serve de seus fatos, então também isso deve <ser considerado> inicialmente apenas fato, e o pertencimento a essas ciências deve permanecer em aberto.

As ciências humanas formam uma conexão de conhecimento que aspira transformar em conhecimento objetivo todas as vivências alcançáveis, tal como elas são constituídas, presentificadas, relembradas e compreendidas pelo mundo histórico-humano. É nisso que trabalham os pesquisadores particulares; eles lutam com dificuldades extraordinárias, mas o sucesso de seu trabalho eleva a segurança de que as vivências podem ser evocadas a partir de rastros quase apagados, de que o seu transcurso pode ser apreendido, e, por fim, toda a conexão do mundo espiritual pode ser conhecida, e de que nessa conexão, então, se abre o reino da realidade.

É desse modo que surgem os problemas da investigação subsequente. Perguntamos se e em que extensão é justificada a cautela de um conhecimento progressivamente objetivo, ao qual todos os que trabalham juntos nas ciências humanas estão ligados. O próprio trabalho que é feito na oficina das ciências humanas deve ser elevado à meditação sobre si. As formas e categorias do conhecimento próprio às ciências humanas devem ser descobertas, as relações nas quais a validade dos conhecimentos é fundamentada devem ser constatadas e os métodos nos quais o procedimento cognitivo se realiza devem ganhar a consciência lógica: por meio daí, então, eleva-se a segurança e a extensão de sua aplicação.

Esses problemas também são tratados no contexto do sistema filosófico: implicitamente na lógica e na doutrina do conhecimento universais, mas também nas aplicações particulares das teorias universais sobre os objetos das ciências humanas. Aqui, contudo, em nossa fundamentação das ciências humanas, esses problemas devem formar o tema exclusivo.

Essa restrição concede vantagens notáveis. A meditação lógico-epistemológica sobre as ciências humanas entra, com isso, em uma relação apropriada com a meditação histórica sobre ela. Ela pode se limitar àquelas sentenças que são pura e simplesmente necessárias para a fundamentação das ciências humanas. Desse modo, muitas questões controversas, que precisam ser tratadas por um sistema da filosofia, mas que estão expostas a grandes dificuldades, podem ser alijadas como residindo fora da tarefa propriamente dita. A conexão, que se estende desde os primeiros princípios fundamentais até a doutrina do método, pode ser configurada de uma maneira mais abarcável. E – uma última coisa, cujo valor qualquer um pode avaliar segundo o seu próprio ponto de vista – essas investigações mantêm-se livres do elemento problemático que se atém ao empreendimento de um sistema filosófico para todo homem moderno, mas, em particular, para o investigador da vida histórico-social, que observa por toda parte a relatividade dos fenômenos históricos, dos fenômenos religiosos e dos filosóficos tanto quanto dos sociais e políticos.

A natureza da coisa traz consigo o fato de uma parte considerável das sentenças contidas na primeira fundamentação só ser capaz de uma apresentação geral, que abarca toda a região do conhecimento. O problema de um conhecimento objetivo, a constatação do sentido que essa expressão e as expressões que lhe são correspondentes, "ser", "realidade", "objetividade", podem ter, se é que elas devem ter o seu preenchimento junto às vivências cognitivas dadas, a doutrina sobre as vivências, a conexão que conduz da consciência empírica para o princípio da consciência, então a teoria das formas e leis lógicas – essas e outras partes da fundamentação das ciências humanas só são capazes de um tratamento universal.

Ora, mas o pesquisador também precisa realizar em si a revolução no campo das ciências humanas, que conduz da consciência empírica que se encontra sob a pressuposição da realidade do sujeito psíquico, das coisas e das pessoas estranhas, passa pela experiência e pelas ciências experimentais e vai até a intelecção crítica de que esses três grandes objetos, em cuja ligação a vida se transcorre, só estão presentes na correlação da consciência com o seu conteúdo. E tão universais quanto essa conexão, na qual as pressuposições da consciência empírica são suspensas até o último resto, são as sentenças que constatam positivamente como é que, nas vivências, o saber acerca da conexão psíquica, que se pode designar como sujeito psíquico, são fundadas pelas coisas exteriores e pelas pessoas estranhas. Essa investigação encerra ao mesmo tempo em si a doutrina universal das formas, das leis e das categorias do pensamento.

É somente sobre esta base universal que o problema particular das ciências humanas pode ser resolvido, o problema de saber como surge aqui a partir das vivências, isto é, das vivências presentes, das vivências relembradas e daquelas que portam em si a compreensão de vivências alheias, atuais ou passadas, a apreensão da realidade efetiva espiritual e o conhecimento de sua conexão. Pois esta intelecção, que resulta do desenvolvimento do conhecimento nas ciências humanas, encontra-se à base de toda meditação sobre estas ciências: com base nas vivências espirituais, esta realidade efetiva e a sua conexão constróem-se no espírito por intermédio do pensamento; e isso segundo as categorias que concretizam no pensamento as ligações próprias ao dado. Ela é a criação do espírito. Para as ciências humanas, o conhecimento objetivo tampouco significa a cópia escrita de uma realidade efetiva que se encontra fora delas. O conhecimento permanece também aqui ligado aos meios da intuição, da compreensão e do pensamento conceitual. As ciências humanas nunca quiseram realizar tal cópia e quanto mais elas progrediram, menos elas o quiseram. "Nelas, aquilo que é e acontece, este elemento único, casual e momentâneo, é muito mais rearticulado com uma conexão valorosa e significativa: é nesta conexão que o conhecimento progressivo procura penetrar cada vez mais profundamente: este conhecimento torna-se cada vez mais objetivo em sua apreensão: sem jamais poder suspender, porém, a sua essência fundamental, uma vez que ela nunca pode experimentar aquilo que é senão sentindo, reconstruindo, ligando, cindindo, ou seja, senão em conexões abstratas, em um nexo de conceitos"[1].

O sistema da jurisprudência é diverso da soma das vivências, nas quais os negócios jurídicos são realizados ou os julgamentos judiciais são feitos. A mesma diferença existe entre a suma conceitual das vivências, nas quais se concretiza um trânsito com o invisível, não determinável por meio da intervenção mecânica, e a intelecção dos conceitos que constituem a essência do trânsito religioso, da experiência religiosa, dos enunciados religiosos. As formas, nas quais essa diferença se realiza, os sistemas culturais, nos quais se concretizam as conexões de metas do mundo histórico-social, são constituídos por vivências e pelas relações entre essas vivências. No entanto, a ordem dos conceitos, nos quais essas vivências ganham o conhecimento, só surge no trabalho do espírito, um trabalho que constrói um *segundo* mundo espiritual, que está fundado em verdade naquele primeiro mundo, mas que só é criado com os meios da compreensão, do juízo e do pensamento conceitual, meios que pertencem ao espírito.

A história das ciências humanas mostra, e a meditação lógico-epistemológica elucida, como, do mesmo modo que a jurisprudência e a doutrina da religião, a apresentação histórica daquilo que aconteceu outrora não pode e nem quer ser uma *cópia* dos acontecimentos tradicionais: ela é também uma nova criação espiritual, uma criação fundada nas condições do conhecimento. Quanto mais profundamente a história penetrou na conexão do acontecimento, tanto mais elucidativo este seu caráter se apresenta. Pois esse é justamente o momento decisivo, sobre o qual repousa a apreensão da conexão na história: nem essa conexão pode ser desvendada a partir dos restos legados do acontecimento histórico, nem as ideias histórico-filosóficas podem ser inscritas naquilo que foi legado pela tradição, a fim de construir essa conexão. Os próprios acontecimentos históricos, tal

1 *Studien* (Estudos), *Ges. Schriften*, v.VII, p.3.

como eles são legados, tomados conjuntamente em sua justaposição e um subsequência, nunca contêm como tais os meios para deduzir o material, uma conexão causal que os articule, leis de formação que os transpassem e dominem, um progresso, um desenvolvimento que se realize neles. É somente sobre a base das ciências analíticas das conexões particulares que atravessam a história como *sistemas culturais*, e, mais além então, sobre a base do saber analítico sobre a construção interna das organizações que se formaram na história – sobre a base de uma ciência que podemos designar como *política* – que se realiza a intelecção gradual da conexão da história; é somente a partir daqui que se pode resolver a questão sobre se podem ser conhecidas as leis de formação, um desenvolvimento, a partir do fato de os acontecimentos estarem um ao lado do outro e um depois do outro. Não é, como se poderia pensar, no pós-escrito dos fenômenos em seu um ao lado do outro e em seu um depois do outro que reside aquilo que é historicamente seguro. Nesse pós-escrito sempre permaneceriam muitas coisas duvidosas. É ainda menos plausível tentar procurar o historicamente seguro na apreensão das forças pessoais e individuais, que atuam na história: é somente lá, onde podemos partir da conexão conquistada por meio das ciências humanas sistemáticas na qual essas forças se formaram e sobre a qual elas atuam, que surge uma ideia de seu desenvolvimento e um critério para o seu valor. E, assim, o mais seguro e ao mesmo tempo o mais importante que é acessível à pesquisa nas ciências humanas continua sendo sempre o seguinte: o conhecimento das grandes formas da cultura e de sua organização exterior, de seu desenvolvimento, de sua atuação recíproca em uma época, na estrutura da sociedade, tal como ela existe no interior de um período demarcável, no interior dos momentos desse período, momentos que produzem paulatinamente transformações nesse período.

Por isso, é uma única conexão que se concretiza no estudo da realidade histórico-social. É a mesma realidade do mundo espiritual, vista de maneira diversa, que se apresenta como história universal e como suma conceitual e ligação das ciências humanas sistemáticas. E a compreensão dessa realidade e a captação pensante da conexão nela existente carecem lá, onde elas formam a suma conceitual científica da história universal, da presença interna do conhecimento sistemático nas ciências humanas, e lá, onde elas estão dirigidas para o conhecimento sistemático de um sistema cultural ou da organização da sociedade, elas carecem da presença de um saber histórico-universal. Nisto já reside o fato de a questão mais profunda que diz respeito à possibilidade de um conhecimento objetivo nas ciências humanas estar em captar o modo como pode irromper para o indivíduo em suas vivências cognitivas o um ao lado do outro e o um depois do outro dos acontecimentos históricos por meio da lembrança, da compreensão e da crítica histórica e como, então, nesse um ao lado do outro e nesse um depois do outro dos acontecimentos pode ser dada a conexão entre eles. A solução dessa pergunta possui por pressuposto a doutrina da conexão estrutural psíquica, tal como ela se concretiza na unidade vital psíquica, ligando ao mesmo tempo, porém, essa conexão a outras unidades vitais psíquicas.

Essa é a conexão intrínseca às ciências humanas, uma conexão na qual se concretiza a intenção efetiva nelas de alcançar um *conhecimento objetivo* do mundo espiritual. Essa conexão estende-se desde as vivências do indivíduo encerrado em sua individualidade, que começa a refletir sobre história, política e doutrina da religião, até a captação objetiva do mundo histórico-social na história universal e nas ciências humanas sistemáticas. A fundamentação das ciências humanas precisa partir da conexão do conhecimento contida nelas e imanente a elas. O seu problema fundamental é determinar qual é o sentido que os conceitos de "conhecimento objetivo", "realidade efetiva", "realidade", "ser" possuem nessa conexão das ciências humanas. E como o conhecimento conceitual, sistemático, é intrínseco a cada parte das ciências humanas ora como tarefa, ora como pressuposto, é de se perguntar como a objetividade dos conceitos pode ser concretizada, uma objetividade por meio da qual a conexão entre as vivências históricas pode ser produzida em seu um ao lado do outro e em seu um depois do outro. Assim, a fundamentação das ciências humanas é inicialmente e antes de tudo interpretação dos conceitos, que são constitutivos da conexão do mundo espiritual descoberto pelas ciências humanas. O processo no qual reconhecemos algo interior a partir dos sinais que são dados lá fora é denominado por nós compreensão. Essa compreensão atinge a sua perfeição mais elevada, tanto no que diz respeito ao esgotamento do conteúdo daquilo que deve ser compreendido, quanto no que concerne à validade universal do conhecimento sobre esse conteúdo, na exegese ou interpretação: com essa expressão designamos a compreensão artística de exteriorizações vitais duradouramente fixadas. Os conceitos também são tais exteriorizações vitais fixadas e, de acordo com isso, precisamos compreender pela interpretação de conceitos um saber universalmente válido sobre aquilo que se tem em vista com o conceito e com a expressão vocabular que lhe é correspondente. O método da interpretação do conceito realiza-se em um procedimento composto. A concretização das vivências que o conceito representa e a constatação da ligação entre os traços característicos que são comuns a essas vivências formam um dos lados do procedimento. Na medida, porém, em que o conceito tem o seu lugar na ciência, a interpretação do conceito precisa ser iniciada em seu nome sempre que o conceito vem à tona na ciência, e a interpretação só alcança o seu fim quando em cada conexão em que o conceito vem à tona a interpretação desse conceito corresponde à conexão. Desse modo, uma palavra só é efetivamente compreendida e determinada inequivocamente quando aquilo que se tem em vista com ela é reencontrado em todas as conexões que ela contém. Uma fundamentação das ciências humanas não pode ser de início outra coisa senão tal interpretação. Pois a fundamentação filosófica universal que estabelece para si fins mais abrangentes e elevados não alcançou até agora o seu fim. Não existe uma doutrina universalmente reconhecida da ciência. A teoria do conhecimento é uma das ciências mais jovens, Kant foi o primeiro a ver o seu problema em sua universalidade. E desde as tentativas prematuras de Fichte de sintetizar as análises kantianas em uma teoria completa, o prosseguimento do trabalho foi tornando cada vez mais visível novas dificuldades, novas tarefas. As tentativas de solução, contudo, enfrentam-se hoje de maneira tão irreconciliável quanto há muito se dá com as tentativas no campo da metafísica.

Na medida em que os conceitos que constituem a conexão conjunta das ciências humanas, as categorias sob as quais o mundo espiritual é pensado, são determinados e esclarecidos, conquista-se a base para a meditação do trabalho nas ciências humanas sobre si mesmo. No entanto, mostrar-se-á em seguida que os conceitos próprios às ciências humanas, conceitos que as constituem por meio da conexão que elas criam, estão fundados nas vivências a serem concebidas descritivamente e, por fim, no modo de ser da própria vivência nesse campo.

Com base nessa investigação, portanto, precisamos poder mostrar que as reservas que se fizeram valer contra o valor objetivo do conhecimento nas ciências humanas podem ser dissolvidas. As mais importantes dessas reservas já podem ser dissolvidas pela interpretação correta dos conceitos que constituem a conexão nas ciências humanas.

Segunda versão

Primeiro capítulo
A tarefa

A divisão das ciências em ciências da natureza e ciências do espírito não pode encontrar a sua fundamentação senão no transcurso da investigação. Aqui, no começo dessa investigação, é preciso que seja suficiente a referência ao parentesco que existe entre o grupo de ciências que são chamadas ciências do espírito. Tais ciências são a história, a economia nacional, a ciência do direito e a ciência do Estado, a ciência da religião, o estudo da literatura e da poesia, da arte e das visões de mundo filosóficas. Partamos de algo simples, a fim de penetrar na natureza desse parentesco. A vivência, a compreensão de vivências alheias e os juízos e conceitos, que expressam os estados de coisas vivenciados e compreendidos, encontram-se em uma relação interna uns com os outros. É nas vivências que os outros dois tipos de saber estão fundados. Toda compreensão da expressão de vivências alheias só se realiza com base nas vivências próprias. Os estados de coisa dados no vivenciar e no compreender podem ser, então, representados em juízos e conceitos. Estes são por conseguinte fundados no vivenciar e no compreender. Assim, surge uma composição estrutural de saber, na qual a vivência, a compreensão e sua representação estão mutuamente ligadas. E essa composição retorna, então, em todas as ciências que são sintetizadas aqui como ciências humanas (ciências do espírito). É nela que todas essas ciências possuem a sua base. Elas também contêm estados de coisa que não podem ser vivenciados e compreendidos – os fatos físicos. A história narra o movimento frenético e o alarido das batalhas, a disposição dos exércitos inimigos, os efeitos de sua artilharia, a influência do terreno sobre a decisão. Aqui tanto quanto por toda parte no transcurso histórico, os processos físicos, as necessidades que residem neles e os efeitos que partem deles formam uma parte importante da apresentação. Mas eles só pertencem à história, na medida em que eles determinam o desenvolvimento dos indivíduos ou das associações dos indivíduos, na medida em que eles entram em questão com a ponderação sobre os meios para os fins dos indivíduos ou comunidades, na medida em que influenciam suas ações – em suma, na medida em que se encontram em uma ligação qualquer com aquilo que pode ser vivenciado ou compreendido. A mesma relação mostra-se nas ciências sistemáticas do espírito. A povoação do solo é dependente da relação do trabalho que ele exige com o rendimento que ele fornece. A constituição diversa do solo, uma constituição da qual essa relação depende, só interessa aos economistas nacionais, porém, na medida em que eles se encontram em ligação com o carecimento, o trabalho, a satisfação, em suma, com aquilo que é conhecido na vivência, na compreensão de vivências ou em juízos e conceitos sobre uma tal vivência e uma tal compreensão.

Prossigamos. Todas as ciências sistemáticas do espírito repousam sobre a ligação que existe entre o vivenciado, o compreendido e os conceitos que os expressam. O vivenciado e o compreendido são representados nos conceitos e esses conceitos possuem o seu preenchimento no vivenciado e no compreendido. Desse modo, a suma conceitual desses dois pode ganhar a representação na sistemática dos conceitos. Articula-se com isso, porém, um terceiro elemento. Aquilo que é dado dessa forma no vivenciar e no compreender mostra certas propriedades que lhe são comuns por toda parte e que o diferenciam daquilo que não pode ser vivenciado e compreendido – os fatos físicos. Todo valor e toda meta vital estão contidos naquilo que vivenciamos e compreendemos. Na plenitude da vida que experimentamos, na riqueza da realidade vital que sentimos inteiramente, no desfrute daquilo que reside em nós está fundada a consciência do valor de nossa existência, e a tudo aquilo que se encontra fora do sujeito vivenciado só advém valor, na medida em que ele é apreendido em uma compreensão revivenciadora como suporte de tal mundo interior ou como sede dos efeitos sobre as unidades vitais sensitivas. Assim, o vivenciável e compreensível, tal como eles constituem o reino das ciências humanas, são caracterizados pelo fato de serem dados neles valores e, em conexão com eles, uma significação das pessoas e dos acontecimentos.

Uma derradeira propriedade das ciências humanas que as une entre si e que as diferencia das ciências naturais ainda deve ser realçada. Todo o tecido do mundo histórico-social, ao qual essas ciências se referem, é constituído a partir de unidades vitais, cujas vivências podem ser vivenciadas e compreendidas. Elas são as portadoras e os componentes de todo construto que existe na sociedade atual ou que existiu em uma anterior. E na medida em que tomamos esse fato conjuntamente com o fato do caráter valorativo dessas unidades vitais e dos acontecimentos entre eles, resulta daí a direção dupla da pesquisa nas ciências humanas. "A apreensão do singular e do individual forma nelas tanto um fim último, quanto o desenvolvimento de uniformidades abstratas." Esses são, então, os traços essenciais que podem ser constatados antes de nossa própria investigação com base na mera decomposição do desenvolvimento histórico das ciências humanas. Eles são suficientes para transcrever o parentesco entre as ciências particulares que são computadas segundo a sua concordância universal com as ciências humanas, a sua ligação entre si e as diferenças que lhes são comuns em relação às ciências naturais. E, assim, eles fundamentam suficientemente o direito de colocar tal agrupamento de ciências à base da investigação seguinte. Uma determinação definitiva do conceito de ciências humanas só se tornará possível no transcurso da investigação. Ela necessita de princípios, cuja comprovação está ligada a dificuldades consideráveis e que só podem ser fundamentados por meio de toda uma série de outras verdades. Entre esses princípios, o mais importante é o de que no vivenciar e no compreender é dada, com as próprias vivências, uma conexão entre elas, uma estrutura que as articula: com isso, abre-se a ideia de um traço essencial do conhecimento nas ciências humanas, um traço por meio do qual as propriedades até aqui apresentadas deste conhecimento podem ser unificadas em uma última fórmula sintética. E não é apenas a essências das ciências humanas que pode ser definitivamente constatada a partir deste princípio, mas a sua abrangência também pode ser ampliada e a estruturação de suas partes pode ser determinada. Pois se esse princípio pode ser comprovado, ele torna possível uma psicologia descritiva e analítica, que completa o grupo das ciências humanas e lhes proporciona uma unidade sistemática.

Assim, no transcurso ulterior dessa investigação, a essência e a extensão das ciências humanas poderão ser determinadas por meio da decomposição do conhecimento nessas ciências. E essa determinação conceitual encontrará a sua confirmação por meio de sua concordância com a atuação conjunta fática das ciências particulares e por meio do caráter frutífero dos enunciados que podem ser ditos sobre esse complexo.

As ciências humanas estão dirigidas para o conhecimento objetivo de seu objeto.[1] Todos os seus pesquisadores estão ligados uns aos outros nesta aspiração. Seus trabalhos interpenetram-se nesta direção. Eles constatam fatos; em toda a plenitude da significação inerente a esses fatos, eles buscam revivenciar compreensivamente o que aconteceu, eles apreendem a conexão que existe no acontecimento, eles a

1 De sua coisa contraposta (N. T.).

analisam, e, então, com base nessa análise e por meio de um procedimento abstracional, eles isolam sistemas de conteúdos parciais e a trazem para o conhecimento conceitual. Desse conhecimento emergem para eles novos meios de apreender mais profundamente aquilo que aconteceu. Por mais que eles aspirem ver completamente o singular e conhecer o universal, por mais que eles busquem uma conexão na vida anímica, na história, na sociedade ou queiram conhecer aqui uma normatividade; por mais que eles sejam tomados com Herder ou Lotze mais intensamente pelos valores que se realizam na história de nossa espécie, pela significação que unifica suas partes com um todo significativo, ou persigam com Hume ou Buckle a conexão causal dos acontecimentos e as uniformidades presentes neles: a força motriz em todos os trabalhos neste campo, assim como naqueles das ciências naturais está sempre dirigida para um conhecimento objetivo. E a história das ciências humanas mostra o quão faticamente cresce constantemente em seu transcurso o aprofundamento na história, nos sistemas da cultura e na vida anímica. É sobre esse ponto que repousa, então, preferencialmente a segurança, com a qual os pesquisadores fazem aqui o seu trabalho. No entanto, desenvolve-se ao mesmo tempo neles uma meditação sobre aquilo que eles fazem. Essa meditação estende-se desde os manuseios de seu trabalho até a consciência da natureza do saber que é produzido neste trabalho. Nós encontramos os momentos iniciais de uma tal consciência em Tucídides. Nós a encontramos mais desenvolvida em Polibo, que viveu em meio a debates epistemológicos.

Esta meditação faz-se valer nos tempos modernos em diversos pontos das ciências humanas. A investigação dos teólogos sobre hermenêutica e dos historiadores sobre crítica tratam o procedimento da compreensão e o procedimento da constatação de fatos a partir das tradições presentes. Os juristas ligados ao direito natural e os mestres do direito público perseguem os métodos, por meio dos quais o direito público e a jurisprudência podem ser cientificamente fundados. *Vico* coloca as suas pesquisas histórico-religiosas e histórico-

-jurídicas em ligação com as profundezas derradeiras do conhecimento humano. A historiografia de *Hume* encontra-se em uma estreita ligação com as suas investigações sobre o homem, com as possibilidades de seu conhecimento, com a necessidade e a normatividade imanentes ao acontecimento espiritual. As contradições entre os historiadores e os filósofos da história movimentaram o século XVIII. A querela entre o sistema natural das ciências humanas e a escola histórica preencheu as primeiras décadas do século XIX. Depois cresceu constantemente a partir de Comte, em cujos escritos o elemento histórico desempenha um grande papel, chegando até Buckle e, finalmente, até as contendas mais recentes sobre a meta e os métodos da história, a automeditação nas ciências humanas. Assim, surgiu dessa continuidade a tarefa de elevar os fundamentos legais do saber nas ciências humanas, a sua constituição lógica, os seus modos de procedimento e os seus métodos a uma consciência filosófica. Nesse ponto estaria contida, então, a fundamentação filosófica do sistema das ciências humanas. E como agora medrou a partir das próprias ciências humanas a tarefa que este trabalho se colocou, também está prelineada para tal tarefa no interior das ciências humanas a direção em meio a um poder fático do progresso que a determina por toda parte de maneira uniforme. Essa direção faz-se valer em cada ponto de seu trabalho, ela atua em cada modo de procedimento do qual essas ciências se servem, ela une todos os modos de procedimento entre si. Um conhecimento objetivo da sociedade, da história, do homem é por toda parte a sua meta. A possibilidade de tal conhecimento é por toda parte a sua pressuposição.

E essa pressuposição não está apenas fundada na prova que está contida no incremento desse conhecimento objetivo, mas ao mesmo tempo nas propriedades do saber que são características das ciências humanas. Os pesquisadores são penetrados por essas características, mesmo onde eles não meditam sobre elas. Elas vêm à tona para eles no manuseio prático dos instrumentos de seu trabalho, um manuseio que está contido no vivenciar, no compreender, na representação do vivenciado e compreendido em juízos e conceitos. É importante comprovar isso em particular. Essa comprovação não tem por objeto a fundação das ciências humanas por meio de sua fundamentação filosófica – essa fundamentação não constitui senão o objeto de uma investigação totalmente tardia. Ela só se liga ao modo como essas pressuposições se encontram vivas na pesquisa intrínseca às ciências humanas.

A vivência é sempre segura de si. Enquanto a própria pesquisa científico-natural destrói ela mesma a pressuposição da realidade das propriedades sensíveis das coisas das quais ela parte, nunca surge no trabalho do historiador, do jurista e do esteta uma dúvida quanto à realidade daquilo que é dado no vivenciar. Igualmente indubitável é para eles a possibilidade de compreender aquilo que é visado, expresso e enunciado em um tipo qualquer de expressão ou em um enunciado qualquer. Eles precisam experimentar o fato de a compreensão se mostrar em muitos casos como limitada. Eles aprendem que é necessário um grande exercício e uma grande cautela, para tornar segura a compreensão em seus limites. A partir de suas próprias necessidades, eles desenvolvem a técnica da hermenêutica e a sua disciplina científica, eles tornam o compreender uma arte, eles se conscientizam do procedimento compreensivo, eles fundamentam o seu direito e desenvolvem tecnicamente todas as cautelas, regras de prudência e modos de procedimento, que asseguram a apreensão da realidade sobre este caminho. E no transcurso de seu trabalho, eles experimentam como o vivenciar e o compreender se ratificam reciprocamente. Consideradas psicologicamente, a vivência e compreensão sempre estão cindidas. Elas pertencem à região do si mesmo e do outro. Um processo e o outro permanecem sempre isolados. No entanto, subsiste entre eles uma conexão estrutural, segundo a qual a revivência do alheio só se torna possível por meio de uma reconexão com as vivências da própria pessoa. Assim, em termos de conteúdo, surge o fato de eu descobrir em mim mesmo como vivência aquilo que compreendo em um outro e de eu poder reencontrar em um outro por meio da compreensão aquilo que vivencio. Na medida, então, em que o pesquisador nas ciências humanas se movimenta constantemente entre vivência e compreensão, solidifica-se para ele a segurança quanto ao elemento de conteúdo que pode ser, por assim dizer, transportado de um modo de experiência para o outro. Ele está seguro da existência das pessoas alheias. Essa segurança repousa sobre a pressuposição da existência de algo independente de nós que é dado nos sentidos e sobre a validade dos modos de procedimento, por meio dos quais nesse algo independente a própria pessoa é alijada. Precisaremos apresentar mais tarde sobre o que repousa o fato de o nosso pensamento natural assumir a realidade de algo independente de nós e se manter preso a esta realidade de maneira firme.

Com isso, o vivenciado e o compreendido são apreendidos pelos pesquisadores das ciências humanas como passíveis de serem adequadamente representados nos juízos e nos conceitos. E a consciência da segurança também surge aqui a partir da práxis e de suas manipulações constantes.

É de uma importância particular perceber em que esta convicção comum a todos os pesquisadores possui a sua fundamentação. Justamente nesse ponto a consciência crítica encontra uma dificuldade extraordinária. A partir daquilo que é particularmente dado e que se encontra na história e na sociedade surge a conexão das ciências humanas. Ela constrói-se a partir dos materiais do vivenciado e do compreendido no pensamento; ela concretiza-se nas categorias que pertencem ao espírito: ela é uma criação do espírito. As ciências humanas não levam a termo uma cópia do elemento único que lhes é dado nos restos do passado e nos fragmentos do presente. Cada um de seus conhecimentos necessita dos conceitos universais. O sistema da jurisprudência é diverso da soma das vivências, nas quais negócios jurídicos são realizados ou julgamentos judiciais são feitos. A mesma diferença subsiste entre a suma conceitual das vivências, nas quais se executa o trânsito com o invisível, que não é determinável por nenhuma intervenção meramente mecânica, e os conceitos que exprimem a essência do trânsito religioso, da experiência religiosa e dos enunciados religiosos ou que determinam as formas, nas quais o trânsito religioso se dá. E cada uma das outras ciências de um sistema cultural está fundada no vivenciado ou no compreendido. No entanto, este fato só ganha o nosso conhecimento com os meios próprios ao julgamento e ao pensamento conceitual, meios que pertencem ao espírito. Do mesmo modo, a história também não é uma cópia dos acontecimentos tradicionais: ela também é uma criação espiritual recente fundada nas condições do conhecimento. "Os próprios acontecimentos históricos, tal como são legados, isto é, reunidos em sua justaposição e em sua subsequência, nunca contêm enquanto tais os meios para deduzir uma conexão causal que os articule" ou mesmo para apreender as leis de formação que os penetram e dominam. Conceitos e juízos universais são os elos centrais entre os acontecimentos e a apreensão da conexão. Estes conceitos e estes juízos cresceram inicialmente na práxis da vida. O progresso paulatino da intelecção da conexão histórica, porém, é dependente da formação das "ciências analíticas das conexões particulares de metas, que atravessam a história enquanto sistemas culturais, e, mais além, pelo saber analítico sobre as organizações que se formaram na história – em uma ciência que podemos denominar política". Por fim, a compreensão histórica e as ciências humanas sistemáticas não repousam apenas sobre deduções a partir de fatos da vida histórico-social, mas também pressupõem certas intelecções sobre o transcurso da vida anímica.

Assim, a apreensão da conexão histórica realiza-se por toda parte por meio de conceitos e de juízos universais; esses conceitos e juízos desenvolvem-se inicialmente nas experiências da vida prática; a sua ligação e a sua fundamentação crescem constantemente; com isso, surgem as ciências humanas sistemáticas e a psicologia, e, com esse desenvolvimento, a conexão dos processos históricos se torna cada vez mais abrangente e profunda. Mesmo a característica das pessoas históricas e a descrição dos acontecimentos históricos são dependentes desse desenvolvimento, pois elas também necessitam dos conceitos e sua validade e utilidade precisam ser asseguradas no pensamento.

Contudo, é justamente sobre este trânsito constante dos juízos e dos conceitos com aquilo que é representado neles como vivenciado e compreendido que está fundada agora a segurança que o historiador, o jurista ou o pesquisador da religião possuem no pensamento quanto à representação adequada daquilo que lhes é dado. A cambiabilidade do dado com o pensado lhes é comprovada de hora em hora por meio do progresso de seu trabalho com base nesta suposição. Do vivenciado e do compreendido surgem para eles constantemente conceitos e esses conceitos sempre encontram o seu preenchimento no vivenciado e no compreendido. Isolando, abstraindo, comparando, sintetizando o comum, o pesquisador da religião determina como o traço fundamental da religiosidade o trânsito com o invisível, as experiências contidas nele, os dogmas e a práxis vital que se fundam neles e, então, esse conceito reencontra o seu preenchimento nesse vivenciado e nesse compreendido.

É a mesma realidade efetiva do mundo espiritual, considerada diversamente, que se apresenta nos juízos que descrevem os acontecimentos na sociedade e na história e que é reconhecida na suma conceitual das ciências humanas sistemáticas. A história universal emerge enquanto ciência na presença do conhecimento sistematicamente empreendido nas ciências humanas e na...

Segundo capítulo
Como é possível o conhecimento nas ciências humanas?

1.

Aquilo que constitui ou fundamenta as ciências humanas compõe-se a partir de vivências, da expressão destas e da compreensão de expressões para vivências e conceitos que a elas se ligam. Estas classes não são tão diversas a ponto de conter estados de fato diversos.

Ao contrário, na medida em que ganha a consciência, tudo é inicialmente vivência, ou seja, expressões e sua compreensão, tanto quanto os conceitos. Uma vez que a expressão de uma vivência, porém, entra em uma relação com essa vivência e que a compreensão entra em uma relação estrutural com tal expressão, emerge algo próprio, um construto pertencente à esfera das ciências humanas. Uma vez mais, a expressão pode ser um conceito. Todavia, na medida em que saio da relação estrutural indicada para a outra relação, a relação da apreensão objetiva, segundo a qual o conhecimento transcorre em uma ligação entre conceitos, que possuem seu preenchimento em vivências e compreensões, eu me encontro em um comportamento conceitual, que possui as suas ligações com a vivência e com a compreensão. Essas ligações são as ligações da criação de conceitos a partir dessa vivência e dessa compreensão por meio de abstração, assim como as ligações do preenchimento dos conceitos por meio dessas duas. Os conceitos são criados por meio de juízos e, assim, temos a mesma relação que existe entre vivência, compreensão e conceito também entre estes e o juízo.

As vivências são e continuam sendo a base para todos os elementos que emergem nas ciências humanas. Pois toda compreensão da expressão de vivências alheias só se realiza com base na vivência própria e todo juízo, todo conceito, só é criado a partir de vivências e compreensões.

De acordo com isso: as ciências humanas estão fundadas sobre o conhecimento de vivências.

2.

As ciências humanas e a sua fundamentação lógico-epistemológica pressupõem por toda parte um conhecimento de vivências. A condição para tanto está contida na própria vivência. O aperceber-se. Ele apenas enuncia o fato de algo ser consciente. Uma questão terminológica é saber se esse algo pode ser designado como conteúdo. Plurissignificância dessa palavra. Esses estados de fato conscientes formam o fundamento derradeiro das ciências humanas. A questão de saber se aquilo que emerge em nós como um estado de fato consciente (vivência) possui por de trás de si uma realidade de um tipo diverso como a sua condição de possibilidade encontra-se fora do âmbito de um conhecimento seguro nas ciências humanas. Podemos deixar clara para nós esta questão a partir da teoria kantiana do tempo. Visto criticamente, essa teoria não diz respeito à pergunta sobre a realidade do tempo. O estado de fato, segundo o qual acontece na consciência um transcurso temporal, é efetivamente real. Todas as relações de expectativa e preenchimento, desejo e satisfação contêm em si uma sequência temporal. A vida real que conhecemos é no tempo. O problema de Kant diz respeito apenas às condições para os estados de fato que surgem na consciência. Esses estados de fato residem para além do conhecimento seguro das ciências humanas.

Se quisermos fixar agora a atenção sobre uma vivência, então a síntese trabalha concomitantemente aqui. Essa síntese é uma condição para toda consciência clara de um estado de fato vivenciado, e, assim, toda apreensão de vivências enquanto a base para o conhecimento psicológico tem por pressuposto as operações da apreensão. O fato de esta apreensão só ligar na vivência algo referido é a condição para a objetividade de toda apreensão psicológica. Assim, a psicologia já remete em seu ponto de partida para o elemento lógico-epistemológico.

Assim, apresentamos em que sentido advêm realidade e objetividade a esse conhecimento de vivências. No entanto, precisamos certamente acrescentar de imediato que o diretamente vivenciável com vistas à finalidade da produção de uma ciência é por demais restrito. No âmbito das expressões de vivências e dos conceitos sobre elas, há um número infinito de coisas que se lançam para além daquilo que é acessível para a constatação psicológica intencional. Nós veremos como o nosso saber acerca da conexão estrutural em particular só pode ser fundado de maneira parcial e incompleta em tais vivências, mas como ele está sedimentado em tais expressões e conceitos que cresceram a partir do processo anímico involuntário e não observado. Pois a atenção intencional a esses processos altera e dissipa a energia, até mesmo a existência dos próprios processos. Referimo-nos à interpretação das criações do espírito, para dizer o que estaria presente nelas.

Um complemento significativo das vivências, por meio das quais conquistamos um saber sobre a riqueza e a conexão da vida anímica está estabelecido no fato de algo interior ganhar expressão no exterior e, então, retroativamente, ser compreendido a partir dele.

Algo exterior é expressão de algo interior ou bem por meio de uma convenção arbitrária, ou bem por meio de uma relação expressiva natural e legal.

Nos dois casos temos o sinal exterior de um estado de coisas.

A primeira relação existe mesmo lá, onde o sinal, isto é, a presença de um fato, não significa outra coisa senão a presença de outro fato exterior. Em realidade, mesmo nesse caso tem lugar uma compreensão, qual seja: por meio do sinal, nós tomamos conhecimento de um saber acerca de um estado de fato, contido na consciência A, com base no acordo arbitrário com a consciência B. O fato de um trem se aproximar da estação e o fato de um sinal ser dado são dois fatos externos, mas o acordo quanto à sua ligação coloca em uma relação interna uma consciência comunicadora e uma consciência compreensiva e é somente por meio daí que um processo exterior se torna um sinal para o outro processo. As coisas dão-se de outro modo no que concerne àqueles sinais que são expressão natural do interior e que, portanto, indicam este interior.

Aqui é preciso distinguir, então, entre a relação de um interior com as ações que alteram estados de coisas ou com as ações que produzem instituições duradouras. Mesmo as ações e seus efeitos externos duradouros servem-nos constantemente para reconstruir o interior, do qual elas provieram. O direito nacional surgiu para regular a vida de determinada época por meio de determinações jurídicas, mas o pesquisador do tempo de Frederico o utiliza para compreender o espírito dessa época; ele sai das regras jurídicas e remonta à intenção do legislador e sai dessa intenção e remonta às suas condições espirituais. Assim, a partir das instituições em geral, compreendemos valorizações das relações vitais, instaurações de metas, uma consciência de vínculo, tal como tudo isso estava presente em determinada época e em determinada posição como algo interior, que se expressa para nós neste elemento exterior. Expressa-se para nós – sem intenção, sem querer – os feitos aconteceram sob o impulso do querer, a fim de conquistar algo com suor, não a fim de comunicar algo aos contemporâneos ou àqueles que vieram depois. Agora, eles encontram-se aí como sinais de um interior que esteve um dia presente, como o resto que permaneceu de tudo isto.

Algo diverso é o âmbito da expressão de um interior, quando essa expressão provém da necessidade de expressar de algum modo este interior, de colocá-lo de algum modo diante de si mesmo ou de comunicá-lo aos outros. Esse é o âmbito propriamente dito da compreensão e de sua manipulação engenhosa na interpretação. É possível que sejam as réplicas que nos dêem uma fraca intuição do *Zeus* de Fídias, ou o *Apocalipse* de Dürrer, ou a *Nona sinfonia*, um drama, ou um sistema filosófico, um poema de Goethe, ou a obra capital matemática e científico-natural de Newton, sim, até a expressão de um estado de fato qualquer pode ser que seja uma criação particular ou uma ligação entre conceitos – por toda parte, temos diante de nós algo exterior que surgiu como expressão de um interior e que nos leva, assim, à compreensão desse interior.

E dessa relação obtém-se o fato de aqui, de maneira totalmente diversa da que se dá nas ações dos homens, o seu interior se imiscuir no elemento exterior. Toda ação encontra-se sob determinadas condições, cuja relação com a totalidade viva da pessoa que age conquista com suor a sua representação de metas, a sua energia, os seus meios e, quando ela é de uma duração mais longa, a adequação às circunstâncias. Por meio daí, a dedução a partir da ação é restrita ao interior. Nós reunimos as ações. E como os memoriais, as decisões, os discursos, em suma, todo tipo de declaração que seja exigido pelo transcurso da ação e que não emerge, com isso, da vontade da expressão são partes do agir político: nós visualizamos sob esta figura resultados múltiplos, mutuamente correspondentes da atividade da vontade; em sua conexão, eles produzem uma conexão da própria vida; quanto maior é o número de situações das quais eles provêm, tanto mais rica é a compreensão do interior, a partir do qual eles emergiram; no entanto, são sempre apenas recortes e aspectos que mostram partes de uma paisagem, nós nunca vislumbramos a sua própria estruturação.

Imagino agora a suma conceitual daquilo que Goethe publicou em termos artísticos, literários, científicos e que se encontra em sua obra póstuma. O quão diversa é aqui a relação entre a expressão e o interior! Podemos resolver aqui a tarefa de compreender esse interior, até em certo sentido melhor do que Goethe compreendeu a si mesmo. O procedimento, no interior do qual isso acontece, precisará ser apresentado mais tarde de maneira mais detalhada; trata-se aqui de retirar as consequências para o nosso problema, que se realiza com pessoas que funcionam como objeto de pesquisa com vistas à complementação da apreensão direta de vivências no sujeito observado por meio de experiências internas ou por meio de observações.

Em primeiro lugar: aquilo que é apreensível na vivência por meio de observação ou lembrança é complementado segundo a sua extensão. O que sabemos afinal, por exemplo, por meio de observação, lembrança ou mesmo experimento sobre o processo do juízo? Nós precisamos decompor sua expressão na sentença, a fim de apreender essa sentença.

Em segundo lugar: é só quando a vivência é apreensível que toda a sua plenitude se insere na compreensão. Se não tivéssemos outra coisa senão os autotestemunhos do poeta sobre a sua criação e se todas as suas obras tivessem desaparecido, o quão pouco nos diriam esses autotestemunhos! Nós precisamos decompor essas obras, a fim de penetrar no interior do processo e apreendê-lo em toda a sua plenitude.

Em terceiro lugar: por meio desta ligação entre observação, lembrança, experimento e compreensão, nós apreendemos as uniformidades da vida anímica. (Ver o primeiro estudo.)

Em quarto lugar: antes de tudo, porém, a apreensão da estrutura da vida anímica repousa sobre a interpretação das obras, nas quais a conexão da vida anímica ganha totalmente expressão. A expressão maximamente abrangente, a própria linguagem, fornece aqui as chaves mais frutíferas. (O conceito husserliano de gramática pura. O elemento instrutivo nas expressões para as relações estruturais. Alegria quanto a algo, desejo de algo, saber sobre algo.)

Apresentei a afirmação de que, sob certas circunstâncias, apesar de muito pouco notáveis, as ligações estruturais ainda podem ser de qualquer modo apreendidas na memória, por mais que não possam ser diretamente observadas. O meio mais importante para sua apreensão reside, porém, em sua expressão, que pode ser constatada em produtos linguísticos. Tomo o transcurso estrutural da vida emocional desde a primeira ressonância por meio da realização das partes de um decurso emocional até a consciência agora alcançada de sua plenitude. Tomo a realização de um conceito com base em intuições. Ou concebo a conexão entre um sentimento e seu objeto, o progresso do sentimento ao desejo. Por toda parte, temos aqui...

Adendos e prosseguimento do capítulo 1

1.

Mas justamente nesta troca constante entre o vivenciado e o compreendido com aquilo que é expresso em juízos e conceitos, a convicção de uma representação adequada desse vivenciado e compreendido nos juízos e conceitos obtém constantemente uma nova fundamentação.

Na consciência empírica, o sujeito está seguro de sua realidade e da realidade efetiva das coisas e das pessoas fora de si. O mesmo dá-

-se nas ligações mútuas entre estes fatores da vida. O sentimento vital da existência repousa sobre a sua realidade. O si mesmo encontra-se afetado de fora e exerce uma reação sobre as coisas e os homens. Sobre o solo da consciência empírica desenvolve-se a experiência. O seu objeto é formado pela conexão física, pelas coisas exteriores, pelas pessoas dadas de fora. Ela pressupõe a realidade desses objetos e das ligações entre eles; todavia, esses objetos e essas ligações constituem os fatores da consciência empírica. Desse modo, tanto quanto as ciências naturais, as ciências humanas também se desenvolvem sobre o solo da consciência empírica, preenchida pela convicção da realidade dos fatores que a constituem. A partir da filosofia, porém, introduz-se a crítica a esses pressupostos; essa crítica é tão antiga quanto a própria pesquisa filosófica e acompanha todo o desenvolvimento das ciências experimentais. Associa-se a essa crítica aquela que emerge das próprias ciências naturais e que dissolve a convicção na realidade objetiva das qualidades sensíveis. Assim, surge nas ciências naturais a cisão entre o mundo sensível dado como um mundo fenomenal e uma ordem de coisas hipoteticamente exigidas que transcorre segundo leis, coisas acrescentadas pelo pensamento para a explicação desse mundo. Continua existindo a pressuposição dos objetos independentes do sujeito. Esses objetos, porém, são encontrados agora na ordem das coisas segundo leis, uma ordem que é acrescentada pelo pensamento. Em contrapartida, as ciências humanas permanecem total e completamente sobre o solo da consciência empírica. Não há nenhum momento que se desenvolva a partir das experiências que lhes são próprias e que nos leve a duvidar da realidade dos três fatores da vida e da validade do saber sobre eles. Também eles carecem da pressuposição da realidade de um mundo independente do si mesmo; eles precisam assumir um tipo qualquer de representação desse mundo por meio de percepções sensíveis: mas na medida em que partem daí...

2.

Destaquei desde o início o fato de essa expressão (ciências do espírito – ciências humanas) não ser totalmente apropriada. Todas as outras que foram aplicadas a esse grupo de ciências, contudo, dão ensejo a graves hesitações. Por exemplo, a designação muito utilizada recentemente, "ciências da cultura", padece desse problema. Ela contém uma determinação indemonstrável, até unilateral acerca de um sentido e uma meta da história. Essa é uma apreensão por demais amistosa e benevolente da essência humana, uma essência na qual os instintos obscuros de opressão e destruição mútua desempenham um papel muito considerável.

A conexão lógica nas ciências humanas

(Anexos à construção do mundo histórico)

Sob o ponto de vista da teoria do conhecimento, portanto, aproximo-me da construção do mundo histórico nas ciências humanas. A primeira questão é a questão acerca da conexão lógica aqui existente. Pois como é que poderíamos chegar a compreender as potencialidades, em cuja ação conjunta se realiza a construção do mundo histórico, sem a análise dessas ligações lógicas que existem nas ciências humanas? Tais potencialidades têm a sua pressuposição nas potencialidades lógicas que atuam conjuntamente em todo saber. Uma solução dessa tarefa, uma solução que não está sujeita a nenhuma dúvida, é possibilitada pela psicologia analítico-descritiva e, nela, pela teoria da estrutura.

A estrutura psíquica

1\.

O transcurso da vida psíquica é constituído por processos. Cada um desses processos possui o seu começo no tempo e altera-se no tempo; e mesmo quando faço uma corte transversal em algum lugar e pareço encontrar com isto um estado, é apenas a fixação de uma determinada conjuntura de consciência que evoca a aparência de duração por meio da atenção que entra em cena. Quem não conhece a irregularidade e a aparente casualidade nesta corrente da vida psíquica? É assim que uma ligação harmônica de sons evoca um sentimento de apreciar; impõe-se agora neste gozo estético tranquilo a percepção de um rosto, reproduzem-se lembranças, e, com isso, emerge um desejo e esse desejo é em seguida reprimido em razão de um juízo oriundo do medo das consequências da satisfação, e, assim, prossegue a troca inquieta, na qual se destacam processos dos tipos os mais diversos – impelidos para frente desde dentro, condicionados de fora. Busco uniformidades nesta troca colorida e encontro dois tipos de uniformidades. Se isolo processos particulares intrínsecos ao nexo das ocorrências, processos como associação, fusão, reprodução, apercepção, então posso indutivamente constatar neles uniformidades. Desse modo, podemos constatar regras de dependência, segundo as quais a reprodução de nossas representações é determinada pelo interesse e pela atenção com os quais impressões foram acolhidas e representações dessas impressões foram reproduzidas, pela composição dessas representações e pelo número de suas repetições. Tais uniformidades correspondem às leis inerentes às transformações na natureza externa. E elas tornam possíveis explicações sobre o transcurso psíquico por meio de hipóteses. Distingo das regularidades descerradas de uma psicologia explicativa aquelas regularidades que designo como estrutura da conexão anímica. Essa conexão contém em si um sistema fixo de ligações. Esse sistema é comparável à construção anatômica de um corpo. Ele consiste na ordenação regular dos componentes da conexão psíquica. As ligações nesse sistema são as ligações das partes no e com o todo. E elas são vivenciáveis em um sentido que logo definirei de maneira mais detida. Tais ligações estruturais subsistem entre vivências que se encontram muito distantes umas das outras. É dessa forma que a resolução na qual delineio para mim um plano de vida pode ser ligada estruturalmente a uma longa série de ações que foram surgindo durante muitos anos e que se acham muito afastadas dessa resolução mesma. Essa propriedade da estrutura é de uma significação suprema. Assim como a vida transcorre em processos temporais, dos quais cada um cai em esquecimento no passado, só lhe é possível configuração e desenvolvimento porque a corruptibilidade de todo processo é superada por meio de uma conexão que coloca em uma ligação interna aquilo que se encontra temporalmente cindido, tornando com isso possível que algo passado seja conservado e que algo fugidio seja firmado em um movimento contínuo em direção a formas cada vez mais sustentáveis. Todo o curso vital é uma conexão estrutural de vivências que se encontram afastadas em uma extensão qualquer em termos temporais, uma conexão articulada internamente e unificada.

2.

Nós decompomos a estrutura.

Toda vivência contém em si uma ligação estrutural entre as suas partes. Sempre há nessa ligação um comportamento em relação a um conteúdo. A distinção entre comportamento e conteúdo possui a sua justificação no fato de nem os modos de comportamento decidirem sobre o conteúdo, nem o conteúdo sobre os modos de comportamento. Independentemente um do outro, eles são variáveis. Eu percebo uma cor, faço um juízo sobre ela, me alegro, quero produzi-la, e, assim, o mesmo caráter de conteúdo atravessa diversos modos de comportamento, e ao mesmo tempo, porém, é possível que cada um deles se ligue a diversas cores e mesmo a outros objetos. Aquilo que é desse modo cindível articula-se na vivência em uma unidade estrutural. Neste caso, pensamos sobre algo no juízo, algo é enunciado sobre um objeto, e, do mesmo modo, aquilo em relação ao que experimento prazer ou desprazer está ligado a este comportamento emotivo. Na vivência da vontade, a representação do objeto é a coisa contraposta, para cuja realização o comportamento volitivo está dirigido. Aquilo que é suposto ou afirmado, sentido, desejado ou querido, esta palavra, esta determinação de conteúdo, sempre está presente em apenas um comportamento e o comportamento só existe como um comportamento em relação a conteúdos.

Como a multiplicidade do elemento de conteúdo é ilimitada – é a partir dela, de qualquer forma, que se compõe todo o colorido próprio ao mundo objetivo, com o qual nos ligamos em nosso comportamento –, esse comportamento também é múltiplo; ele contém um número indefinidamente grande de modificações e nuanças. Entre elas se mostram parentescos, afastamentos mais próximos e mais distantes. A apreensão objetiva de uma máquina, o sentimento relativo à morte de um ser humano amado, a vontade de realização da representação de uma meta não são apenas diversos no que diz respeito ao objeto, mas também no que diz respeito aos modos de comportamento em relação a ele e são vivenciados como diversos: a apreensão das ligações diversas entre conteúdo e comportamento que têm lugar nestes casos não ressalta distintamente senão aquilo que está contido na vivência. Não há na própria vivência nenhum interesse pela diferenciação e pela ligação daquilo que está contido nela; esta diferenciação e esta ligação realizam-se sem uma meditação sobre elas: mas não se necessita senão da diferenciação e da ligação evocados por um interesse, para que nos conscientizemos daquilo que está contido na vivência e, como veremos em seguida, nessa diferenciação e nessa ligação, a única coisa que fica clara é aquilo que estava contido na vivência. Mostrar-se-á: diferença, grau de parentesco e ligação não são naturalmente propriedades dos objetos, eles são as categorias formais, nas quais as operações que se acham antes do pensamento discursivo e que formam sua base se apresentam conceitualmente. Essas operações mesmas, porém, apenas constatam aquilo que está contido na apreensão e na vivência sensível. A experiência interior é completada por meio de sua expressão na linguagem. Nela, a vivência de tais modos de comportamento é expressa por meio de múltiplas designações. Eu percebo algo, faço um juízo sobre ele, tenho prazer com ele, quero algo – nessas e em mil outras associações similares de palavras, nós expressamos vivências, sem refletirmos sobre as ligações internas que ganham aí expressão; mas quando alguém usa, então, essas expressões, eu compreendo imediatamente o que está sucedendo nele e posso me conscientizar melhor do que na própria vivência do comportamento contido na vivência: neste caso, distingo e articulo apenas aquilo que estava sendo visado com a expressão e que estava por conseguinte presente na vivência. E os versos do poeta, as narrativas do historiógrafo relativa aos tempos mais primevos que nos são acessíveis, por conseguinte, antes de toda reflexão psicológica, pintam, cantam e anunciam as vivências em seu próprio caráter. Elas permitem que vejamos algo objetivo, elas passam em seguida para o comportamento em relação a ele, elas explicitam as ligações e nos ensinam a diferenciá-las. Como elas emergiram de uma forte vivência, elas a expressam.

A diferenciação de tipos determinados nunca pode ser realizada de tal modo que busquemos como meta uma concordância completa. É preciso que tenhamos clareza quanto ao sentido que tal diferenciação pode ter em uma teoria da estrutura. Uma tal diferenciação não distingue senão modos de ligação, senão um comportamento alternante. Por isso, ela não tem nada em comum como as divisões da vida anímica em faculdades, forças ou funções. Ela nem afirma a existência de algo deste gênero, nem a contesta. E, mesmo o conceito de modo de comportamento, ela não o emprega senão neste sentido de tipos de ligação, que emergem regularmente na conexão de toda vida anímica. Ela nem exclui por si mesma a suposição de que a vida anímica se desenvolveria na humanidade e no indivíduo a partir de uma conexão mais simples e formaria um rico espectro de ligações. Assim, a diferenciação não pode ter outro sentido senão o arranjo das nuanças do comportamento que se interpenetram mutuamente segundo certas posições fundamentais típicas. Mostramos que os diversos modos de comportamento em relação aos conteúdos são vivenciados e que eles são revivenciados com a expressão no comportamento. Com isso está dado o fato de nos conscientizarmos de seus distanciamentos na diferenciação; desse modo, sabemos de seu parentesco mais próximo e mais distante. A reflexão filosófica quanto a isso também distinguiu constantemente certas posições fundamentais. Está em articulação com esse fato a apresentação de faculdades, de funções, de modos de comportamento da alma que se acham *a priori* distintos; e foi para esses modos de comportamento que foram conduzidas, então, as querelas conhecidas. Já que os elos da série dos modos de comportamento passam, em realidade, uns para os outros, não ouso aqui senão destacar certos tipos e apresento para a minha ordenação as seguintes razões. Apreensão objetiva, por um lado, e sentimento e vontade, por outro, só são aparentados entre si pelo fato de os três serem modos de comportamento. Se a apreensão de um objeto e o juízo sobre ele, apesar dos níveis intermediários entre os dois, são diversos, então eles estão de qualquer modo associados pelo fato de toda a apreensão objetiva só ter algo em comum com conteúdos e com as suas ligações que estão contidas no dado e são explicitadas no pensamento discursivo. E o enunciado sobre validade, um enunciado contido por toda parte no âmbito do juízo de realidade quando se acrescenta a relação do juízo particular com a conexão de pensamento, é apenas uma transformação da segurança acerca da realidade, uma segurança que advém na consciência empírica tanto à percepção sensível quanto à vivência. E se o sentimento e a vontade se encontram preponderantemente em uma conexão de efeito que se realiza em passagens, tal como, por exemplo, o sentimento do caráter insuportável de uma situação e a resolução de mudá-la, então há em todo caso um âmbito de sentimentos, tal como os sentimentos estéticos, que não se transformam em ações mesmo com mais extrema força e mesmo que não tenha lugar nenhuma obstrução. Se o que está em questão é a fundamentação das ciências humanas – nossa tarefa atual –, então há aqui uma razão para distinguirmos os tipos da apreensão objetiva, do sentir e do querer no fato de a cisão entre realidade efetiva, valores e metas atravessar todo o reino do espírito. Talvez entre em cena aqui, nas representações e na expressão, uma diferença nas vivências, que só não possui a mesma clareza e distinção na auto-observação.

3.

Os diversos modos de ligação encontram-se em uma relação recíproca de árdua produção; um deles provoca o surgimento do outro. Imagens oferecidas pelos sentidos ou sentimentos sobre essas imagens despertam sentimentos de satisfação, de ampliação de nosso si próprio e de preenchimento de nossa essência. Esses sentimentos produzem, então, a aspiração e a decisão volitiva de fixar esse estado. Essa árdua produção que conduz da apreensão objetiva até o sentimento, e do sentimento até a vontade e a ação, recai sobre a experiência interna e, assim, surge o saber sobre a conexão estrutural. A própria atuação é vivenciada; se ela não fosse vivenciada, então ela não encontraria uma expressão tão direta e tão poderosa na poesia e na história. Não é a sequência regular de estados particulares que é dada, nem a sua conexão causal que é descerrada, mas o poder da produção árdua, a irresistibilidade com a qual um objeto apreendido lança todos os sentimentos em um movimento tempestuoso, a irresistibilidade com a qual um homem, apesar de toda razão, se encontra como que enfeitiçado e obrigado a apoderar-se do objeto destes sentimentos; os abismos do humano, que se abrem justamente nesta coerção, neste encanto e nesta escravização – eles são o objeto das doutrinas religiosas de Buda, de São Paulo e de Santo Agostinho, assim como das poesias dos grandes tragediógrafos, sem levar em conta a diversidade de suas visões de mundo. É somente a partir das profundezas do vivenciar que podem ser criadas as fortes expressões para tanto – nosso saber sobre a árdua produção que torna acessível para nós a conexão vital propriamente dita não surgiu a partir de deduções. Desse modo, nós só experimentamos parcialmente conexões particulares que são em seguida ligadas na memória e na reflexão sobre ela, formando uma conexão estrutural. Em um movimento uno, nós percorremos nas lembranças a partir de nossa vida anterior a conexão desta vida. Quão claramente se mostra na poesia lírica o movimento contínuo que sai de uma situação representada em direção a um decurso dos sentimentos que, então, evocam com frequência uma aspiração ou um fazer! Ou na conexão de efeitos da poesia lírica, uma conexão que repousa sobre um típico arranjo do discurso e na qual a poesia nos evoca, a partir da exposição de um estado de coisas, um mundo de sentimentos, conduzindo-nos também a partir daí para uma posição prática. Cada vez mais se abre para nós, com isso, a significação da relação entre vivência, expressão e compreensão. Aquilo que vem à tona na vivência, sem que atentemos para ele, é como que resgatado das profundezas da vida anímica na expressão dessa vivência. Pois a expressão brota imediatamente da alma sem reflexão e resiste, então, à compreensão por meio de sua firmeza; assim, ela contém mais da vivência do que a auto-observação está em condições de descobrir.[2]

4.

Um outro sistema de ligações é agora inserido na ordem desta conexão estrutural, um sistema que emerge no interior dos modos típicos de procedimento, mas que possui por toda parte nesses modos um caráter análogo. Trata-se de uma ordem hierárquica, na qual a multiplicidade particular dos eventos, condicionada de fora, se adequa às finalidades do espírito. Uma ordem hierárquica porque permanece contido nela o dado, mas em uma forma mais elevada da consciência. O casual torna-se um componente de uma conexão independente do acaso, dos impulsos vindos de fora e das associações vindas de dentro; o particular torna-se parte de um todo ou caso particular de um universal; o perecível é elevado ao nível de uma figura duradoura; a imagem submete-se ao objeto e ao conceito, o sentimento ao valor, e da vivência volitiva da vinculação emerge a norma, enquanto a aspiração obscura esclarece-se na meta. O fluxo da vida, no qual tudo é entregue ao esquecimento no passado, é supera-

2 Eu retirei aqui o elemento central necessário para a compreensão do que se segue do ensaio (Reunião da sociedade berlinense de 19 de março de 1905 – *Gesammelte Schriften* v. VII, p. 3ss.), mas preciso remeter o leitor ao próprio ensaio para uma fundamentação mais detalhada.

do por meio da memória e a casualidade do acontecimento é superada por meio da conexão daquilo que é pensado.

Um terceiro tipo de relações estruturais é significativo para o progresso do espírito em direção ao elemento firme e necessário. Já mencionamos como vivência, expressão e compreensão se encontram em uma ligação estrutural. Na expressão cresce a firmeza da vivência. Algo criado a partir de seu conteúdo encontra-se, então, de um modo extrínseco, independente e duradouro ante a própria vivência. Pois a expressão emerge em todo o âmbito do comportamento; ela se abate sobre todo tipo de material, a fim de encontrar nele um meio para a compreensão; o sentimento expõe-se nos traços faciais e nos gestos, ele encontra símbolos na palavra e no som; a vontade alcança uma expressão fixa em prescrições e leis; assim, o espírito objetiva-se e essa objetivação é para ele extrínseca e, contudo, uma criação sua. E a relação entre expressão e compreensão amplia imensuravelmente sua existência na comunicação recíproca entre os indivíduos, surge uma comunidade humana.

Por toda parte se mostra aqui o caráter teleológico da conexão estrutural. A conformidade aos fins que existe nela é imanente e subjetiva. Ela não realiza um fim que lhe é prescrito pela natureza ou por Deus; a conexão estrutural também não alcança arduamente uma determinada meta: ela não contém senão uma orientação inquebrantável por sua meta. Essa orientação, contudo, não é estabelecida nela hipoteticamente, mas é experimentada. Das impressões da realidade e do pensamento sobre ela surgem pressão, dor, desgosto e reprovação e eles provocam o aparecimento de uma resistência; ou uma ampliação da existência, a alegria e a simpatia determinam a vontade de fixar, de elevar. Assim, no nexo dos próprios processos está contida a orientação inquebrantável pelo alvo, uma orientação que leva à frente, como uma aspiração estabelecida na conexão psíquica por realizar, um estado mais apropriado e mais apropriado apenas a partir do ponto de vista dessa conexão psíquica individual – não em sentido objetivo. A estrutura psíquica é conforme a fins porque ela possui a tendência para produzir, conservar e elevar valores vitais e para alijar algo indiferente ou hostil. Toda experiência de vida ensina como uma determinada direção nesta orientação inquebrantável pelo alvo só surge no desenvolvimento individual. Satisfação de uma paixão, ampliação da existência, tranquilidade e segurança da alma, aperfeiçoamento, dever – todas essas coisas não passam de tipos da multiplicidade infinita do direcionamento individual. E vemos como justamente a mesma conformidade a fins é efetiva na série das formas de apreensão do dado que se dirigem para uma apreensão cada vez mais apropriada e para uma classificação cada vez mais correta dos objetos singulares na conexão de pensamento.

Para além da conexão atual, nós inserimos o olhar na conexão própria à posição do espírito em relação ao seu passado e ao seu futuro. A conexão estrutural não está dirigida meramente para trás rumo à lembrança e à sua inalterabilidade. Ela penetra incessantemente o futuro – e este é o seu traço mais forte – a partir do passado e do presente, calculando, jogando com imagens, mas também aspirando. A vivência que tal aspiração encerra contém ao mesmo tempo vinculação e liberdade, nunca como conclusão, mas justamente como um vivenciar em si. Ela é determinada por presente e passado, por configuração da vida e pela relação vital no que se refere ao círculo das possibilidades. Toda aspiração voltada para frente contém isso. E na medida em que leis, que não estão fundadas em nossa essência, são impotentes em relação a essa aspiração, mas essa essência se encontra sob a lei da estrutura, surge a questão de saber como nossos ideais estão e são fundados nesta conexão.

De início, surge da teoria da estrutura o seguinte problema para a lógica das ciências humanas: como se comportam aqui a vida e a revivência em relação ao pensamento conceitual? Viver e reviver formam a base e o subsolo constante das operações lógicas; para o entendimento, contudo, as paixões, o sacrifício, a entrega de si mesmo à objetividade são impenetráveis: o vivenciar nunca pode ser dissolvido em conceitos, mas seus tons obscuros e profundos acompanham, ainda que de maneira apenas silenciosa, todo o pensamento conceitual nas ciências humanas. Em contrapartida, os níveis da consciência são por assim dizer a técnica da estrutura, uma técnica voltada para alcançar por meio de diversos construtos o domínio do espírito sobre si e sobre o mundo. Os níveis são os mesmos na conexão psíquica e na esfera da apreensão objetiva que se dedica a ela. Aqui, o pensamento descobre o seu objeto. O intelectualismo tem aí as raízes de sua força. No esclarecimento, ele deixou para trás aquele elemento impenetrável como uma borra inferior da vida e empreendeu, então, em Hegel, a tarefa de dissolver o elemento vital no elemento conceitual e de formá-lo mimeticamente com os novos meios de uma conexão conceitual. Todavia, esse intelectualismo sempre evoca a reação da vida forte, da vida que sente a sua força em uma imediatidade intangível – ante o esclarecimento a partir de Rousseau, ante Hegel em Schelling tanto quanto em Feuerbach. Esse problema da relação da vida com o pensamento lógico permanecerá a partir de agora cada vez mais visível para nós. Ele fica mais claro quando passaremos, agora, para a conexão estrutural no interior da *apreensão objetiva* e, a partir daí, para a especificação deste comportamento nas ciências da natureza e nas ciências humanas.

SOBRE O LIVRO

Formato: 16 x 23 cm
Mancha: 27,5 x 43,5 paicas
Tipologia: IowanOldSt BT
Papel: Off-white 80g/m² (miolo)
Cartão Supremo 250g/m² (capa)
1ª edição: 2010

EQUIPE DE REALIZAÇÃO

Capa
Andrea Yanaguita

Edição de Texto
Magdalena Nowinska (Copidesque)
Claudia Abeling (Revisão)

Editoração Eletrônica
Studio Lume

MUNDIALGRÁFICA
www.mundialgrafica.com.br